馬渕浩二
Mabuchi Koji

筑摩選書

連帯論

分かち合いの論理と倫理

連帯論　目次

連帯論

分かち合いの論理と倫理

いのちは決して途切れない。いつでも、他者から繫がり、他者に渡され、他者へと引き継がれていく。いのちとはまた一筋の糸でもあるのだ。私のいのちは決して私一人に還元されない。私を育み、私を染め上げた多くの者が私の中に住まい、私というりいのちの形を刻んでいる。私がそうした他者と解きほぐしがたく繫がっているという意味で、私とは織物の結び目でもあるのだ。

佐々木俊三『随筆と語り　遠来の跫音』八六頁

まえがき

連帯の思考が必要とされている。人間は、そして人間が住まうこの世界は、連帯という視点から光が当てられ、描きとられなければならない。そのようなテーゼを掲げ、連帯論の沃野を探索すること――そのことが本書で試みられる。もしかしたら、このような試みは、一個のアナクロニズムであるのかも知れない。なぜなら、考えようによっては、連帯という言葉は「賞味期限」が切れた言葉に成り下がっているからである。かつての反体制の嵐が吹き荒れた政治の季節なら、連帯という言葉は、人々を突き動かすほどの激しい力をもっていたことだろう。また、連帯という言葉を用いることで、見落とすことの許されない大切な何事かが表現されていたに違いない。たとえば、あの「連帯を求めて孤立を恐れず」という言葉は、そのような力が連帯という語に宿っていたことを思い起こさせる。だが、今日、連帯という言葉は、そのような力強さや輝きを失ってしまったのではないだろうか。つまり、連帯という言葉は、それ相応の歴史とともに使い古され、新鮮さを失い、毒にも薬にもならない平凡な言葉に変質してしまったのではないか。その証拠に、たとえば、一国の政府の反動的な指導者が、「テロ」の標的となった異国の市民との「連帯」を表明することがある。あるいは、ソーシャル・ネットワーク・サービスの画面に映し出されたアイコンをクリックするという、たったそれだけのことが「連帯」として語られることがある。連帯という言葉は今日それほどまでに手軽に用いられるようになり、共感や同情という「気分」を表現するための薄っぺらな記号と化している。このような時代診断を共有する者たちの眼には、連帯という手垢に塗れた言葉を主題とする本書は、時代遅れの試みに映るに違いない。

連帯という言葉が手垢に塗れてしまっていることを、本書は否定しない。しかし、本書は、連帯という言葉は捨て去ることのできないものであり、彫琢するに値する言葉であると主張する。なぜだろうか。それは、この世界が連帯という言葉で表現するほかない出来事で溢れているからである。一例を挙げるなら、３・11の大震災を経験した者たちにとって記憶に新しいように、大災害のあとに見出される相互扶助がそうした出来事に数え入れられるだろう。さらには、この世界は、連帯することによってしか解決しえない問題で覆われてもいる。たとえば、地球規模での深刻な気候変動の問題、一国内の、そして地球規模での貧困や格差の問題、あるいは根強い差別の問題などは、たった一人の英雄的な行為によって解決されるものではなく、その解決には人々の大規模な協力が必要とされる。また、この度の世界規模のコロナ禍対策において、あるいはＢＬＭ（Black Lives Matter）のような様々な社会運動において、相互扶助や連帯という言葉がふたたび象徴的な言葉として用いられるようになった。このことは、連帯という言葉がいまなお命脈を保っていること、そして必要とされていることの証拠ではないだろうか。これらの出来事は、連帯という言葉で正確に言い表され、記録され、思考されなければならない。その意味で、連帯という言葉を捨て去ることはできないし、それを有効な概念として使い続けようとするのなら、それは彫琢されなければならない。連帯論が必要とされる所以である。

新自由主義の過去数十年にわたる影響のもとで、自助努力や自己責任という発想が持て囃されてきた。たしかに、一人ひとりの身体と、そこに宿る生命はその人のものであって、他の誰もそれを生きることはできない。生きてゆくために当人が努力しなければならないことも事実である。それだから、自助努力や自己責任の主張は一面では正しい。しかし、この主張を不当に全面化することは避けなければならない。なぜなら、そのことによって、人間に関する一個の真理が覆い隠されてしまうからである。それは、他者たちに支えられなければ、人は生きられないという真理である。新自由主義は、この連帯の真理を抑圧し隠蔽してきた。だが、自助努力や自己責任という発想が妥当する領域など高が知れている。それは、人間の生という氷山の一角にすぎず、その下には分厚い連帯の層が存在し、その山頂を支えているのである。新自由主義の狭隘なイデオロギーに抗して、人間は連帯的存在として見出され、思考されなければならない。この本に書き留められているのは、そのような連帯の思考の一端にほかならない。

序　章

問題としての連帯

連帯とは何か。これが本書を貫く問いである。この問いには本書全体を通じて答えることになるが、この問いに取り組むには、連帯に関して一定の了解があらかじめ必要とされる。というのも、連帯について何も知らなければ、そもそも連帯について考えることができないからである。そうした先行了解を形作ることが序章の課題である。そのために、ここでは特異な邦題をもつ書物を着手点とすることにしよう。レベッカ・ソルニットの『災害ユートピア』が、それである。この本は大災害時に人々が見せる相互扶助の姿を描いているが、この姿は自然発生的な連帯の一種の典型と見なすことができる。ソルニットは、この姿を鮮明に描き出す一方で、災害時に見出される相互扶助や連帯が日常生活において抑圧されるとも主張する。この主張は正しいだろうか。本章では、この主張の是非が検討されたあと、本書全体を貫いている人間観——連帯する人間——が素描される。最後に、本書が辿る道筋が示される。なお、連帯を定義する試みは第1章でなされるが、ここでは暫定的に、人々の助け合い、分かち合いの関係として連帯を理解する。

1　災害ユートピアからの問い

災害時の振る舞い

人は連帯することによって生きているという根源的事実が、誰の目にも明らかになる瞬間がある。それは大災害の瞬間である。そのことをソルニットの『災害ユートピア』から学ぶことができる。『災害ユートピア』は二〇一〇年に邦訳が上梓されていたが、3・11の大震災以降に本格的に注目されるようになった本である。この本において、ソルニットは、大災害に関して抱かれてきた支配的な通念を覆そうとする。それは、大災害に遭遇した者たちはパニックに陥り、社会性を後退させ利己的になり、結果として大混乱が発生する、という通念である。暴動や略奪による混乱こそが大災害時の人々の行動についての正しいイメージだ、というわけである。だが現実は異なっている。3・11のあと、この国の被災者たちの助け合いの姿に対して賞賛の声が向けられたが、そのような光景は少数の例外ではなく、むしろ大災害における常態であるかもしれないのである。

大災害は既存の制度や秩序がうまく働くことを困難にする。その点で、大災害はたしかに一時的に混乱を引き起こす。ときに暴動や略奪も発生する。だが、暴動や略奪という事態によって大災害時の人々の姿を代表させることはできない。大災害に直面した人々のあいだには、そうした騒乱とは大きく異なる特別な光景が広がるからである。相互扶助と利他主義の光景がそれである。「地震、爆撃、大嵐などの直後には緊迫した状況の中で誰もが利他的になり、自身や身内のみならず隣人や見も知らぬ人々に対してさえ、まず思いやりを示す」(1)。

災害時にこのような特別な光景が見出されるのは、どうしてだろうか。大災害においては、誰もが身ひとつの状態で路頭に放り出される。この事態が意味するのは、これまで人々の生を支えていた様々な制度や仕掛けが突然に崩壊してしまうということである。このような状況に置かれたとき、人々は、他者に頼るほかに自身の生を維持する術はないという冷徹な事実に直面する。さらに、この事態は、日常生活に張り巡らされ、人々を分断していた階層や地位などの壁が一時的にせよ崩れ落ちてしまうことを意味する。大災害においては、期せずして、人々が垣根を超えて助け合うことを可能にする連帯空間が切り開かれるのである。

日常生活において、私たちはいつも思いやりや隣人愛から行動しているわけではない。私たちは、ときに競争相手として振る舞わざるをえなかったり、ときに相互に無関心であったりする。日常生活が奇跡的に滑らかに進行しているかぎり、ばらばらであったり孤立していたり、場合によっては敵対している状況においても、人は生を営むことができる。たとえば、市場が相互扶助的な人間関係を代理してくれるからである。だが、この日常の秩序が大災害によって解体されてしまう。この秩序が崩壊するとき、人間は一人で生きてゆくことはできないという、生の唯物論的事実が露呈する。大災害は日常的秩序からの切断を作り出すことによって、一時的であるにせよ共同性の空間を生み出す。この空間において、人は相互扶助と利他主義を生きるのである。

災害ユートピア

そのようにして災害時に出現する相互扶助の空間を、ソルニットは「災害ユートピア(2)」という逆説的な響きを帯びた名で呼ぶ。このユートピア空間は、災害によって日常的秩序が一時停止されることによって立ち上がるものであるため、その寿命はひどく短い。

それは、まさにその本質からいって、維持不可能であり、一過性にすぎない。だが、稲妻の閃光のように平凡な日常生活を輝かせ、時には雷のように古い体制をこっぱみじんに打ち砕く。それは多くの人にとって、つらい時期にほんの束の間実現したユートピアだ。[3]

そのつど出現する災害ユートピアの寿命はひどく短いが、その可能性は底知れない深さをもっている。大災害がそれ以前に成立していた秩序や制度、それらを支えるイデオロギーを崩壊させるとき、そこに発生するのは単なる混沌ではない。もちろん行政機関はその機能をほぼ停止させてしまうから、アナーキーが存在している。だが、それはカオスではない。それは、「人々が自由に選んだ協力のもとに結束する、クロポトキンの提唱する無政府状態[4]」である。自発的な相互扶助が活き活きと維持されるがゆえに、政治的権威が無用になるアナキズム空間——それが災害ユートピアである。大災害は既存の秩序を解体し、アナキズム的な連帯の空間を垣間見させる。それゆえ、大災害は革命に似ている。そこに別の社会の可能性が到来するからである。

　大災害においてユートピアの連帯空間が垣間見えるのは、なぜだろうか。ソルニットの答えは単純である。大災害のような生の可能性が脅かされる事態に直面したとき、どのように振る舞うべきなのかということを、人間はあらかじめ知っているのである。「パラダイスの可能性は、ちょうど初期設定のように、すでにわたしたちの中にあるのだ」[5]。相互扶助、利他主義、あるいは共同的な構えといったものが、自然（本性）として人間存在のうちに根付いているというわけである。それゆえに、災害の発生によって日常性の軛《くびき》が解除されるとき、人々は初期設定の状態に立ち戻り、相互扶助と利他主義の空間を自然発生的に切り開く。災害は、たしかに困難で苦しい経験である。しかし、災害は、人間のそうした「自然」を解放する力を帯びてもいる。

連帯への問い

たしかに、ソルニットの主張はある意味で楽観的にすぎると言うこともできる。あるいは、ソルニットにあっては、日常生活の利己主義に対して、災害時の利他主義がことさらに強調され、美化されているだけのように見えるかもしれない。しかし、ソルニットが描き出す災害時の人間像は、私たち人間の生の存在構造を反省的に見るための鏡になる。そのことを、ソルニットの問いに即して確認しておこう。

ソルニットが提示するのは、次のような問いである。「真の疑問は、なぜこの束の間の相互扶助と利他主義のパラダイスが出現するのかではなく、なぜそれが普段は他の世界の秩序に押しつぶされてしまっているかだ」[6]。この問いにおいて、ソルニットは、非日常の災害時と日常生活とを鋭く対比し、連帯が抑圧される空間として日常生活を描いている。この問いは、読む者をさらなる問いへと導く。日常的秩序が相互扶助や利他主義を抑圧するということが事実であるとしても、そもそも日常生活は相互扶助や利他主義なしで成立するのだろうか。それは不可能ではないだろうか。そうであるとしたら、なぜか。このように問いが問いを呼び起こす。その結果、私たちの日常生活もまた、これらの問いを通じて吟味されるべき対象へと変貌する。大災害という非日常性の極点に光源をおき、この光源から連帯の光をあてるとき、人間の生は自明性のベールを引き剝がされ、理論的に説明されるべき対象として姿を現わすのである。災害時に人々が相互扶助や利他的な振る舞いを見せるという事実は、私たちの平時の生と、その生が営まれる社会空間とを、連帯というレンズを通して見つめ直すよう私たちを誘うのである。連帯という視点から見たとき、私たちの生は、どのような相貌で立ち現れるのだろうか。

本書は、相互扶助、あるいは連帯が日常生活の常態であると主張する。もちろん、日々の相互扶助や連帯は、災害ユートピアにおけるような鮮鋭な姿を見せることはないだろう。また、ソルニットが言うように、日々の相互扶助や連帯を衰退させるような強い力学が現に働いていることも確かである。そうだとしても、連帯や相互扶助は災害時にのみ見出される特異な現象なのではない。このような想定のもと、本書は、連帯がそれを抑圧する力学のもとでもなお存在し続ける事実に焦点を合わせる。いうまでもなく、このような連帯の姿は本書全体を通じて描くほかないのではあるが、とはいえ、次節でその輪郭を素描しようと思う。なぜなら、そうすることは、本書がどのような筆致で書かれているのか、そのことを理解するのに役立つはずだからである。

2　連帯する人間

欠如と過剰の弁証法

人間は身体である。身体は渇き飢える。身体としての人間は自足的存在であることができない。なぜなら、渇き飢える身体は、その欠如を満たすために、身体の外部に存在する物質や生命に依存しなければならないからである。身体としての人間はその外部を必要とする。また、人間が生きるために欠かすことのできない多くの物は、自然の無償の贈与によって与えられる。それゆえ、身体としての人間は自然という外部にも依存しなければならない。だが、外部の物質や生命は、いつも人間の思い通りに容易く手に入れることができるわけではない。身体の外部にある物たちは、その物質性をあらわにし、人間の意志に反して身体の接近を拒むことがある。あるいは、人間は生理的早産のゆえに無力なまま産み落とされ、成長してのちも、しばしば病み、また傷を負い、いつしか老い、ときに障害を抱えることがある。それゆえ、人間は、自身にもっとも近しい存在である身体を思い通りに動かせなくなることがある。そのような状況におかれた人間にとって、他者からの助力は自身の生を可能にする条件となる。他者の助力がなければ自身の生を持続することが困難になるからである。

そもそも人間は、自身が必要とする一切を自身だけで作り出すことができない。生きるために必要とする多くのものを、人間は他者に与えてもらうほかない。他者たちが生み出す物や行為に、私たちの生活は深く依存している。それだけではない。私たちは、たった一人では解決することのできない夥しい数の出来事に遭遇する。たとえば、道を塞ぐ巨大な岩のような障害物を、私たちはたった一人で動かすことができない。一人の人間の力など高が知れている。それなのに複数人の手にかかると、それまでびくともしなかった岩がごろごろと転がりだす。あるいは、ある人が不当に扱われ、屈辱を強いられている状況を、その人が一人で変えることができないとき、その人のために複数の者たちが集まり行動することによって、その状況を変えることもできる。私たちの生は、その基底において、このような助け合いによって支えられている。

そして、助け合うことは分かち合うことである。なぜなら、ある人が誰かを助けることは、その人が自身の存在の一部——労力や時間や所有物——を、この誰かのために差し出すことだからである。ときに、複数の者たちが自身の存在の一部を差し出し、それを分かち合うことで、一人きりでは実現しえなかったことが果たされることもある。一人ひとりは欠如を抱え非力であるのに、複数の者たちが支え合い、分かち合うことによって過剰が生み出される。この過剰が一人ひとりの欠如を埋める。支え合いと分かち合いのうちに働くこの論理に「欠如と過剰の弁証法」という名を与えよう。私たちの日々の生活は欠如と過剰の弁証法によって貫かれている。この弁証法が働くがゆえに、一人ひとりの人間は、その生を紡ぐことができる。これと同じ趣旨で「森の中でしか成育しえない木がある」[7]と、ジョン・デューイは記した。私たち一人ひとりが、そのような木である。同じことを、英国の詩人ジョン・ダンなら「誰も孤島ではなく／誰も自分ひとりで全てではない(8)」と詠んだことだろう。

連帯による生

普段、この支え合いと分かち合いの事実は後景に退いているが、この事実が鮮鋭に意識されるときがある、それは、日常生活の滑らかな流れが中断するときである。助け合いを意識せず過ごすことができた日常生活の流れが絶えてしまうとき、人は他者から助力を求めるほかなくなる。あるいは、そうした状況におかれた他者をまえにしたとき、人は助け合いの関係を作り出そうと試みる。たとえ、その他者に手を差し伸べることが実際にはなされないことがあるとしても。

様々な理由から、日常生活の滑らかな進行は中断される。人は病に倒れることがある。大きな傷を負うことがある。あるいは生業を失ってしまうことがある。親しい者たちから引き離されることもある。そうした、不条理と形容するほかない出来事を経験するとき、平穏な日常性は堅固なものではなく、奇跡的といってよい微妙な均衡のうえに辛うじて成立していること、そして、日常生活が滑らかに進行していたのは、そうした出来事によって妨げられなかったからにすぎないこと、そのことに人は気づく。私たちの生のすぐ傍には、つねに病、傷、失職、離別といった苦難が控えている。私たちはそれらの可能性と背中合わせに生きている。

生の輪郭は思いのほか脆く、それゆえ、このような逆境によってたやすく侵食されるのだとすれば、人間の生について、どのような認識がもたらされるべきだろうか。人間の生は自己完結しえない——そのような認識が必要になるはずである。たしかに、順境が続くかぎりは、各人の生は自身の能力や努力によって営まれるのだという、一面では正しい認識が前景化してくる。つまり、ある人がなにかを成し遂げることができるのは、自身の能力や努力のゆえであるという自己充足的な認識が強まることだろう。だが、逆境に陥り、個人の能力や努力では対処しようもない事態に遭遇するとき、自己充足的な認識は解体されるに違いない。他者の力添えがなければ、その人の生は成り立たなくなるからである。人間は自足できず、つねにすでに他者たちに依存して生きているという根源的な事実に視線が合わせられなければならない。人間は連帯せずには生きられないのである。

それだから、人間は連帯的存在である。連帯は人間存在の様々な水準に根を張り、それを支えている。言い換えれば、連帯のネットワークによって私たちの生は捉えられ、支えられ、育まれている。なぜなら、身体として存在する他ない私たちの存在はひどく脆弱であり、そのために自己完結することができず、相互扶助的な関係のなかでしか、私たちはその生を紡いでゆくことができないからである。これが本書の基礎となる人間観である。このような人間存在に関する想定のもとで、連帯をめぐる複雑に絡み合った思考の織物を解きほぐし、その糸を編み直すこと——本書に記されているのは、このような試みである。次節においては、この試みを果たすために本書が辿る道筋が示される。

3　本書の構成

定義・分類・歴史

第1章においては、連帯概念の類型化と定義が試みられる。連帯概念は実に多様な意味で用いられているから、その多様性を余すところなく包摂しうるような定義は不可能である。それゆえ、本書では、最大公約数的な定義を手に入れることが、とりあえずの目標となる。しかし、最大公約数的な定義という以上、定義を試みるのに先立って、比較されるべき複数の意味が提示されていなければならない。第1章では、連帯という言葉が用いられるとき念頭に置かれる代表的な四つの用例（社会的連帯・政治的連帯・市民的連帯・人間的連帯）をあらかじめ示し、それらすべてを横断的に説明できるような定義にたどり着くことが目指される。

連帯の分類と定義を行ったのち、本書の前半部分では、社会的連帯、政治的連帯、市民的連帯という三つの分類に即して、連帯論の歴史的な流れが辿られる。人間的連帯については第8章で触れる。なお、ここで試みる連帯の「概念史」は網羅的なものではないし、そもそも本書は厳密な意味での概念史というアプローチを採用していない。ここでは、旅における名所めぐりのように、主要な論者の連帯論が辿られることになる。

第2章では、社会的連帯論の歴史が辿られる。社会を成立させる紐帯《ちゅうたい》、あるいは社会に住まう人々を結び付ける「接着剤」と見なされるのが、社会的連帯である。この章では、ピエール・ルルーやオーギュスト・コントの連帯論を辿ったのち、連帯論の歴史における突出した存在であるエミール・デュルケームの「有機的連帯」の概念を概観する。デュルケームは、近代において分業が拡大し深化することによって、近代以前の社会とは異なった社会的連帯が成立すると論じる。さらには、フランスの社会連帯主義を代表する論者であるレオン・ブルジョワの連帯論にも言及される。

第3章では、政治的連帯が取り上げられる。連帯という言葉は、おそらく政治的な文脈でもっとも多く用いられている。そのような政治的文脈で成立する連帯は、本書では政治的連帯と呼ばれる。政治的連帯とは、権利や正義が毀損された状況を告発し変革してゆくために、人々が政治的に団結することである。ここではサリー・ショルツの『政治的連帯』に即して、政治的連帯の輪郭が描かれる。また、政治的連帯論の系譜も辿られる。政治的連帯の典型は歴史的には労働運動に求められるから、まずは、社会主義とその周辺において展開された政治的連帯論の系譜が辿られる。さらには、国家への態度という点で社会主義とは対極にあるアナキズムの連帯論や、アルベール・カミュの連帯論、そしてポーランドの自主管理労働組合「連帯」にも言及される。

第4章では、市民的連帯が考察される。市民的連帯ということで具体的にイメージすべきは、福祉国家的な政策や実践である。福祉国家が提供する社会保障制度は、市民たちによる相互の支え合いによって可能となっている。もちろん、社会福祉をサービスとして提供するのは、政府や関係機関、あるいは企業である。だけれども、それらの活動は、市民が支出する税や保険料によって賄われるのであり、そのような制度が是認される背景には、市民は相互に助け合うべきだという連帯の精神が存在すると想定されている。その点で、福祉国家は、連帯の精神が制度化されたものだと考えることができる。

多様な連帯論

続く後半の三つの章では、多方面に根を伸ばした連帯論の姿が描かれる。第5章では、現代においても、あるいは現代においてこそ連帯概念が活発な議論の対象となっていることが示される。まず、現代社会では連帯が困難であると主張するニコラス・ルーマンやH・トリストラム・エンゲルハートの議論が紹介される。続いて、現代における連帯の可能性、あるいは連帯の根拠について思考した様々な論者が取り上げられる。リスク社会においてはリスクの連帯が成立する可能性があると説くウルリヒ・ベック、共感の拡大による連帯の拡大の可能性を論じたリチャード・ローティ、合理的選択理論を連帯論に適用したマイケル・ヘクターなどに即して、幾つかの重要な発想や論点が辿られる。

第6章では、キリスト教、とりわけカトリック神学の伝統が主題となる。キリスト教は、連帯論の一つの源泉であるとも言えるし、また、キリスト教の外部で成長した連帯概念を現代において逆輸入したとも言える。一方で、キリスト教の隣人愛や兄弟愛という考えが、連帯概念を準備する役割を果たしたと言われることがある。さらに、キリスト教は、キリスト教徒が貧しき者たちのもとにあり、それらの者たちに寄り添うべきだと説くが、その取り組みが、現代のカトリックの社会教説においては連帯という語で語られる。この点で、社会教説は、愛という語で語られてきた事態を連帯という語で表現するようになったとも考えられる。この章では、主要な回勅《かいちょく》に即しながら、また解放の神学にも配視しながら、連帯のキリスト教的な理解が整理される。

第7章では、連帯経済の構想と実践が取り上げられる。連帯経済は、資本制経済とそのグローバル化に対抗するために構想され、実践されている運動の総称である。この章では、まずは連帯経済の様々な取り組みが紹介される。それと当時に、連帯経済の運動を推進する者たちが、連帯経済をどのような営みとして性格づけているのかが確認される。その上で、ギブソン＝グラハムの経済理論を補助線として引くことで、連帯としての経済という経済観を模索することになる。

人間的連帯・倫理的連帯

終盤の第8章では、連帯の四分類のうち最後に残された人間的連帯が考察の対象となる。人間的連帯は、極限的には人類全体の連帯を意味する。特定の集団や社会を超えて広がる人間全体の連帯が人間的連帯である。このような壮大さのゆえに、人間的連帯に関しては非現実性が指摘されることがあり、連帯概念を擁護する論者たちでさえ人間的連帯概念を批判している。第8章では、人間的連帯の一般的な理解、それに対して向けられてきた批判、これらの批判への応答について整理されたのち、本書が構想する人間的連帯論が記されるだろう。

終章では、連帯が抱える困難が主題となる。本書全体を通じて、連帯が現代社会において直面する困難についていて触れることになるが、終章においては特に、連帯それ自体が構造的に抱えている弱点に焦点が合わせられる。たとえば、人種差別者もファシストも連帯する。つまり、連帯は、それだけでは「善」や「正義」ではない可能性がある。また、連帯は、連帯の内部と外部とを分け、外部を排除するという機制を避けることができない。つまり、連帯は包摂と排除という両義的性格を帯びている。終章では、こうした連帯に内在する困難が明らかにされる。その上で、連帯の未来をどのように見通すことができるのか、そのことが本書の結論として示されるだろう。

本書は、以上のような道筋を通って、連帯論の沃野を探索することになる。この探索を導いているのは、繰り返すなら、「人間の存在構造としての連帯」というテーゼであり、これが本書の基調となっている。このテーゼのもとで、この世界と、そこに住まう人間たちを思考するとき、それらはどのような相貌を示すことになるのだろうか。その姿を描きとるためには、まずは連帯の定義を考察することから始めなければならない。

第 1 章

連帯の類型と定義

連帯という語は、今日人々の繋がり、集団内での一体感、共感や同情、助け合いや支え合い、虐げられた者たちの支援など、実に様々な意味で用いられている。自由や平等という言葉に較べると短い歴史を持つ連帯という言葉も、次第に多様な意味で用いられるようになり、今やある種の混沌とした状況のもとに置かれている。それだから、連帯を定義することは難しい。とはいえ、連帯を定義する必要性を回避することもできない。本章では、連帯の定義という課題にあえて取り組むことになる。この連帯を定義するという課題には第3節で取り組むことになるが、そのための予備的作業が、第1節と第2節で行われる。第1節では、語源まで遡ることによって、連帯概念の輪郭を際立たせることが試みられる。第2節では、連帯の様々な用法を分類し、連帯概念の多様性を確認する。そのような準備を施したうえで、第3節で本書なりの連帯の定義を試みる。

1　連帯の前史

語源

連帯という言葉を耳にして思い浮かべられる事柄は、大きく二つに分れるはずである。一方には、社会運動や政治運動で用いられる言葉としての連帯があり、他方には、集団における一体感や他者への共感を表す言葉としての連帯があるはずである。しかし、人によっては、真っ先に連帯保証のような事柄を思い浮かべるかもしれない。連帯保証のような事柄を思い浮かべたとしても、あながち間違っているわけではない。なぜなら、連帯という語の起源は法的なものだからである。元来は法的な意味で用いられていた連帯が、時の経過とともに法的な文脈の外部で用いられるようになり、今日のような多様な意味を獲得するようになったのである。おそらく現在、二つの事柄は別々のものとして理解されていると思われる。だが、連帯の語源にまで遡るとき、両者は深いところで繋がっていることが分かる。

連帯の語の成り立ちを探ると、ローマ法の **obligatio in solidum** に辿りつく。**solidum** の元々のかたちである **solidus** には、密な、堅固なという意味と、全体という意味がある。(1) その動詞型である **solido** は、固めるとか密着させるとかいった意味をもつ。この語が、今日の西洋語の連帯(**solidarity / solidarité / Solidarität**)という言葉に繋がってゆく。**obligatio in solidum** について、ここでは森川輝一《てるかず》に倣い、連帯債務という訳語を採用する。連帯債務とは、「法が命ずる義務によって債務者たちが固く結ばれ合い、債務全体に対して責任を分かち持つという関係(2)」のことである。この件に関しては、デイヴィッド・ウィギンズの解説が理解を促してくれる。

家を共同で買うために金銭を借りたい二人がいる。彼らの債権者は、一方の債務者が不払いの場合に、他方の債務者が総額を支払うというように慎重に取り決める。総額が支払われないうちは、二人の債務者のいずれも債務全体に対する責任を負っている。(……)彼らは、債権者の影響を受けるという点で一体である。彼らは、債務全体に対して、それぞれが責任を負っているだけでなく、共同で責任を負っている。[3]共同の債務者たちは、そのなかの一人が債務不履行の状態に陥ることになれば、その者にかわって債務全体の返済義務を負う。このような返済の責任の繫がりが債務者相互のあいだに発生する。「一人はみんなのために、みんなは一人のために[4]」という関係が債務者のあいだに成立するのである。連帯概念の起源には、このような法的な意味が存在する。この本が辿る歴史からすると、こうした法的な意味での連帯概念は、連帯論の前史に属している。しかし、そうだからといって、この法的な意味での連帯はエピソードにすぎない、ということにはならない。このことは本書で強調したい論点であるから、少しだけ説明を加えておく。

　連帯という言葉は、まずは人と人とが繫がることを意味する。しかし、連帯を単なる繫がりに還元することはできない。連帯するということには、繫がる者たちが何らかの責任を互いに負うという規範的な要素が含まれるからである。もちろん、連帯の意味は多様化しているから、連帯という言葉が用いられるとき、この規範的な要素がいつも意識されるわけではない。だが、共感や絆のような言葉ではなく連帯という言葉に接するとき、私たちが独特の強いニュアンスを感じとるとすれば、それは、そのような規範的要素が連帯のうちに存在することに私たちが気づいているからではないだろうか。連帯が、単なる共感や同情や一体感といった現象とは異なるのだとすれば、その差異の一斑は、「一人はみんなのために、みんなは一人のために」という責任の構造が成立しているかどうかにあるかもしれない。連帯のこの規範的な要素は、連帯概念の法的起源から受け継がれてきたものだと考えられる。この法的な意味は、連帯の語が用いられるとき、今日もなお通奏低音として低く静かに鳴り響いているのである。そうであるがゆえに、本書においては、この規範的な要素が連帯を際立たせる特徴として強調されることになる。

2　連帯の類型

バイヤーツの分類

連帯の意味は拡大している。そのすべてを網羅できるような定義を作り出すことは不可能である。しかし、代表的な用法がどのようなものであるか知っておくことは、連帯を定義する場合にも役に立つだろう。なぜなら、良い定義なら、それらの用法を一定程度は網羅的に包摂できるはずだからである。幸いなことに、連帯の用例を分類したクルト・バイヤーツの先駆的な論考が存在するので、それを下敷きにしよう。分類の名称に関しては、ショルツの論考を参考にする。(5)

〈連帯と道徳〉

バイヤーツが最初に提示する分類は、「道徳と連帯」である。「道徳と連帯」という見出しによって、次のような連帯が指し示されている。「もっとも一般的な意味において、「連帯」という用語は、私たち人間全員を一つの大きな道徳共同体に結びつける繋がりに焦点を合わせるものである[6]」。道徳は、人々の行動を律する規範である。わかりやすく言えば、殺すな、盗むな、騙すなといった、社会生活を維持するために必須の根源的規範が道徳である。この規範を共有し、それに従っている成員たちによって道徳共同体は形作られる。重要なことは、この道徳共同体が領土や文化や言語の境界線を超え、人類全体を包み込むものとして想定されていることである。つまり、私は、他者の国籍、宗教、言語、肌の色が異なっても、他者が人間であるかぎり他者に対して道徳的に振る舞わなければならない。同じように、その他者も私に対して道徳的に振る舞わなければならない。このようにして、人類全体が共通の道徳共同体に属し、繋がっているというわけである。本書では、全人類を包摂する道徳的結びつきとしての連帯を、ショルツに倣って「人間的連帯」(human solidarity) と呼ぶ。

〈連帯と社会〉

人間は様々な規模で結び付いている。その広がりは、地縁・血縁という狭い関係から、いましがた見た人類全体という最大の関係にまで及ぶ。しかし、連帯論においてしばしば焦点が合わせられるのは、両者の中間の繋がり、とくに一社会という規模での繋がりである。

（……）連帯は、人類を全体として結びつける繋がりを表すのではなく、より狭く、より限定された共同体の結束を表す（……）。近代社会は（氏族や部族のかわりに）社会や国家が重要な役割を演じるので、一社会をまとめる内的絆として連帯を定義するのが合理的であるように思われる。そのような結束の――過去においても現在においても――しばしば名前が挙げられる中心的な要素には、共通の祖先と歴史、共通の文化と生活様式、共通の理想と目標が含まれる。(7)

この一社会という規模での人々の繋がりを、ショルツに倣い社会的連帯（social solidarity）と呼ぼう。社会的連帯は、人々を結合することで社会を成立させる紐帯であり、いわば社会の「接着剤」の役割を果たす。

バイヤーツからの引用では、祖先、歴史、伝統、文化、言語、生活様式などの共通性が基礎となり、社会的連帯が形成されると説明されているが、現代社会ではそのことが自明ではなくなるだろう。多様な背景をもった個人が社会を構成するようになるからである。したがって、社会的連帯の成立を当然視することができなくなる。それゆえ、いかにして連帯は可能かという問いが、社会的連帯を考察する際の主要なテーマとなるはずである。

〈連帯と解放〉

人は、自身の利益を実現するために団結することがある。このような場合にも連帯の語が用いられる。「「連帯」の第三の重要な用法は、諸個人が自分たちの共通の利益のために立ち上がることを目指して集団を形成する場合にいつでも見出すことができる」[8]。このような連帯には三種類がある。まずは、多くの集団に見られるものであって、たとえば犯罪者の集団も、その不道徳な目的のために連帯する。もう一つは各種の保険である。保険の加入者は、自身の安全のために保険に入り、相互に支え合う。第三の種類のものは、一九世紀から始まった社会運動、とくに労働運動であり、今日のエコロジー運動や女性解放運動などもここに含まれる。バイヤーツが強調するのは、この第三の種類の連帯である。政治的運動や政治的闘争に結びつく第三の意味での連帯を、ショルツに倣って「政治的連帯」(political solidarity)と呼ぶ。

政治的連帯が成立する背景にあるのは、ある人々の利益や権利が不当に軽視されているとか、その利益や権利の実現を阻害する不正な社会制度が存在するとかいった事態である。そして、そうした不正な状況を変えるために人々が協力することが政治的連帯である。それゆえ、ショルツは次のように政治的連帯を定義する。「政治的連帯とは、不正義、抑圧、社会的脆弱性、ないし暴政といった個別状況にそれぞれが対応する諸個人の団結のことである」[9]。それだから、政治的連帯を際立たせているのは、不正な状況の変革という連帯の目的である。ショルツは、目的という言葉を大義(cause)という言葉で置き換えている。「この団結の基礎にあるのは、ある大義への関与が共有されていることである」[10]。大義の共有こそが、政治的連帯のメルクマールである。

〈連帯と福祉国家〉

人々の結びつきは、社会生活のように自然発生的であることがあるし、政治的連帯のように目的意識的であることもある。そのような連帯においては、連帯する者たちのあいだで相互的な支え合い、つまり相互扶助が実践されている。この支え合いが、連帯の担い手たちの慣習や自発性に委ねられているかぎり、それは衰退し消滅してしまう危険性を伴う。あるいは、相互扶助が個々人の意志や慣習に委ねられているかぎり、ある者は相互扶助のネットワークに包摂されるのに、他の者はこのネットワークからこぼれ落ちるという、偶然性や恣意性が生じる。相互扶助を持続的なものとするには、どうしたらよいだろうか。一つの選択肢は、それを制度化することである。国家が、そのような有力な制度の一つとして位置づけられることがある。バイヤーツは言う。「日々の政治において、主として、物質的に困窮している個人や集団のために国家によって行われる財政資源の再分配が正当化されなければならないとき、「連帯」に言及される[11]」。このような役割を担う国家の典型が福祉国家である。福祉国家は、人々の相互扶助が、それゆえ連帯が制度化されたものと考えることができる。

連帯という語を福祉国家と結びつけることは意外に感じられるかもしれないが、この用法はかなり浸透していると言える。その証拠が欧州憲法条約である。その第二部・第四編は「連帯」と銘打たれ、たとえば第九四条[12]では社会保障に関わる事項が規定されているのである。本書では、福祉国家において実現される連帯を、ショルツに倣って「市民的連帯」（civic solidarity）と呼ぶ。

なお、福祉国家に見られる連帯、あるいは福祉国家という制度を支えている連帯を社会的連帯と呼ぶことがある。たとえば、齋藤純一がそのような語法を採用している[13]。本書は、用語上の混乱を避けるため、福祉国家制度において成立する連帯を市民的連帯と呼ぶことにする。

連帯の分類

他の用法や意味がさらに存在すると予想されるが、この辺りで多様な意味を列挙する作業を終える。これまで考察してきた内容に限定すれば、連帯の語は以下の五つの事象を意味する。

①人間的連帯――人類の一員である個人のあいだに成立する普遍的な道徳的関係
②社会的連帯――接着剤のように人々を繋ぎ止め、社会の成立に資する結合関係
③政治的連帯――政治的大義の実現を目指す者たちのあいだに成立する協力関係
④市民的連帯――福祉国家の制度を介して市民のあいだに成立する相互扶助関係
⑤法的な連帯――債務者たちのあいだに成立する、債務を相互に引き受ける関係

本書では、おもに①から④までの連帯を中心に論じる。⑤は、第1節で取り上げられた法的な意味での連帯である。この用法は、本書では主題とはならないが、連帯概念が規範的に用いられる際の基礎となっていることは、すでに確認した通りである。

①から④まで一応の分類は可能であるが、実際にはそれらは相互に連関しており、また一方から他方へと変化してゆくことがある。それゆえ、現実においては、それらの境界は流動的である。たとえば、ある社会では相互の支え合いの関係が自然発生的に形作られていたが（社会的連帯）、その関係が公的な制度として実現されるようになることもある（社会的連帯から市民的連帯へ）。この制度には見逃しがたい欠陥があり、この欠陥のせいで不当な扱いを受けている者たちが、この欠陥を正すために団結し運動を繰り広げることもある（市民的連帯から政治的連帯へ）。この政治的連帯のなかで生み出された新しい価値観が社会のなかに浸透し、その価値観が社会の一体感を高めるかもしれない（政治的連帯から社会的連帯へ）。

以上、連帯の語源、連帯の分類について概観した。これまでの整理を踏まえて、次節では連帯の定義という課題に取り組むことになる。

3　連帯の定義

様々な定義

連帯の定義を知ろうとする者は、きっと途方にくれる。なぜなら、語の最大公約数的な定義が記されているはずの事典類にあってさえ、連帯の意味は様々に説明されているからである。事典ごとに記述が異なっているのは当然である。しかし、通常は、ある語に関するいくつかの記述を参照するうちに、その語の意味がどのあたりに収斂するのか、おおよその見当がつくものである。そのような期待をもって連帯の定義を訊ねると、その期待は見事に裏切られる。以下では、この錯綜状況を確認するとともに、そこから抜け出すことを試みる。

連帯という言葉の辞書的な定義を探し求める過程で戸惑うのは、どのような分野の辞書であるかによって、記述される連帯の意味が大きく異なっていることである。社会学系の事典であれば、当然にも、社会学者の用法に依拠した説明が採用されるため、別の用法への言及は少なくなる。たとえば、『社会学事典』は、連帯の語の明確な定義を記していないが、デュルケーム理論の鍵概念としての連帯に触れており、「人々を結びつける絆」という表現を用いて連帯を説明する。[14]『社会学小辞典』は、「社会の成員相互の間の相互依存の関係」と明確に定義したうえで、デュルケームを中心とした社会学的な定義と、さらには労働者階級の階級的連帯について触れている。[15]そこでは明らかに社会的連帯に重点をおいた説明が記されている。ただし、後者は政治的連帯に近いものであろう。言うまでもなく、この定義では他の種類の連帯を包摂できない。

より網羅的な説明を提示する事典もある。たとえば『岩波哲学・思想事典』では、フランス革命以降の社会理論、デュルケーム、ブルジョワといった論者たちの用法が紹介され、さらには社会保障の制度化による福祉国家への道筋についても言及がなされている。それだから、市民的連帯も射程に収めるような記述がなされている。だが、連帯それ自体の定義は行われていない。[16]

他の事典も確認しておこう。『岩波社会思想事典』では、「人と人とが緊密に結びつくこと」と定義されている。これは包括的な定義であるが、その記事で具体的に触れられているのは、次章で見ることになるルルーやブルジョワといった論者たちの用法と、ポーランドの自主管理労働組合「連帯」であるから、連帯の語によって、社会的連帯と政治的連帯が念頭に置かれていたのかもしれない。[17]『現代倫理学事典』では、連帯が社会的連帯と置き換えられ、さらに社会的連帯が福祉国家の基礎づけという文脈で問題となることが記されている。[18]さらに、国際的連帯についても記されている。また、連帯がなぜ今日問題となるのかという問題についての、執筆担当者の問題意識が滲み出た記述となっている。だが、連帯の定義に関わる記述を見出すことは困難である。

『岩波キリスト教辞典』は、次のように連帯を説明している。「連帯は、個人の尊厳を謳うと同時に、その個人が決して孤立した存在ではなく相互依存的な存在者であることをも謳い、社会を協力の場として捉える価値観である」[19]。ここでは、人間間の相互依存性、協力ということがキーワードになっているが、それがキリスト教の隣人愛という発想に支えられていることが強調されている。また、このような価値観は、国境を越えて平和や貧困撲滅の実現を目指して活動する人たちの「絆」をもたらすとされる。さらに、相互依存の領域が、社会から人類に拡大されていく可能性が指摘されている。あるいは、社会変革についても連帯の文脈で言及されている。その点で、人間的連帯、社会的連帯、政治的連帯を包摂する説明が提示されている。とはいえ、当然のことだが、この記述はあくまでもキリスト教の文脈に限定されている。

以上の通り、手元にある日本語で書かれた事典類を見ると、連帯の語が定義されていないこともあるし、定義されていても相互関係とか絆とかいった、かなり一般的な説明であるため、連帯の固有性が理解しにくいものになっている。また、それらの定義は、複数の種類の連帯に触れはするが、それがどのような種類の連帯なのかを解説し、統一的に説明するものではない。

より良い定義を求めて

外国語の事典はどうだろうか。管見に触れた二つの定義を取り上げる。一つは『歴史的哲学事典』である。「連帯」の項目執筆者であるアンドレアス・ヴィルトは、次の定義を提示する。

連帯は、価値があり正当であると同時に脅かされていると見なされる共通の目的、ないし他者たちの目的に肩入れする態度を意味し、とりわけ、危機に対する、なにより不正に対する闘争に積極的に関与する支援を意味し、広義には、団結、社会的結合、仲間意識も意味する。連帯は、狭義の日常語的な意味においては、なにより不正に対する闘争における、共通の、少なくとも協働的な目的のための、実践的か少なくとも情緒的な関与をつねに意味する。[20]

飲み込みにくい硬い訳文になってしまったが、ここで述べられている事柄は難しいものではない。ヴィルトは連帯を狭義と広義に分けている。狭義の連帯は、危険に晒された共通の目的や他者の目的の実現に関与すること、不正に対する闘争に関与することである。これは、政治的連帯のことだろう。広義の連帯は、団結、社会的結合、仲間意識とされる。これは社会的連帯に近いものだろう。この定義では人間的連帯や市民的連帯が抜け落ちる。

もう一つは『国際倫理学事典』である。「連帯」の項目を担当したのは、ショルツである。ショルツは次のような定義を記している。「連帯は、一般に、利益や、共通の性質をもっているという感情や、相互支援や、社会変革を求める欲望といったものを共有する人々のあいだでの団結、あるいは結合として理解される」[21]。この定義はやや抽象的であるが、その分、より広い対象を包括できる。まず、この定義では、人々の団結や結合という言葉によって、人々の繋がりという連帯の一般的特徴が説明される。そのうえで、連帯する者たちを結びつける根拠が示される。連帯する者たちは、利益を共有していたり、共通の性質を持っているという感情を共有していたり、相互支援を共有していたり、社会変革の欲望を共有していたりする。そのような事柄が共有されることによって、人々は結合し団結するわけである。この定義では、社会的連帯が包摂される。また、相互的支援という側面に注目すれば、それは、市民的連帯も含まれるだろう。社会変革の欲望の共有という点に注目すれば、政治的連帯も含まれる。こうして、ショルツの定義は、連帯が人間の結合であること、また、その結合の根拠が多様であることに応じて、連帯も多様な性格を有することを示しえている。この点で、ショルツの定義は格段に優れている。ただし、前節で見たように、連帯には、法的用法に由来する規範的な要素――連帯することによって責任を引き受けるという要素――が潜在的に含まれるが、そのことがこの定義では明示されない。

連帯の二つのモデル

この規範的要素を連帯の定義にうまく組み込むために、少しだけ寄り道をすることにして、連帯のモデルについて検討する。いくつかの文献を読むと、連帯において成立している繋がりが、二つのモデルによって説明されていることに気づく。ヘルムート・トーメは、相互的な助力と支援、ならびに非対称的な助力と支援という二つの視点から連帯を説明している。[22] ハンス・ビアホフとベアテ・キュパーは「共通の利益にもとづいて形成された連帯」と「他者の利益との連帯」という区別を設けている。[23] エッカート・フォーラントは、「協働的連帯」と「利他主義的連帯」という分類を提示している。[24] フォーラントの説明が簡明であるから、それを援用する。

協働は、共通の利益や目的の実現が一人では果たしえないがゆえに必要となる。そうした事態は日常茶飯事であって、日々の生活でさえ協働がなければ成立しない。このような協働において個人は共通の目標や利益を実現するために自分の労力を提供するが、その見返りに、この共通の利益や目的を享受することができる。これが協働的連帯である。協働的連帯では、連帯する者のあいだでの支え合いの関係は建前としては対称的であろう。一方、利他主義的連帯は、苦境におかれた者たちへの、いわば一方向的な助力としての連帯である。それだから、連帯する者たちのあいだには非対称性が生じる。これは苦境におかれた者の利益を実現するための連帯であるから、その支援のために連帯する者たちは、この連帯を通じて自身が利益を手にするわけではない。むしろ、その者たちは、助力する労力のゆえに、少なからぬ犠牲を引き受けることもある。ここでは、前者を協働モデル、後者を他者中心主義[25]モデルと呼んで、二つの連帯の性格を区別する。

二つのモデルの違いは、「収支」という点からも説明することができる。連帯は支え合いの関係であるが、この支え合いの「収支」は、二つのモデルでは異なる可能性がある。協働モデルでは、各人は他者たちのために労力の負担をするが、協働する他者たちから利益を手にすることもできる。一方、他者中心主義モデルでは、ある者は他者の利益のために負担するが、その結果、自身は利益を手にしないこともある。この二つのモデルを参考にすると、規範的要素を連帯のなかに取り込むことができる。協働モデルの場合、個人は、協働する他者たちから利益を手に入れるために、連帯の課す義務を担うと説明することができる。他者中心主義的モデルの場合、個人は、不利な立場に置かれた者たちのために、連帯の課す義務を担うと説明することができる。現実の連帯は、協働モデルが示唆する一面も、他者中心主義モデルが示唆する他面も有するので、連帯の定義にあたっては、両者が包摂されるように工夫する必要がある。

連帯を定義する

これまで、連帯の様々な側面を急ぎ足で確認してきたわけであるが、それでは、連帯はどのように定義したらよいだろうか。さきのショルツの定義を下敷きにして、次の定義を提案する。

連帯とは、共通の性質・利益・目的を共有する複数の者たちが、あるいは他者の利益・目的の実現に関与する複数の者たちが、協働や扶助（の責任）を引き受けることで成立する結合のことである。この結合は、自然発生的であったり、目的意識的であったり、制度的であったりする。この結合には、一体感の感情が伴うことが少なくない。

この定義は、連帯の代表的な類型を包摂することができる。ある集団の構成員たちが、共通の目的・利益・性質を共有するがゆえに自然発生的に結合している場合、それは社会的連帯である。この結合を支える協働や扶助が制度化される場合、それは市民的連帯である。あるいは、結合の目的が、社会の不正義の犠牲者たちに助力することであるなら、それは政治的連帯である。また、この定義に登場する「複数の者たち」の領域が人間全体を含むと考えれば、この定義は人間的連帯を包摂する。また、この定義は、協働や扶助の責任について触れているので、連帯の規範的な側面も含む。暫定的で不完全な定義ではあるが、この定義を手に入れることによって連帯論の歴史を辿る準備がようやく整ったことになる。

第２章

社会的連帯論の系譜

なぜ社会は成立するのだろうか。この根本的な問いに一つの答えを与えるのが、社会的連帯という概念である。人々が遠心的に拡散してゆくのではなく、むしろ逆に求心的に繋がり、そのことによって社会が成立する機制が、連帯によって説明されるのである。考えようによっては、社会が成立する機制について思考する社会理論は、多くが社会的連帯論に数え入れられるのかもしれない。しかし、連帯という語を採用することでこの機制を考察した理論家は、おのずと限定されるだろう。本章では、そのような理論家として、社会学者デュルケームがおもに取り上げられる。デュルケームは、分業が連帯を生み出すと主張した。本章にはデュルケーム以外にも、それに先立つルルーやコントの連帯論、同時代のレオン・ブルジョワの連帯論が登場する。それら理論家たちが連帯の成立根拠を何に求めたのか、そのことが本章の追いかけるテーマとなる。

1　社会的連帯論の先駆

近代社会と連帯

連帯とは、人々が結合し、協力し合うことである。人々が連帯することによって集団が形成される。家族においても連帯が成立する。会社やスポーツチームにおいても、連帯は成立する。その意味で連帯は様々な場面で成立する。そして、私たちが連帯感を抱いたり、そのなかで協力し合ったりする集団は、多くの場合、これらの集団のように比較的小さい規模のものだろう。だが、もっと規模の大きい集団を想定することもできる。たとえば、社会や国家という規模の集団である。本章で取り上げられる社会的連帯とは、このような規模で集団の存立を支え、そのなかで働く連帯のことである。つまり、社会的連帯は、人々を相互に繋ぎ、社会を成立させる紐帯を意味する。この社会的連帯を巡っては、いくつかの問いが浮かび上がる。人々はどのように結合しているのかという連帯の機制に関する問いである。あるいは、なぜ結合するのかという連帯の根拠に関する問いである。そして、その結合は強固なものなのかという連帯の現状に関する問いである。これらの問題に取り組むのが、社会的連帯論である。

社会的連帯論の歴史は遥か遠くにまで遡ることができる。たとえばスタイナル・スティヤーヌは述べる。「歴史的に言えば、連帯という現象は、その観念が定式化されるのに先立って存在していた[1]」。この主張は正当なものであろう。連帯概念が彫琢される以前から社会は存在していたのであり、そうであるかぎり、人々を繋ぎ合わせる連帯もまた古くから存在したはずだからである。そしてまた、このような社会的結合の現実に関する理論的認識も古くから存在していたはずである。たとえば、古代ギリシャのプラトンやアリストテレスがポリスの成立機制について問うたとき、連帯という語は用いられていないものの、事実上、彼らは広い意味では社会的連帯論の圏域で思考していたと言えるだろう。

このような遡行は可能であるけれども、社会的連帯論に刻まれた時代性は、プラトンやアリストテレスの理論的思考に刻まれた時代性とは当然にも異なるはずである。近代以降に社会的連帯の思考が促された背景の一つとして、たとえば近代社会における人間関係の変質を挙げることもできよう。この件に関してバイヤーツは述べる。「近代社会は、主として間接的で匿名的である社会的関係のネットワークに基づいている[2]」。近代社会では、地縁や血縁によって緊密に結びついた諸個人の直接的な関係が後景に退いてゆく。このため、人々の結びつきを、地縁や血縁のような「自然的」なものによって維持することは難しくなる。共同体的な紐帯が解体され、いわばバラバラになった個人からなる社会が、近代社会なのである。また、そのような社会においては、近代に特徴的な価値観である個人主義が台頭する。

他にも、近代を特徴づける経済システムである資本制という背景を挙げることもできよう。富者と貧者とのあいだの格差や貧困、劣悪な労働環境など、資本制が生み出した問題は激烈なものであった。大きな格差によって隔てられた者たちが一つの社会に存在し、階級対立が激化した。あるいは、人間関係が競争を軸として編成され、理解されるようにもなった。かくのごとく変質した社会において、どのようにして社会の成立が可能なのかという問いが発出されることは、ある意味で必然的なことであろう。このように、社会的な繋がりを自明視することができなくなった時代、それが近代という時代なのだと述べることができるかもしれない。このような時代に、いかに、なぜ人々は結合するのかという古く遡ることができる問いが、新たな文脈で理論的思考の対象とならざるをえなかった。そのように整理することもできるだろう。

人々が結合する機制と根拠に関する問いは、様々な理論によって思考されてきたに違いない。しかし、本章では裾野を大きく広げることはできない。ここでは、連帯という語を通じて、この問いに取り組んだ論者たちの思考の一斑が切り取られるにすぎない。おそらく、そうした論者のなかで特筆すべきは、高度に発達した分業によって社会的結合が生み出されるという機制を解明したデュルケームであろう。本章では、それ以外に、デュルケームに先立って連帯論を展開していたルルーやコント、あるいはデュルケームの同時代人で「社会連帯主義」を代表するブルジョワの連帯論にも言及される。以下では、なぜ人は結合するのかという問いに焦点を当て、これら論者のテクストを読むことになる。その出発点となるのが、次に見るルルーである。

ルルー

社会的連帯論の歴史を辿るとき、その先駆としてルルー[3]から始めることは、ある種の流儀に倣うことである。なぜなら、ルルーは『人類について』において、キリスト教の慈愛（charité）の概念[4]を批判し、それと鋭く対比させて連帯概念を導入するという、連帯論史において画期となる試みを果たしたからである。ルルーに先立って、シャルル・フーリエが今日の多様な連帯の用法を先取りするかのように、連帯の語をいくつかの意味で用いてはいる[5]。だが、連帯を主題とし、その根本的な意味を思考しようとした点で、ルルーは一つの画期である。スティヤーヌは言う。「ピエール・ルルーは連帯の概念を体系的な仕方で練り上げた最初の人である[6]」。

『人類について』の主題の一つは、キリスト教という宗教を人類という宗教によって置き換えることである。この大胆な試みを正当化する過程で、連帯の概念が導入される。ルルーは述べる。「キリスト教は過去のもっとも偉大な宗教である。だが、キリスト教よりも偉大なものがある。それは人類である。[7]」ルルーによると、キリスト教はたしかに偉大な宗教であるが、しかし不完全である。キリスト教を不完全なものとするのは、意外なことに、キリスト教の教えの中心に位置する慈愛の概念にある。キリスト教では、神が人間に無償の愛を与えるように、人間は隣人を愛すべきだとされる。この人間同士の慈愛が問題視される。だが、慈愛の何が問題なのだろうか。ルルーが慈愛のうちに問題として見出すのは、慈愛が神によって媒介されるという機制である。このような機制が働くかぎり、慈愛においては、人間同士の直接的な結びつきが成立しない。そうである以上、慈愛は、他者を直接に愛することではない。[8]ルルーはこの事態を次のように表現している。「最後に、あなたは、あなたの同胞たちを真に愛することを欲していない。なぜなら、あなたは、神以外のものを実際には愛そうとしていないからである[9]」。

ルルーが目論むのは、キリスト教的な慈愛からキリスト教的な色合いを脱色し、それを新たな用語で語り直すことである。いうまでもなく、それが連帯という言葉である。ヴィルトは述べる。「P・ルルーは、キリスト教の隣人愛（Nächstenliebe）の概念を「人間的連帯」の概念によって明白に置き換えている[10]」。事実、ルルーは、「今日、慈愛によって理解すべきことは、人間の相互的連帯である[11]」とか、「慈愛の真の定式、あるいは相互的連帯[12]」といった表現を通じて、慈愛という言葉が連帯という言葉によって置き換えられるべきだと主張する。

人類と連帯

このように、神によって与えられる愛、あるいは神への愛を媒介することなく、人間たちが直接に結合するような関係、それがルルーの意味での連帯である。この人間同士の連帯は、人間の本性によって要請される。ルルーによると、個人の生は個人の内部で完結することはない。個人の生は、他者たちとの、そして自然との関係のなかに宿っているからである。

人が自身の生と呼ぶものは、すべてがその人に帰属するわけではないし、また、その人のなかにだけ存在するわけではない。その人の生は、その人のうちに、そしてその人の外部に存在する。その人の生は、一部分はいわば不可分に同胞たちのなかに、その人を取り囲む世界のなかに存在しているのである[13]。

人間が生きるということは、同胞（les semblables）たる他者たちと、そしてまた自然と関わり交流することである。「あなたの生は他者たちのうちにあり、他者たちがいなければ、あなたの生は無である[14]」。人間の生にとって、他者たちと関わることは、いわば一個の可能性の条件である。それなしには、個人の生は成立しない。その意味において、人間の生は、他者たちとの関わりに、それゆえ連帯に根ざしている。

ルルーが見定めたのは、ある人の生が、その人の内部で完結することはなく、その外部に、つまり他者たちとの関係のなかにあるという事実である。この事実に、ルルーは連帯という名を与えた。そして、この事実が、同時に、キリスト教的な慈愛を否定する根拠ともなった。キリスト教の慈愛は、神を媒介として、この人間の関係を説明せざるをえないが、そのことによって人間の連帯関係が歪められ汚染されてしまう。人間は人‐間である——この根源的な事実が連帯概念の基礎となる。ルルーはこの事実に光を当てたのである。

コント

ルルーが連帯概念を一個の理論的対象へと昇格させたのだとすれば、それを社会学的思考のなかに導き入れたのは、社会学という語を作り出したコントである。コントの連帯概念を理解するうえで重要なのは、連帯の語が用いられる理論的文脈である。コントは、分業という文脈で連帯概念を導入する。この問題設定は、デュルケームの『社会分業論』に受け継がれる。デュルケームは述べる。「われわれの知るかぎり、あらゆる社会学者のうちで、分業のなかに純経済的現象以外のものを指摘した最初の人は、コントである[15]」。純経済的現象としての分業についてなら、アダム・スミスがすでに『国富論』において有名な分析を提示していた[16]。それとは異なって、コントは分業に関する社会存在論的とでも形容すべき分析に道を開いたのである。

デュルケームに引き継がれる「分業と連帯」という主題は、『実証哲学講義』第四巻、第五〇講に登場する。そこでコントは社会を一個の有機体と見なし、次のように分析を加える。動物有機体は各器官を独自に発達させるが、同時にそれらの器官は相互に連関しあう。動物有機体は高度化するにつれて、各器官の機能分化と相互連関が相即的に高まってゆく。社会もそのような有機体である。社会的有機体の各部分は機能分化するが、そのことと相即して各部分の相互依存が高まる。一個の有機体としての社会において、分化した労働（分業）が各個人に割り当てられ、各個人はその労働に従事する。そのことによって、個人は、他者の分化した労働に依存せざるをえなくなる。「私たちの一人ひとりは、毎日、現代の分業の必然的結果として、多くの点で自己の生命の維持すらも、ほとんど無名の数多くの行為者の能力や道徳性に自然に依存している」[17]。このような依存関係と、それによって生み出される繋がりを社会的連帯と呼ぶとすれば、次のような主張が可能になる。「このように、社会的連帯をもっぱら構成し、社会有機体の拡大と複雑化の基本的要因となっているのは、多様な人間労働の継続的分割なのである」[18]。

分業がもたらす人間の繋がりを明らかにすることは、コントが述べる新しい実証的精神の役割でもある。『実証精神論』では、そのことが次のように語られている。

新しい哲学の全体は、実際生活においても思索生活においても、ひとりの人間が多種多様な局面で他のすべての人間と結びついていることを常に強調するように努めるであろう。そして、私たちは、あらゆる時と場所に正しく拡大された社会的連帯という深い感情に、知らず知らずのうちに親しむことになるであろう[19]。

他方で、コントは、分業がもたらす負の効果にも言及している。職業の専門化の結果、特定の分野では有能であっても他の分野では無能な個人が生み出される可能性もある。ときとして、分業の結果、「人間のロボット化（automatisme humain）[20]」が帰結するかもしれない。それだけではない。分業により社会の機能分化が進展すると、社会の解体が帰結する可能性がある。分業によって専門化した個人が、自身の個人的利益を追求するようになり、社会の共通利益から乖離する危険があるし、同一職業ではその類似性ゆえに繋がりの感情は生み出されるものの、他の職業集団や階級に対しては、そのような感情が生まれにくくなる。コントは、このような利益や感情の分散を懸念している。分業には、人々の相互依存を高める点で連帯を強化する可能性があるとともに、同時に、このような分散によって連帯が弱体化する可能性も潜んでいる。この分散の危険性は、人々のあいだに「共同連帯の感情（le sentiment de la solidarité commune）[21]」が呼び起こされることによって回避されなければならず、政府にはそれを回避する使命があると、コントは主張する。

2　デュルケームの連帯論

連帯論の古典

次にデュルケームの『社会分業論』のテクストを読むことにしよう。『社会分業論』は連帯論の歴史において突出した存在である。スティヤーヌによると、『社会分業論』は、「連帯に関する古典的な社会学において、もっとも有名であり、おそらく、もっとも引用された作品[22]」である。それは、『社会分業論』が、連帯が困難ではないかと考えられた近代社会においてもなお連帯が可能であると主張した刺激的な論考だからである。この『社会分業論』においてデュルケームが考えようとした問いは、次のように表現される。

個人がますます自立的になりつつあるのに、いよいよ密接に社会に依存するようになるのは、いったいどうしてであるか。個人は、なぜいよいよ個人的になると同時にますます連帯的になりうるのか[23]。

近代社会では人々のあいだに個人主義が浸透し、個人の自立性が際立つ。そのような社会では、個人がバラバラになってしまうことが予想されるにもかかわらず、実際には個人は繋がりを保ち続けている。それは、なぜなのか。この問いに答えるために、デュルケームは、分業と分業によって可能になる社会的連帯とを考察の主題とした。結論を先取りするなら、個人が自立していながら、そうであるにもかかわらず結合するという「表面上の二律背反[24]」は、分業と連帯の分析によって解消されるのである。

デュルケームが分業という事実に向ける視線は、徹底的に社会学的あるいは社会哲学的なものである。そのような視線が浮かび上がらせる分業の相貌は、経済学的な視点から描き取られる相貌とは決定的に異なる。経済学的な視点からの分業論の輪郭は、すでに触れたように、アダム・スミスが『国富論』で描いていた。そこで強調されていたのは、分業による生産性の強化という論点であった。経済学的な分業論がおもに考察してきたのは、こうした経済的効率性だったわけである。これに対して、デュルケームは、分業のうちに経済的効率性以上の特徴を見ようとする。

分業は、われわれの社会に、おそらくは羨むばかりの、しかしなくもがなの贅沢を恵むだけに役だつのではない。それは社会そのものの存在条件なのである。社会の凝集が確保されるのは、分業によってである。あるいは少なくともとくに分業によってなのだ[25]。

デュルケームによって分業は社会の存在条件として見出され、社会存在論的地位を獲得することになる。なぜなら、分業は人々を結合させる機能を有しているからである。分業が連帯論へと接続する所以である。

二つの連帯概念

だが、なぜ、ことさらに分業に焦点を合わせなければならないのだろうか。というのも、分業以外のものによっても、人と人との繋がりは可能だからである。すでに短く触れたように、人々は、歴史、伝統、文化、言語、生活様式などを共有することで結合する。それゆえ、社会的連帯という現象には分業以外の経路からも接近することができるのである。その意味で、分業という経路を選ぶことの意味が明らかにされなければならない。

ここで、本節の冒頭で触れたデュルケームの問いを思い起こす必要がある。それは、個人の自立と他者や社会への依存とが両立するのかという、近代社会に関する根源的な問いであった。分業に焦点が合わせられるのは、この問いに答えるためには、そうすることが不可欠だからである。デュルケームにとっては、分業を通じて成立する連帯は、個人の自立と他者への依存との両立を可能にする連帯なのである。事実、デュルケームは、分業にもとづく連帯のこのような性格を際立たせるために、それ以前に支配的であった伝統的な連帯と対比させている。前者は有機的連帯、後者は機械的連帯と呼ばれる。

機械的連帯は、近代以前の伝統的な社会に特徴的な連帯である。伝統的社会は、個人の自立性と個性がまだ十分には確立されていない単純で同質的な社会であると想定される。このような社会においては、人々の生存条件は類似しているから、人々は、共通の文化、宗教、儀式、生活様式のもとで生活している。こうした強い共通性から生じるのが機械的連帯である。「連帯が伝統的社会において力をもつのは、人々が似ているからであり、人々が同じように考えるからである」[26]。一方、近代社会においては、このような単純で同質的な社会のあり方は解体する。分業が発達し、人々の職業や活動が特殊化・専門化してゆくからである。このことが、伝統的社会には欠如していた個性の基礎となる。伝統的社会が諸個人の共通性や類似性によって特徴づけられるのに対して、近代社会では諸個人の差異や多様性が際立つことになる。しかし、そのような社会において連帯は可能だろうか。可能であるとデュルケームは答える。なぜなら、近代社会においては、機械的連帯ではなく、それとは異なった性格を帯びる有機的連帯が優位に立つからである。「これは歴史の一法則である」[27]。デュルケームはそう述べる。

有機的連帯

一般に、分業が進展すると、個人が遂行する作業と、それによって生み出されるものとが狭く限定されるようになる。このような限定性が、逆に、個人が他者の作業に依存することを構造的に可能にし、また必然化する。アダム・スミスに倣い、ピンの製造を例にとろう。ピンを製造する工程には様々な作業が含まれており、そのうちの一部の作業だけでは、決してピンは完成しない。その作業は他の作業と結びつくことによって、つまり、複数の作業が構成する全体の一部としてはじめて、ピンの製造に貢献することができるのである。

このような事態は工場内の分業だけに限定されるものではなく、社会内の分業にも妥当する。「諸個人は分業によってこそ相互に結びあっているのであって、それがなければ孤立するばかりである。彼らは、てんでに発達する代わりに、自分たちの努力をもちよる。彼らは連帯的である。[28]」分業が発達した社会では、分業体系の一分肢であることによって、個人の生活は成立する。この相互依存の関係の外部にあるとき、個人は孤立する。それは、究極的には、その個人の死を意味するだろう。高等な有機体における各器官は、それぞれ独自の機能を果たしながらも、諸器官全体が作りだす有機的連関から切り離されるとき生きてゆけなくなるのと同じように。このように、分業による連帯は有機体における諸器官の連帯に準《なぞら》えることができる。分業から発生する連帯が「有機的」と形容される所以である。[29]

分業が連帯を生み出す機制は、おおよそ次のようなものである。分業が拡大し一般化すると、「協同がたんに可能になるのみでなく、必然的になる[30]」。すでにコントの分業論に即して記したように、分業は個人の自足性、自己完結性を阻む。なぜなら、分業体制のもとでは、各人は他者と連携することなくしては、みずからの仕事も生活も維持することができないからである。「人が互いに依存しあっていること、異質な他者の存在ぬきには生存すらままならないこと[31]」が、分業から帰結する。このように分業は個人を欠如的で、非自足的な存在へと変質させるが、そのことによって同時に他者との連帯を可能にするのであり、また必然的にするのである。このようにして、「分業が社会の接着剤となる[32]」。

連帯と異常

けれども、近代社会は有機的連帯をいつも理想的なかたちで実現しているわけではない。「正常なばあいには、分業が社会的連帯を生みだすとしても、にもかかわらず、分業がこれとはまったく異なった結果を、あるいは対立しさえもする結果をもつことがある[33]」。つまり、連帯が生み出され、諸個人が結び付けられるのではなく、社会が分断され、諸個人が敵対するような結果が、分業によってもたらされることがある。このような破壊的結果を生み出す逸脱した異常な分業の形態として、デュルケームは無規制的分業と拘束的分業とを挙げている。

無規制的《アノミー》分業の事例としてデュルケームが言及するのは、商工業における恐慌や倒産、さらには労働と資本の対立である。それらは、いわば市場経済が、あるいは、もっと強く言えば資本制が避けがたく生み出してしまう負の効果であろう。各器官がてんでに無規制的に振る舞うとき、全体の統合や調和ではなく、敵対や分裂が生み出されてしまうのである。

もう一つの「拘束的分業[34]」は、強制的な力によって維持される分業のことである。分業によって人々に割り当てられる労働が各人の才能や趣向に相応しいものであれば、人々が自発的にその労働に就くことを期待することができる。だが、分業が用意する労働と個人の才能や趣向とのあいだに大きな齟齬が存在するにもかかわらず分業体制が維持されなければならないとき、労働を人々に割り当てるために強制的な力が行使されるのである。拘束的分業の顕著な事例が、カースト制である。カースト制では、カーストごとに職業が振り分けられているから、分業はたしかに成立している。だが、この分業は連帯を生み出さない。それは、分業が自発的に担われるものではないからである。ある人に特定の職業が割り当てられるのは、カーストという外的な強制による。このような強制による分業においては、社会的機能の分配と天賦の才能の分配とが対応しない。つまり、各人の能力の多様性に適うように職業が割り当てられない。こうした外的強制によって成り立つ分業が拘束的分業である。

したがって、無規制的分業と拘束的分業の存在は、分業は分業であるというだけで有機的連帯を生み出すわけではない、ということを意味する。分業が連帯を生み出すためには、「有機的連帯の存在条件[35]」が満たされなければならない。それが満たされないとき、分業の異常な形態によって分断や敵対が発生する。それでは、有機的連帯の存在条件とは、どのようなものなのだろうか。一つは、法や道徳によって分業が規制されることである。もう一つは正義である。前者は了解しやすいと思われるので、後者について見てみよう。

分業と正義

拘束的分業においては、分業が外的な力によって維持される。そのことによって「外在的不平等」が生み出される。もちろん、もともと分業には不平等な一面が避け難く伴ってはいる。なぜなら、各人の能力は平等でありえない以上、各人に割り当てられる労働も等しいものではないからである。このような社会的分業の内部での不平等が、各人の能力の不平等を正確に反映するのであれば、そのことは問題とはならない。なぜなら、各人は、自身の能力に応じて、自身が選択した職業を遂行するだけだからである。しかし、カーストのような外在的強制は、能力と職業の反映関係を歪めてしまう。それゆえに、「それぞれの社会的価値が、これとは無縁なものによって過大に評価されることも過小に評価されることもなく、まさに正当に評価されるような、そういう精妙な組織[36]」を築く「正義の仕事[37]」が必要とされることになる。このような正義が実現した社会は、重田《おもだ》園江の言葉を借りるなら、「「能力の多様性」だけが個人の職業選択の根拠となる社会[38]」であろう。

以上から明らかであるように、分業が連帯を生み出すことができるためには、分業が存在するという事実だけでは不十分である。逸脱した異常な分業とならないような存在条件のもとで分業が育まれなければならないのである。

> 必要なことは、この無規制状態《アノミー》をとめることであり、まだバラバラのままの動きのなかでぶつかりあっているあの諸器官を調和的に協同させる手段を発見することであり、悪の根源であるあの外在的不平等をいよいよ減少させることによって、諸器官の諸関係のうちにより多くの正義を導入すること、これである。[39]

しかし、そうだとすると、「デュルケームに反して、デュルケームが有機的連帯のために思い描いた類の道徳的紐帯が分業に付随して生じるという保証は存在しない[40]」と述べざるをえない。そのかぎり、連帯を生み出すのは、分業そのものなのか、それとも道徳や正義のような、分業を逸脱から保護する何かなのかという問いが、デュルケームに突きつけられることになる。

有機的連帯は、「有機的」という形容が示しているように、生物との類比にもとづいて着想された概念である。有機体の各器官は、それぞれ独自の、他の器官に還元できないような機能を果たしているにもかかわらず、有機体全体の重層的な相互関係の外部では命脈を保つことができない。そのような有機体の内部に成立している重層的な関係が社会の内部にも成立している。分業が進展すれば、社会の内部でも、そのような重層的関係が深まってゆくだろう。有機的連帯という概念はそのような想定のもとで編み出された概念である。たしかに、分業が相互依存関係のなかに人々を引きずり込むことは事実だろう。だが、デュルケーム自身も認めているように、そのことで、有機的連帯が自動的に成立するわけではない。そうだとすれば、有機的連帯は、均衡と調和を目指した絶えざる調整によって、つまり、連帯を維持しようという共通の意識、あるいは介入によって辛うじて持続するものだという解釈も可能となるかもしれない。このことが示唆しているのは、近代社会における連帯は、脆く壊れやすいということなのかもしれない。この連帯の脆弱性という論点は、本書において今後、繰り返し登場するはずである。

3　ブルジョワの連帯論

社会連帯主義へ

本節で取り上げられるレオン・ブルジョワは、時代が一九世紀から二〇世紀に移行する転換点の政治家として輝かしい経歴を残している。まず、一八九五年に首相に就任している。他にも、幾度か閣僚に就任し、公教育相、労働相、外相などを務めた。また、国際聯盟の設立に尽力し、一九二〇年にはノーベル平和賞を受賞した。このような経歴をもつブルジョワが、一八九六年に刊行した『連帯』という冊子が、ここでの考察の対象である。

ブルジョワは、社会連帯主義の代表的な論者であるとされる。社会連帯主義は、大摑みに言えば、当時の思想的・政治的な二大勢力である自由主義と社会主義の両者に対抗しつつ、社会の改革を目指す立場である。スティヤーヌの解説を援用しよう。[41]

フランス連帯主義は、新しい支配的な世俗的中産階級が、自由主義や社会主義に対抗する代替イデオロギーを定式化し、自由主義的―個人主義的でも集産主義的でもない社会倫理を展開する必要があったことの表現であった。[42]

自由主義や社会主義とは異なる社会改革の目標を連帯概念から導くこと、あるいは連帯によってその目標を正当化すること——そこに社会連帯主義の一つの特徴があるということだろう。そして、その目標は、今日なら福祉政策と呼ばれる類のものである。だが、こうした特徴を理解するには、ブルジョワその人が連帯をどのような視点から捉えたのかをまずは知る必要がある。

自然の連帯／社会の連帯

ブルジョワの社会哲学的認識の根幹を一言で表現することから、その連帯論に足を踏み入れよう。それは、人間は生命であるかぎり連帯から逃れることはできない、という認識であるように思われる。ブルジョワによると、生物は他の生物との相互依存関係を築くことで生存している。この関係は、まずは一有機体の内部で確認することができる。幾度か触れてきたように、有機体の各部分は独自の発展をするが、それは有機体の一部としてである。だから、他の部分との相互依存なしに各部分が発展することはない。この相互依存関係は、有機体同士のあいだでも成立する。さらに、有機体とそれを取り巻く自然環境とのあいだでも相互依存の関係が成立する。ブルジョワは、このような生物のあいだに見られる相互依存の関係を自然的連帯と呼ぶ。

ブルジョワによると、「普遍的生命の相互依存、すなわち連帯[43]」の法則は、生命全般に妥当する普遍的なものであり、「人間もこの法則の埒外にあるわけではない[44]」。人間たちは、人間たち同士の相互依存関係のもとにおかれているだけでなく、この関係を通じて、人類という種、他の生物、それらを取り巻く生存環境と結びついている。人間たちのあいだに連帯が存在する例として、ブルジョワは伝染病を挙げている。「人間は生きる。その健康は絶えず、他の人間たちの病気によって脅かされており、この他者たちの生命が今度は、この人間自身が罹るであろう病気によって脅かされている」[45]。あるいは、分業も人間間の連帯の事例である。分業が成立していると、ある人間の活動の産物は他者の役に立つし、逆に、他者の労働の産物は、その人間の必要の充足にとって役に立つ。分業においても相互依存の関係が成立する[46]。

かくして、人間たちは、自分たちのあいだで、空間と時間のすべての点において、相互依存の繋がりのなかにおかれ、支えられている。すべての存在とすべての身体がそうであるように。連帯の法則は普遍的である[47]。

このようにして、人間のあいだの繋がり、社会の連帯という事実が確認される。「その生存の各瞬間に残りの世界と人間とを結びつける連帯の繋がり[48]」から人間は逃れることができない。なぜなら「孤立した人間は存在しない[49]」からである。この命題は、ブルジョワの連帯論にとって、その出発点となる動かしえない真理である。

社会的負債と正義

だが、この真理は、ブルジョワに先行する理論家たちによっても語られてきた。ブルジョワが同じ論点を反復しているだけだとすれば、ブルジョワから新たに学ぶべきことはない。しかし、ブルジョワは、人々の相互依存という事実から興味深い論点を導きだす。社会的負債あるいは社会への負債（**dette sociale**）という論点が、それである。そして、この論点が導入されることによって、連帯の法的意味の幾ばくかが回帰し、連帯の規範的側面が理論化されることになる。

社会的負債とはどういうことだろうか。ブルジョワによると、人間は社会に対して負債を負った債務者である。「社会のなかで生きており、社会がなければ生きることができない人間は、つねに社会に対する債務者である[50]」。そして、この債務関係から人間の義務が派生する。

各人の全員に対する義務は、恣意的で、事柄に外在的な決定の結果なのではない。その義務は単純に、各人が社会状態から引き出す利益の代償、この協力組織《アソシアシオン》が各人に引き渡すサービスの代価なのである[51]。

相互依存の関係のもとで生きる者は、自身の内部に自足することができない。その者の生存の、少なくとも何らかの部分は他者の営みに負っているからである。個人がその生の一部を他者たちに負っているかぎり、個人は生まれながらにして社会に対する債務者である。このような事態が社会的負債という言葉によって表現されている。

ブルジョワは、このような連帯と負債の事実から、さらにもう一つの論点を導く。正義という道徳的な論点である。繰り返すなら、人間は連帯している以上、社会に負債を負っており、その負債を返済しなければならない。だが、この返済が過不足なく遂行されるとはかぎらない。「連帯は実際に存在しているが、その結果は正義に一致していない[52]」ことがある。たとえば、人々が責任や負担を引き受けずに、社会から利益を引き出すだけなら、そのとき正義は毀損される[53]。それゆえ、この不正義を修正し補償する必要が生まれる。各人は、自身が社会から受け取ったのに見合う分を返済しなければならない。この均衡を実現することは道徳的連帯と呼ばれる。

しかし、そのような均衡はいかにして実現可能なのだろうか。そもそも、誰がどれだけ社会的負債を負っているのかを、実際に計算することは可能なのだろうか。それは不可能であると、ブルジョワは答える[54]。それなら、どのようにして正義を実現することができるのだろうか。「一般的な計算をしよう、そして全員に支払うことを全員に求めよう。なぜなら、各人が個別に各人に何を負っているのかを、私たちは知らないからである[55]」。ブルジョワはこのように主張し、債務と債権の総体の相互化（mutualiser）という枠組みを提示する。

まず債務の相互化から見てみる。これは、教育や援助や保険といった共有財産（trésor commun）を作り出すことによって実現する。各人は、この共有財産を作り出すために、他の人間たち全体に負っているものを支払う。この支払いは、各人が共通の富から引き出す利益に応じて上昇してゆく。次に債権の相互化である。この共有財産から自身の必要最低限の取り分を引き出す権利が、各人に認められる。つまり、教育の権利や、労働災害や失業などのリスクから保護される権利が各人に認められる。このようにして、「各人に支払われうるものの最低限を社会が各人に保障するようにするために、私たちが支払うことができるものを社会に支払うこと[56]」によって、債務と債権の相互化に近づくことができるというのである。

このような利益や負担を共有する相互化の構想が、今日の福祉制度、社会保障制度の方向へと一歩を踏み出していることは明らかであろう。スティヤーヌが指摘しているように、「(……)ブルジョワと連帯主義者たちは、連帯をキーとなる用語にし、それを福祉政策のイデオロギーのなかに統合した最初の者たちである[57]」。福祉制度としての連帯という連帯論の新たな展開が、社会連帯主義のうちに芽吹いていたのである。

4　社会的連帯論の射程

社会的連帯論の意義

これまで、社会を成立させる要因として連帯に注目する理論家たちの見解を辿ってきた。いくつかの差異はあるが、これらの理論家において共通しているのは、人間は相互依存的存在であり、したがって自足的存在ではありえないという認識である。この相互依存の事実は、自然の有機体、つまり生物との類比において思考された。個々の有機体の内部には、そして個々の有機体のあいだには、相互依存関係が存在している。それと同じように、人間もまた社会の内部で相互に依存しながら生きている。このような相互依存関係が社会的連帯であり、この社会的連帯が社会の存立に貢献すると考えられている。本章で言及したコントやデュルケームといった理論家は、この相互依存関係が成立する場面として特に分業に注目したのであった。本章の締め括りとして、この連帯論の射程を測ることにしよう。

本章で取り上げられた連帯論は二つの視点から興味深いものである。まず、序章で触れた「欠如と過剰の弁証法」という機制が分業においても働くことが明らかになる。個々人が分業のシステムに参入するとき、そのことによって各人は欠如を抱え込まざるをえなくなる。分業システムのもとで各人が作り出すものは、各人の必要を満たすという意味では圧倒的に乏しい。分業が進展すればするほど、各人は、自身の必要を自身の労働の産物だけで賄うことはできなくなる。分業は、各人が自身の労働だけでは生きてゆくことができなくなるという欠如状態を生み出すのである。この欠如は、他者たちの労働に依存することで満たされる。このように、分業においては欠如と過剰の弁証法が働き、人々は、日々の生業において欠如と過剰の弁証法を生きている。デュルケームのそれのような分業に焦点を合わせた連帯論は、近代社会において劇的に進展した分業という視点から、欠如ゆえに他者と結合せざるをえない人間の姿を描き出す試みだったのだと解釈することもできるだろう。

次に、社会的連帯が政治的連帯や市民的連帯を招き寄せることが明らかになる。この事態は、すでにデュルケームやブルジョワのテクストにおいて示唆されていた。事実として成立している連帯は、つねに不正義や軋轢や分断によって歪められている。連帯が歪められることは、連帯に参与することによって犠牲を強いられる者たちが存在することを意味する。そのことが連帯の主意に反するのであれば、そのような事態は正されなければならない。連帯を論じる際の視線が、このような既存の連帯の変革を目指す方向に向けられるとき、社会的連帯論から政治的連帯論に通じる思考の回路が開かれるだろう。あるいは、正義に適う連帯が持続するためには、連帯はなんらかのかたちで制度化される必要があるだろう。そのような連帯の制度化に視線が向けられるとき、市民的連帯論への回路も開かれるだろう。ブルジョワの連帯論には、この傾向をはっきりと確認することができる。

層としての社会的連帯

と同時に、今日の社会的連帯論というより大きな文脈におくとき、あるいは、連帯は衰退しているのではないかという時代診断を背景として見るとき、特にデュルケームの連帯論は批判的な吟味の対象となるはずである。まず、デュルケームその人が気づいているように、分業はつねに効果的に連帯を生み出すわけではない。事実として存在する分業のもとで、連帯は、軋轢や不正義によって汚染され、阻害され、弱体化されているのである。そうだとすると、どれほど分業が近代社会において際立った側面であり、この分業が人々の相互依存を生み出すとしても、それだけを根拠にして、近代社会は連帯が堅固に機能する社会であるという結論を直接に導くことはできないのではなかろうか。デュルケームにおいて問題となったように、分業が異常な分業とならず、想定通りに有機的連帯を生み出すためには、分業以外の要素を用いて不断に連帯を培う模索がなされなければならない。そのかぎり、分業が存在するという事実は、連帯の盤石さを保証しないように思われる。

また、連帯が生み出されるためには分業以外の要素が必要とされるとすれば、分業にもとづく連帯は社会的連帯全体のなかでどれほどの効果を発揮するものなのかという疑問も湧きあがってくる。このことを理解しやすくするために、社会的連帯をいくつかの層からなるものと理解しよう。分業による連帯は、社会的連帯を構成する層のうちの一つである。同じく、たとえば地縁－血縁的な結合、あるいは共同体的な結びつきも、社会的連帯を構成する一つの層であろう。そうした複数の層から社会的連帯は構成されていると考えることができる。たしかに、近代社会においては、分業による連帯の層が他の層よりも相対的に顕著になり、その存在感を増すことがあるのかもしれない。しかし、それは、他の層が薄くなってしまっているからかもしれない。たとえ分業にもとづく連帯の層が厚みを増しているとしても、他の層が薄くなっているなら、社会的連帯は総体としては薄くなる可能性もある(58)。

このように問題を設定するとき、次のような問いが浮かび上がる。デュルケームが取り出した連帯の層は、別の層における衰退を相殺するほどに強力なものなのだろうか、という問いである。

私たちが生きているのは、紛れもなく、デュルケームの生きた時代以上に分業が高度に発達し広範囲に広がった社会である。そこでは、相互依存の関係が、思わぬ規模で思わぬ方向に張り巡らされている。その点にのみ注目するなら、この社会は連帯によって特徴づけられてもおかしくない社会であろう。しかし、私たちが生きている社会は、連帯が豊かな社会だと考えることができるのだろうか。もしかしたら、私たちは、むしろ連帯が大きく衰退しつつある状況を生きているのではないだろうか。この時代診断が正しいとすれば、先の疑問は、相応の必然性を帯びていると言えるだろう。分業が広大な相互依存関係を生み出すにもかかわらず、なお連帯が衰退していると感じられるのはなぜなのか。あるいは、分業がもたらす相互依存とは別に、どのような連帯の可能性がありうるのか。デュルケームのテクストは、そうした更なる問いを招き寄せ、本書の思考をより遠くへと駆り立てることになる。

以上でもって、ひとまず社会的連帯論についての考察は閉じられる。分業にもとづく社会的連帯論以外にも、社会的連帯への様々なアプローチが存在するが、その件に関する考察は第5章に譲ろう。続く第3章と第4章で、デュルケームやブルジョワの社会的連帯論に萌芽として含まれていた政治的連帯論と市民的連帯論がそれ自体として考察されることになる。そこでは、連帯という現象に対して、分業とは異なった視点から光が当てられ、連帯という現象がより立体的に描かれることになるはずである。

第３章

政治的連帯論の系譜

政治的連帯という語によって、どのような事柄がイメージされるだろうか。それは、たとえば、深刻な政治問題を告発したり弾劾したりするために、人々が集会を開いたり、デモ行進をしたりする光景かもしれない。このイメージは、第2章で検討した社会的連帯のそれとは相当に異なっている。社会的連帯は、多くの個人を一つの社会にまとめる統合や「接着剤」というイメージを喚起する。それに対して、この政治的連帯のイメージが喚起する事柄は、統合や調和ではなく、むしろ社会の変革であり、それに伴う対立や闘争であろう。そうだとすると、両者とも連帯の名で呼ばれるが、両者は区別する必要がある。第3章では、この政治的連帯に焦点を移動させ、そこから連帯の本性について理解を深めてゆく。政治的連帯とは何か。政治的連帯について、これまでどのような理論が編まれてきたのか。こうした事柄が本章で考察される。政治的連帯の理論史については、とくに社会主義とアナキズムが叙述の中心となるが、不条理の作家カミュによる異色の連帯論も政治的連帯論として言及される。また、ポーランドの「連帯」にも触れる。

1　政治的連帯とは何か

政治的連帯のイメージ

政治的連帯という言葉によって真っ先にイメージされるのは、様々な政治運動や社会運動であろう。そのような運動には、労働運動や学生運動のほかに、エコロジー運動や女性解放運動のような新しい運動も含まれる。政治的連帯がこのような運動における連帯であるとすれば、それはどのような特徴をもっているだろうか。バイヤーツは次のような説明を提示している。「ここでは「連帯」は、これらの社会運動の成員のあいだの情緒的な結合と、共通の目標のための闘いにおいて互いに与えあう相互支援とを意味する」[1]。共通の目的を実現するために人々は協力し、助け合わなければならない。また、そのプロセスを通じて、人々のあいだに情緒的な繋がりも生まれる。このような相互支援と情緒的結合が政治的連帯であると、ひとまずは言える。

しかし、よく考えると、この定義はさきに挙げた運動以外にも当てはまることが分かる。たとえば、犯罪集団やスポーツチームの成員たちも共通の目的のために協力するし、そのプロセスを通じて、成員たちには情緒的な結合が生み出されるだろう。だが、そうした連帯を政治的連帯とは呼ばない。そうだとすると、政治運動や社会運動において成立する連帯と、犯罪集団やスポーツチームにおいて成立する連帯とを隔てる何かが存在するはずである。それは何だろうか。

両者を隔てているのは集団の目標が帯びる性格の違いである。政治的連帯の場合、共通の目標と呼ばれるものは政治的なもの、変革志向的なものである。政治的に連帯する者たちが共有する目標は、たとえば不正義や抑圧をもたらす状況を変革することである。共通の目標がこのような政治的目標であるがゆえに、連帯は政治的連帯となる。なお、第1章で触れたように、ショルツは、バイヤーツが共通の目標と呼んだものを大義（cause）と言い換えている。ここでも、ショルツに倣い大義という言葉を用いることにしよう。しかし、なぜ大義への関与が、他の種類の連帯と政治的連帯とを分かつメルクマールになるのだろうか。この大義が政治的なものであるという理由は当然であるが、理由はそれにとどまらない。この理由は政治的連帯の構造的特徴と直接に関わるものであるから、ショルツの『政治的連帯』を参考にして少し詳しく見ておく。

大義の共有と義務

政治的連帯の輪郭を際立たせるために、社会的連帯と比較しよう。ただし、ここで社会的連帯という場合、分業にもとづく社会的連帯ではなく、もっと一般的な意味での社会的連帯である。このような意味での社会的連帯を成立させる主要な要素は、類似性や共通性であると言われる。たとえば、文化、言語、地理、伝統、宗教が同じであるということが、人々に同じ社会集団に帰属しているという意識を生み出し、それを基礎として社会的連帯が成立する。こうした類似性は政治的連帯に必要なのだろうか。ショルツによると、そのような類似性が存在しなくとも政治的連帯は成立する。ある連帯を政治的連帯にするのは、あくまでも大義への関与である。政治的に連帯する者たちのあいだに共通性や類似性が存在するとしたら、それは大義の共有に他ならない。それゆえに、ショルツは次のように記している。「大義にもとづく集団を形成する諸個人は、その大義を除いては相互に共通するものをほとんどもたないかもしれない(2)」。

このことを理解するために、女性解放運動における政治的連帯を例にとろう。女性差別という社会的不正義によって抑圧されるのは女性たちである。女性たちが、この不正義を変えるために女性解放運動を展開するとき政治的連帯が成立する。この場合、この連帯には女性であるという共通性が前提されているようにも見える。しかし、実際には、男性も女性解放という大義を共有し、この運動に身を投じることがある。男性は、女性差別を助長する社会構造のなかで生活し、意図していなくとも女性差別に加担しているかもしれない。しかし、そのような社会構造を変えるべきだという理由から、男性が女性解放運動に関与することは十分にありうる。このとき、抑圧されている者たちの集団（この場合は女性たち）と、政治的に連帯する者たちの集団（この場合は女性たちと一部の男性たち）とは重なりはするが、厳密には一致しない。

このことが、政治的連帯の特徴として大義への関与が強調される理由である。抑圧されている者たちの集団と連帯する者たちの集団とが一致しなくとも、政治的連帯は成立する。直接に抑圧された者たちだけが政治的に連帯するのではない。多様な者たちが政治的に連帯することが可能なのである。たとえば、農民の反空港闘争に学生や労働者が連帯することがある。様々な属性をもった諸個人が政治的に連帯することができる。そうした多様な人々を、その多様性にもかかわらず結合しているのが、大義の共有である。大義のもとで互いに見知らぬ多くの者たちが連帯の糸を結ぶことがありうるし、また現にそのようになっている。このような政治的に連帯する者たちの多様性を浮かび上がらせるために、ショルツは大義への関与を政治的連帯の特徴として強調するのである。

さらに、ショルツは、大義への関与という視点から、政治的連帯と義務の関係を明らかにする。大義への関与によって、連帯する者たちには一定の義務が課せられる。ショルツによると、ある大義の実現のために人々が政治的に連帯するとき、協力（**cooperation**）、社会批判（**social criticism**）、社会的直接行動（**social activism**）という三つの義務が連帯する者たちに課せられるという。最初の義務である協力は、連帯する者たちのあいだでの支え合いのことである。第二の義務である社会批判は、不正義や抑圧を生み出す社会に対する批判を繰り広げることである。第三の義務である社会的直接行動は、政治的連帯の目標が実現されるように社会のなかで行動することである。政治的に連帯することが、このような三つの積極的義務を果たすことであるとすれば、「政治的連帯は犠牲を要求するから、それは安易には企てられない[3]」。そのようにショルツは記す。

政治的連帯の内部と外部

政治的大義への関与、また三つの積極的義務という、政治的連帯の特徴を確認した。最後に、ショルツから離れて、政治的連帯のもう一つの特徴を確認しておこう。社会的連帯と政治的連帯の違いを図式的に述べるとすると、統合と対立の違いと表現することができるかもしれない。社会的連帯は、一社会の成員を結束し、社会を成立させるものである。そのかぎり、社会的連帯においては統合や一体化という特徴が際立つであろう。一方、政治的連帯の場合、事情は異なってくる。一方で、ショルツが述べた協力の義務が存在するので、政治的に連帯する者たちの内部に関していえば、政治的連帯も統合的であろう。しかし他方で、政治的連帯は、不正や抑圧を生み出す制度や、それを支持したり、それから利益を手にしたりしている集団を批判し、攻撃する。というのも、社会批判の義務と直接行動の義務がそのことを要求するからである。政治的連帯は、内部に対しては統合的であるが、外部に対しては対立的・敵対的になる可能性がある。

もちろん、ショルツが強調するように、政治的連帯は大義への関与によって成立するので、様々な差異をもった多様な人々が政治的に連帯することができる。その点で、政治的連帯は外部と多様性に開かれている。しかし、大義を共有しない者たちは政治的連帯の外部に留まることになるし、この大義に反対する者たちに対しては、政治的に連帯する者たちは対立的に振る舞わざるをえない。この点において、統合や支え合いが強調される他の種類の連帯とは異なる政治的連帯の固有性を見出すことができる。ただし付言すると、社会的連帯であっても、当該の社会の外部に存在する者たちは社会的連帯から排除されているので、この内部／外部の問題と無縁ではない。むしろ、内部／外部の問題は連帯それ自体に内在すると考えるべきであろう。この点は、終章で触れる。

以上、本節では、おもにショルツの政治的連帯論に即して政治的連帯の特徴を確認してきた。以下では、政治的連帯に関してどのような機制が見出され、思考されたのかという論点を中心に、政治的連帯論の歴史が辿られる。

2　社会主義における連帯

マルクスとエンゲルス

政治的連帯という主題にとって、カール・マルクスとフリードリヒ・エンゲルスのテクストが与えた影響は大きかった。耐えがたい過酷な体制を覆すために、労働者たちがともに協力し、支え合い、革命運動に身を投じるという政治的連帯の一つのイメージが、彼らのテクストに由来することは事実であるに違いない。ところが、そうした想定のもとで彼らのテクストを読み進めると、連帯という概念に出会うことが存外に少ないことに気づかされ、肩透かしを食らったような印象が生み出されるはずである。どうやら、彼らのテクストには、連帯の語を定義するとか、連帯という事象について思考を深めるとかいった視点からの叙述は残されていないようである。

とはいえ、連帯という語が用いられているテクストも散見されるので、まずは、それらを確認しよう。エンゲルスのテクストには、今日の私たちが知っている労働者の政治的連帯――労働者たちは階級的に共通の立場におかれることで共通の利害を有するがゆえに連帯する――の意味で用いられた連帯の用法が確認できる。たとえば、一つには、『イギリスにおける労働者階級の状態』一八八七年アメリカ版への序文において、「労働者大衆が、自分たちの不満と利害が共通していることを感じとり、ほかのあらゆる階級に対立した一階級としての自分たちの連帯性を感じとる[4]」という用法が見られる。他の箇所でも同様に、「階級的地位が同一だということの理解にもとづく、単純な連帯の感情[5]」、「万国のプロレタリアートの利害の同一性と連帯との意識[6]」、あるいは「万国の労働者階級の連帯精神[7]」といった用法が見られる。要するに、エンゲルスにおいては、おもに、階級的地位の共通性ゆえに労働者のあいだに成立する繋がりという意味で連帯概念が用いられている。それ以外には、たとえばアメリカの労働者に関して、「移民と自分たちとの連帯性[8]」という用法が見られる。連帯は労働者の内部においてのみならず、それ以外の人々とのあいだにも成立するという視点を、この用法から見てとることができる。

マルクスの場合も、「将来にとってみのり多いこの連帯をすべての労働者のあいだにうちたてる[9]」といった用法のように、労働者間の連帯が範型的なものとなっているようである。やや特徴的なのは、「万人の自由な発展の必然的連帯性[10]」という『ドイツ・イデオロギー』の用法である。ただし、この用法は、政治的連帯という文脈からは外れている。

このように、マルクスとエンゲルスのテクストにおいて連帯という語が用いられていることは確認することができるが、政治的連帯を主題とし、その概念を深めてゆくテクストは存在しないようである。しかし、そのことは、マルクスとエンゲルスに政治的連帯の思考が欠落していたことを意味しない。連帯という語を前景化することはなかったにもかかわらず、マルクスとエンゲルスは政治的連帯論を準備したと、ここでは整理したい。その証拠となるテクストがある。

> （……）共産主義者は、従来の社会秩序全体を暴力的に転覆せずには彼らの目的を達成できないことを、公然と言明する。支配階級をして、共産主義革命のまえに戦慄させよ！　プロレタリアは、この革命によって失うものは鉄鎖のみである。彼らの獲得するものは全世界である。
> 万国のプロレタリア団結せよ！[11]

『共産党宣言』のこのテクストに記されているのは、政治的連帯の一つのモデルである。資本主義を転覆する政治的試みは、まさに一人ひとりでは達成することができない。なぜなら、一人ひとりの労働者は孤立していては非力だからである。資本主義の転覆という大義は、万国の労働者が団結することによって、初めて可能になる。ここでマルクスは団結（**vereinigen**）という言葉を用いているが、これを連帯という言葉で置き換えることは十分に可能である。このようにしてマルクスとエンゲルスによって準備された労働者の政治的連帯という問題設定は、後続する理論家たちに引き継がれ、練り上げられてゆく。

カウツキー

カール・カウツキーは、一九世紀後半、第二インターナショナル時代のヨーロッパにおいて大きな影響力をもった社会主義者である。ドイツ社会民主党大会が一八九一年にドイツのエルフルトで開催され、そこで「エルフルト綱領」が採択されたが、その起草者がカウツキーであった。

起草者その人によって書かれた解説が残されている。『エルフルト綱領解説』である。その第五章「階級闘争」で、連帯の語が用いられている。連帯という語が用いられる際の発想は古典的なものである。資本制が発達すればするほど、社会はプロレタリアート化してゆくという発想である。資本制が進展するにつれて、労働者の数が増加してゆき、労働者はその影響力を強めてゆくというわけである。このプロセスにおいて重要な役割を果たすのが連帯である。もちろん、連帯は労働者のあいだにのみ成立するわけではない。だが、カウツキーによると、連帯はとりわけ労働者のあいだに成立しやすい。

そのことを理解するための鍵は、資本制が生み出す物質的現実のうちにある。資本制が労働者たちに課す物質的現実とは、工場での労働のことである。工場での労働は協働と平等とを労働者に教える。これが連帯の基礎となる。工場で労働する労働者は、一人では何も生産することができないことを経験的に知っている。工場で生み出される生産物は、労働者たちの協働によって作り出されるものだからである。それゆえに、工場で労働することは協力することの力を労働者に教える。さらに、労働者の労働条件は労働者を平等にしてゆく。工場では、労働者たちのあいだに等級や身分の差がほとんどない。出来高制や賞与などによって労働者たちのあいだに賃金の格差が生み出されるとしても、多くの労働者にとって賃金水準は似たり寄ったりである。このような労働条件の平等は、労働者のあいだに、同じ利害関係をもつ者たちだという意識を芽生えさせる。こうした二つの要素のおかげで、労働者のあいだに連帯が成立しやすくなる。「資本主義的生産がながく続けばつづくほど、プロレタリアの連帯はそれだけ強く発展し、プロレタリアートのなかにますます深く根をおろし、ますます顕著な特徴となる[12]」。

カウツキーの見立てによると、この連帯は工業労働者の領域を超えて空間的に拡大してゆく。資本制は、様々な職業の労働者を大工場に吸収し、共同で労働させる。あるいは、機械化は、未熟練労働を可能にし、労働者が一つの仕事から別の仕事へと移動するのを容易にする。このようにして、まずは職業の垣根が掘り崩される。さらに、工業労働者の存在感が増し、その思想や感情が一種の規範性を獲得するようになることで、それは非工業的な産業、つまり商業、交通業、旅館、接客業の労働者にも波及する。というのも、賃金労働が一般化することによって、労働条件や利害が似てくるからである。こうして、「全労働階級との連帯意識[13]」が成立する。このことによって、労働者階級は「唯一の単一の労働者階級にとけあう[14]」。加えて、連帯は国境の壁をも越える。国境を越えても労働者の置かれた境遇は似ており、同じような目標の実現が目指されているからである。このようにして、『共産党宣言』の結びの呼びかけの意味することが、つまり「プロレタリアートの国際的連帯[15]」が現実味を帯びることになる。

かくして、賃金労働という共通の境遇におかれた者たちが、共通の境遇におかれているがゆえに共通の感情や利害や思想を生み出すという点に、連帯の基礎がある。そして、この共通性によって結びついた労働者たちが、みずからの利益を実現するという大義——ここでは社会主義革命という大義——のために協力するとき、政治的連帯が生み出される。この図式そのものは、すでに見たように、マルクスとエンゲルスによって準備されていた。カウツキーがこの図式を描き直したとき、連帯の語が基幹概念として導入されたのである。

ベルンシュタイン

エドゥアルト・ベルンシュタインの立場は、ときに修正主義と呼ばれることがある。この呼称は、ベルンシュタインが『社会主義の前提と社会民主主義の任務』において、マルクス主義の通念に異議を唱えたことに由来する。とはいえ、ベルンシュタインの立場が修正主義であるかどうかは、ここでの論点ではない。ここで焦点が合わせられるのはベルンシュタインの連帯論である。その場所は、一九一〇年に刊行された『労働運動』である。そこで記された連帯論において注目すべきことは、連帯と自由の関係が議論の俎上に載せられていることである。

連帯にもとづいて行動することには、個人の自由を制限することが伴う。たとえば、ある人物が労働運動に関与し連帯することは、その人物が自由にできるはずの時間や資源や労力を、自身のためだけではなく労働運動のために捧げることを意味するからである。だから、ある種の立場にとっては、自由か連帯かというジレンマが生じることになろう。ベルンシュタインは、このジレンマをどのようにして解消するのだろうか。ベルンシュタインによると、労働者の連帯は、一方で自由を制限すると同時に、他方で自由を増やす。個人は階級的に連帯することによって、個人としての自由を制限されるが、そのことを通じて同時に、労働者としての自由を手に入れることになるというのである。

労働者としての自由を手に入れるとは、こういうことである。労働者が個人として資本制の圧倒的な威力に抗うことは困難であるが、連帯によって、この威力に抗うことが可能になる。労働関係において資本家が優位であること、経営者や職場長が優位であること、競争や景気変動が「自然法則」のように支配することなどは、一人ひとりの労働者にとっては不自由を意味するはずだが、こうした不自由が連帯の力で取り除かれるかもしれないのである。「強固な連帯を行使することなく、これらの不自由の桎梏からの労働者の解放を可能にすることはできない[16]」。このようにして、ベルンシュタインは、連帯が課す共同責任を個々の労働者が引き受けることで、労働者の自由が拡大すると考えたのである。

ベルンシュタインは、個人の自由の制限が、労働者としての自由の獲得によって相殺されるかのように記すことで、連帯と自由の関係をこれ以上は掘り下げないのであるが、しかし、連帯と自由の問題は政治的連帯論において重要な論点となるはずである。連帯とそれによる自由の制限という問題は、政治的連帯の機制そのものに内包される問題だと言えるからである。たとえば、被抑圧者の連帯について考えてみよう。被抑圧者たちからなる集団では、成員が手にしている個人的自由よりも被抑圧者として獲得すべき自由が優先され、そのために連帯することの重要性が強調されるかもしれない。政治的大義がもたらす自由のために、大義に関与する個人がどこまで個人の自由を諦めるべきなのか、あるいは諦めてはならないのか――これは政治的連帯論においいて思考することが避けられない案件であるように思われる。

ルカーチ

ルカーチも連帯概念に対して独自の貢献をなしている。それは、ロシア革命の威光によって大きな影響力をもったレーニン主義の理路にしたがって、連帯論に規律の概念を持ち込んだことである。たしかに、これは連帯論における独自の貢献であるが、それは連帯概念を豊かにするものなのかという疑問も生まれる。その消息を辿ることにしよう。

ジェルジュ・ルカーチの『歴史と階級意識』に収められた論考群と同時期に書かれた論文「共産主義的生産における倫理の役割」において、ルカーチは、プロレタリアートと連帯との親和性に関して、オーソドックスな考察を残している。ルカーチによれば、プロレタリアートと比較して、ブルジョワジーのあいだでは階級的連帯が成立しがたい。「資本家階級のなかでは、外にたいしての階級的連帯だけはありえても、内へむかっての階級的連帯など存在しえない[17]」。なぜだろうか。資本家の個人的利益と資本家の階級的利益とが一致しないからである。資本家たちが他の階級に対峙するときには、資本制を擁護するという一点で階級的連帯が成立するかもしれない。しかし、日々の経済活動において、資本家たちは利潤をめぐる競争や技術革新の競争などを勝ち抜くという資本家の個人的利益が重視されるため、資本家たちの関係は協力というより対立に近く、そうであるがゆえに資本家たちのあいだでは連帯が成立しがたいというのである。

他方、労働者たちのあいだでは、個人的利益と階級的利益の対立は存在しない。なぜなら、労働者たちは、階級的利益を実現することによってしか、自身の個人的利益を実現しえないからである。たとえば、労働者が自身の権利を実現しようとすれば、労働者全体の権利を実現しなければならない。ここに労働者の連帯の基礎がある。

ブルジョワジーの最大の思想家たちによって、社会の手がとどかぬ理想であると宣伝されたあの連帯ということが、プロレタリアートの階級意識のなかでは、その階級利害のなかでは、現実となって生きているのである。[18]

プロレタリアートの階級意識のなかで生きているとされる連帯は、個人の利益が階級的利益を通じて実現されるという機制によって成り立つものであるから、連帯とは「集団の利害に個人的利害が服従する」[19]ことだと、ルカーチによって定式化される。労働者階級の連帯においては、階級としての利益が優先され、個人の利益はそれに従属するものと見なされるのである。ここで、連帯に関して、独特の性格が付け加えられていることに注意しなければならない。ある種の垂直的関係が、連帯のなかに導入されているのである。連帯というと、通常は人々が横に連なることとしてイメージされるはずであるが、ここでは、労働者階級の利害に個人的利害が服従することが連帯と見なされることで、ある種の上下の垂直的な関係が連帯に導入されているのである。

この連帯における垂直的な関係は、『歴史と階級意識』の第八章に収録された「組織問題の方法論」において、「規律」[20]という語を用いて、よりはっきりと表現されることになる。この語は、自由と連帯との統一という文脈で登場する。ルカーチによると、ブルジョワ社会において自由と連帯は統一されない。このような社会では、「連帯とか結合とかいうことは、せいぜい実効のない「統制理念」[21]でしかない。ブルジョワ社会においては、自由は利己主義の自由に過ぎず、そのかぎり自己閉鎖的な自由としてしか存在しないからである。各人が自身の自由を追求することは、「非連帯的に他人の不自由を踏み台にして」[22]しまうことを伴うのである。

連帯と自由とを両立させるには、この利己主義的な自由を回避する必要がある。そして、それを可能にするのは、非本来的な利己主義的自由が支配するブルジョワ社会を変革することによってである。したがって、そのような変革運動に「全人格を傾注する」[23]ことによって、連帯と自由を統一するための道が切り開かれることになる。この運動に傾注することは、しかし、共産党という組織に積極的に参加し、忠誠を誓うことを、したがってその規律に服すことを意味する。なぜなら、共産党こそがブルジョワ社会の変革という任務を果たそうとしているからである。

ルカーチは、自由の実現が規律によって可能になることを「外見的な逆説性」[24]と呼び、問題にしない。だが、これは外見的な逆説性にすぎないのだろうか。いくつかの疑問が思い浮かぶ。まず、革命が目前に迫っており、また、革命の成就が約束されているのなら、こうした規律への従属も一時的なものとして許容されるかもしれないが、革命が遠い未来にしか実現しないのだとしたら、規律の倫理ははたして許容されうるのだろうか。さらに、連帯が水平的な繫がりであるのに対して、規律は垂直的な統制に近いものであるために、水平的な連帯が阻害されてしまうのではないだろうか。レーニン主義を踏襲するかぎり、規律という要素が介入することは不可避なのかもしれない。だが、水平的連帯と垂直的規律のあいだには、見逃すことのできない異質性が存在する。そうだとすると、規律という要素が導入されることによって、連帯の実現が宙づりにされ、妨げられてしまうのではないだろうか。このように考えると、共産党への忠誠と規律を重視するルカーチのレーニン主義は両義性を帯びる。垂直的な規律という要素は、連帯論に導入された新しい要素ではある。しかし、それは連帯論を刷新するものだと言えるだろうか。むしろ、それは連帯論を掘り崩す危険性を孕むものではないだろうか。そのような疑念が残る。

グラムシ

レーニン主義の系譜に立ちつつ連帯の概念を用いた、もう一人の著名な論者が存在する。アントニオ・グラムシである。グラムシの連帯論の根幹を理解するためには、いわゆる「赤い二年間」を出発点とすべきである。イタリア北部では、一九一九年から二〇年にかけて、ロシア革命の余波を受け、工場の占拠やストライキなど労働者の蜂起が発生した。これが「赤い二年間」と呼ばれる時期である。この時期のトリノでは、グラムシのイニシアチブで「工場評議会」が設立される。工場評議会は、工場内における労働者の自主的な生産管理のために設けられる機関である。グラムシによると、工場評議会において労働者の連帯が発展し恒常的なものになる。また、それは、プロレタリア国家のモデルという理念のもとに構想されたものである。

工場評議会はプロレタリア国家のモデルである。プロレタリア国家の組織に内在する諸問題は、すべて評議会の組織に内在している。どちらの場合にも、市民の概念は失効し、同志の概念が取って代わる。首尾よく有益に生産するための協同が連帯性を発展させ、情愛と友愛のきずなを強化するのだ。一人一人が不可欠であり、一人一人がそれぞれの地位に就いており、一人一人がそれぞれの機能と持ち場を有している。(……)労働組合において資本主義にたいする闘争のなかで苦痛と犠牲をともないながら発展してきた労働者の連帯は、評議会では積極的で恒常的なものになり、工業生産の諸契機のうち最も取るに足りない契機のなかにまで体現される。(25)

これ以外にも、ヘゲモニー概念と接続するような連帯概念の用法がある。この用法は、いわゆる『獄中ノート』(「情勢または力関係の分析」)において、情勢、つまり力関係を分析する文脈で登場する。グラムシによると、それぞれの歴史的情勢は、様々な力関係の結果として生み出される。この力関係の要素には、社会的な勢力、政治的な勢力、軍事的な勢力の三つがある。連帯概念は、政治的な勢力を分析するための道具として用いられる。つまり、様々な集団が政治的意識をどのようにして獲得するのか、その分析のための道具として用いられる。政治意識を獲得するプロセスとして三つの段階が想定されている。第一段階は、ある同職集団としての同質性の意識、つまり連帯感が感じられる段階である。この段階では他の社会集団との連帯感はまだ成立していない。第二段階は、その集団の成員全員に利益の連帯性の意識が広まる段階である。第三段階は、その集団の利益が、同職集団という垣根を超えて、他のすべての社会集団の利益となる段階である。このように連帯が拡大していくことで、大きな政治的勢力が作り出される。

グラムシは、このプロセスを「ヘゲモニーを創出[26]」するプロセスと呼ぶ。ヘゲモニーとは、支配の成立を支える二側面のうち、意識に関わる側面のことである。支配は一方で物理的な強制を必要とする。だが、支配が安定したものであるためには、意識による合意も必要となる。この合意によって成り立つ支配がヘゲモニーである。ヘゲモニーの創出は、文化や教育のような、意識に働きかける装置を通じてなされる。革命のプロセスにおいては、新しい勢力によってヘゲモニーをめぐる闘争が繰り広げられる。さきの連帯が三段階で拡大するプロセスも、このヘゲモニー闘争に駆動されて進展する。連帯の拡大はヘゲモニーによってもたらされるのである。

以上のように、グラムシは、独特の角度から連帯概念を用い、その意味を豊かにしている。同時に、ルカーチと同じように、グラムシにおいても連帯概念と規律概念との緊張関係を確認することができる。たとえば、工場内での労働者の団結と連帯を強調したテクストの直後で、新しい組織のあり方を実現するための規律が強調されている[27]。革命のプロセスの一要素として連帯を位置づけるかぎり、規律を強調する傾向は避けがたいことなのだろうか。だが、規律と連帯とを並置できるのだろうか。そのような問いが呼び起こされる。

連帯という結合様式が水平的なものであるとすれば、垂直的とでも形容すべき規律が導入されることによって、連帯は変質してしまう可能性がある。そもそも、垂直的な統制によって規律を課せられた連帯は、はたして連帯と呼びうるのだろうか。そのような疑問も浮かび上がろう。具体的に言えば、革命の大義のもと、指導的組織により上方から助け合いが命じられることになるが、こうした人々の結合様式は連帯のイメージから大きく逸脱していないだろうか。もちろん、レーニン主義的な伝統に立って、このような垂直的に統制される連帯を肯定する立場もありうる。だが、垂直性を退け、その水平性に連帯の真髄を見出す立場からすれば、垂直的規律は忌避すべきものとなるはずである。そのような水平的な連帯を重視する連帯論は、次に見るアナキズムによって練り上げられることになる。

3　アナキズムの系譜①――バクーニン

連帯と国家

マルクス主義や社会主義がそうであるように、アナキズムも驚くほど多様である。個人主義的アナキズムから共産主義的アナキズムに至るまで、アナルコ・フェミニズムから緑のアナキズムに至るまで、実に多様な視座が存在している。ここでは、それらすべての立場に触れることはできない[28]。ここでは、アナキズムの古典と言ってよいミハイル・バクーニンとピョートル・クロポトキンのテクストの、それも一部分が取り上げられるだけである。まずは、バクーニンのテクストを追いかけてみる。バクーニンの連帯論に接近するには、二つの経路が可能であるように思われる。一つは国家批判という経路である。もう一つは、ブルジョワ社会批判あるいは資本制批判という経路である。国家にせよ資本制にせよ、それらは連帯を解体するものとして批判の対象となる。順に見てゆこう。

バクーニンに限らず、アナキズムは国家の存在を端的に否定する。「(……)国家というのはすなわち暴力を意味し、暴力による支配を意味する[29]」からである。個人の自由に最大の価値を置くアナキズムからすると、暴力によって人々を支配する国家は「人間の自由の恒常的な否定者[30]」以外のなにものでもない。だから、国家は即時に廃絶されなければならない。たとえば、社会主義のなかには、国家権力を奪取し、国家権力による変革を通じて労働者の解放を目指す立場もある。アナキズムは、そのような国家のかたちさえ拒絶する。人民を解放するためだという理由で国家権力を維持し、国家権力によって様々な改革を断行することは、人民を国家権力による支配に従属させること以外のなにものでもないからである。その国家がブルジョワ国家であるのか、プロレタリア国家であるのかは問題とはならない[31]。このような国家批判は、いわば、国家‐個人間の垂直的な関係に対する批判であると言えよう。

これに加えて、バクーニンは、いわば水平的な視点からの国家批判も提示している。この視点は連帯概念と緊密に結び付くものである。この視点が記されているのは、「連合主義・社会主義・反神学主義」である。そこでは、国家が人々の水平的な繋がりを阻害するものとして特徴づけられている。バクーニンは次のように述べる。

> 従って、国家とは人間性のもっとも明白でシニックで完全な否定である。全人類の地上における普遍的連帯を破壊し、その一部を糾合することはあっても、それは残り全部を烏有に帰し、征服し、隷属させるために過ぎない。[32]

国家は、国境線によって内部と外部とを分割する。国境は、事実として成立している人々の水平的な連帯を、それゆえ全人類の普遍的な連帯を切断する。国家の内部では、ある種の統合——これも暴力による支配である——がなされるのに対して、国家の外部は征服や隷属の対象とされる。国境線は、人々の連帯の障壁でしかない。このように、バクーニンにおいては、国家は連帯論という視点から見ても端的に拒否されるのである。

連帯と資本制

もう一つの経路、すなわちブルジョワ社会批判あるいは資本制社会の批判の経路は、どのようなものだろうか。バクーニンが標的にするのはブルジョワ社会が増長する個人主義である。

個人主義ということで、私が理解するのは、以下の傾向である――すべての社会、すべての一般大衆を、〔相互に〕無関心なものとして、対抗者として、競争相手として、一言で言えば、各人がそれとともに生きざるをえないのに、各人の妨害をする生来の敵として見なすことで、全員に逆らって、他者すべてを犠牲にして踏みつけて、自身の豊かさ、繁栄、幸福を勝ち取り、築き上げるように個人を駆り立てる傾向のことである(33)。

ここで個人主義という語は、独特の強い意味を帯びている。自分以外の他者を競争相手として、それゆえ、自分の進路を妨害する敵と見なす思考様式が個人主義と呼ばれている。それは、いわば自由競争に根ざした市場経済に、もっと強く言えば資本制に適合するイデオロギーであろう。この意味での個人主義が支配的であるところでは、自己と他者との関係は敵対的なものとならざるをえず、また、個人主義が支配する人間関係のもとでは連帯は衰退するほかない。それだから、バクーニンは、そのような関係を「人間的連帯に対する継続的な犯罪(34)」と呼ぶ。

とはいえ、そのような個人主義の影響力にもかかわらず、人間は敵対的な競争のみによって生きてゆくことなどできない。人間は生きてゆくために、他者たちとともに支え合う必要があるからである。連帯が生きてゆくのに不可欠であるのに、連帯を解体する個人主義が跳梁するとき、いかなる事態が生起するのだろうか。このことに関して、バクーニンは「連帯の搾取」という興味深い論点を提示している。

形而上学的道徳に基づいたブルジョワ社会において、各個人は、自己の立場から導き出される論理的な必然性によって、他人の搾取者としてたち現われる。なぜといって、彼は、物質的には万人を必要としている一方、道徳的にはなにびとをも必要としていないからだ。したがって各人は、社会的連帯を目して、一方では自分の霊魂の完全な自由に対する桎梏《しっこく》とみなし、これを忌避しようとする。しかも他方では、自分の肉体を維持するうえに必要な手段として、これを求めるのである。したがって各人は、社会的連帯を個人的、物質的な効用の観点からだけ考慮するようになり、各人が社会的連帯のために寄与し、付与しようとするのは、自分のためにこの効用を確保しておく力――権利ではなく――を持つために、ぜひとも寄与しなければならないものだけにすぎなくなるであろう。要するに、各人は社会的連帯に搾取者として対するわけである。[35]

個人主義が支配する社会においては、諸個人は互いに競争者である。それだから、ここでは人は、他人からなるべく多くを引き出し、自身からはなるべく少なく持ち出そうとする。この論理が支配するとき、連帯は、個人によって利用される対象にすぎなくなる。各人は、自分の利益になるかぎりでしか連帯に貢献せず、連帯――つまり他者の貢献――から多く取り出そうと目論む。これが連帯の搾取という事態である。そして、各人が連帯の搾取の論理にしたがって行動するとき、連帯は衰弱してゆく。

自由の社会的性格

ここで、ある根本的な問いが浮上する。個人の自由の実現を至上命令とするバクーニンのアナキズムは、連帯が解体され搾取されることを危険視し、連帯に価値を見出すが、どうしてなのだろうか。他者と繋がること、それはむしろ自由に対する障害と見なされるべきではないだろうか。ある種の立場からすれば、そのような反論も可能かもしれない。この類いの反論に対して応答可能な自由論が、バクーニンによって用意されている。自由の社会的性格を強調するこの自由論は、たとえば『神と国家』や「サン＝ティミエ渓谷の労働者のための三つの講演」（以下「サン＝ティミエ講演」と略す）において展開されている。この自由論からすると、自由と連帯は相互に排他的なものではない。バクーニンは次のように述べる。

周知のように、唯物論者が考えるこうした自由は、きわめて積極的かつ複雑で、ことに徹底して社会的な性格を帯びている。なぜならば、自由は社会を通してのみ、また万人に対する各人の厳格この上ない連帯と平等の関係のなかで、はじめて実現されるからである。[36]

自由が社会的性格を帯びるという主張は、三つの視点に支えられている。第一に、人間の人間らしさが社会の内部で可能になるという視点である。人間が他の動物と異なって人間らしくあるためには、つまり人間が自然の軛《くびき》から解放されるためには、社会的・集団的な行動が必要とされる。人間の集団的な行動によって自然環境を改変するという「物質的解放」が、人間性の発展には必要である。第二が、教育という視点である。人間が自由であるためには、本能や衝動を制御することが可能でなければならないが、それには教育や訓練が必要である。これら二つの視点は、自由を可能にする物質的条件に関するものであろう。

自由の物質的条件について、「サン゠ティミエ講演」のバクーニンは次のように述べている。「自由を実現する手段を欠いた自由の権利は、亡霊にすぎない(37)」。飢えて死にゆく者たち、貧困によって押し潰された者たちは、たとえ自由の権利を有するとしても、その権利を行使することはできない。そのような自由の権利は亡霊のように空虚である。自由を現実のものとして行使することができるためには、各人の生存を支える物質的手段が不可欠である。このように考えると、自由は個人的な問題ではなく集団的な問題であることが分かる。なぜなら、こうした物質的条件は個人が孤立して手にすることができるものではなく、むしろ社会的・集団的に生み出されるものだからである。それゆえ、「いかなる個人も人間社会の外部では、あるいは人間社会の協働なしでは自由たりえないだろう(38)」と、バクーニンは述べるのである。

第三の最後の視点は、自由の人間存在論的条件に関するものである。バクーニンによると、ある個人が自身を自由な存在であると自覚するためには、自身が自由な存在であると他者によって承認されることが必要である。「人間にとって自由であるということは、他の人々、彼をとりまくすべての人によって、自由な人間として尊重され、認められ、またそう取り扱われることを意味する[39]」。他者が私を自由な存在と見なさないなら、私は他者によって支配されたり搾取されたりして、他者に従属していることになる。私が自由であるためには、他者が私の自由を尊重しなければならない。しかし、私が自身の自由を他者に尊重してもらうためには、私も他者の自由を尊重しなければならない。なぜなら、私が自身の自由のみを一方的に要求することは、他者の支配を招き寄せる危険があるが、自由な存在としての他者は、そのような支配を受け入れないはずだからである。他者の支配という疵《きず》をもつ自由は、他者によって承認されることはないだろう。したがって、全員が自由な存在として等しく尊重されなければならないのである。「それゆえに、平等は自由にとって絶対に必要な条件である[40]」。

自由と連帯

このように、自由は社会的性格を帯びている。各人は自由であることによって相互に排他的であるのではなく、むしろ相互に結び付き連帯することで各人は自由たりうる。バクーニンは、そのように視点を転換した。「したがって、自由とはけっして孤立ではなく相互作用を、排除ではなくして結合を意味するのだ」[41]。だが、ブルジョワ社会においては、国家と個人主義が人々の連帯の結び目を切断する。それだから、自由を実現するためには、このブルジョワ社会を変革することが必要になる。いうまでもなく、このような途方もない課題は、個人がバラバラでは果たすことはできない。そうであるがゆえに、アナキズムは政治的連帯に訴えるのである。バクーニンは、国際労働者協会のスローガンとして連帯を掲げ、連帯の重要性を訴えている。

プロレタリアートのスローガン、その道義、その原則はなにか。連帯である。すなわちみんなは一人ひとりのために、そして一人ひとりはみんなによって、みんなのために（**Tous pour chacun, et chacun par tous et pour tous**）である。これは、私たちの偉大な国際協会の主要なスローガンであり原則である。この協会は、国境を乗り越え、そうすることによって国家を破壊しさえするのであり、全員のための平等に義務づけられた労働を基礎にして、各人の自由と全員の自由の名のもとに、全世界の労働者たちを唯一の人間家族へと統一することを目指す。この連帯は、社会的経済においては集合労働と集合財産と呼ばれ、政治においては国家の破壊、そして全員の自由による各人の自由と呼ばれる[42]。

引用されたテクストの後半で示されているのは、プロレタリアートが目指すべき世界の理念だろう。連帯によって結びつけられた世界、それがプロレタリアートの世界である。その連帯の世界においては、自由に関して、「みんなは一人のために、一人はみんなによって、そしてみんなのために」という関係が成立するのである。

以上の叙述に即していえば、バクーニンは三つの視点からアナキズムの光を連帯に当てていると言えよう。まず、ブルジョワ社会においてさえ連帯は成立しているが、しかし、その連帯は国家により切断されており、また個人主義の支配により搾取の危機に晒されているという時代診断が提示されている。このような国家や個人主義の軛から解放された世界においては、この連帯が開花すると想定されている。そして、国家やブルジョワ社会を廃絶するという政治的大義を実現するために、プロレタリアートは政治的に連帯しなければならないと主張されるのである。

4 アナキズムの系譜②――クロポトキン

クロポトキン

アナキズムの連帯論を理解するうえで不可欠の、もう一人の論者がクロポトキンである。クロポトキンの連帯論にも二つの経路から接近してゆくことが可能である。一つは、『相互扶助論』に代表される、生物学的あるいは進化論的な色合いを帯びた連帯論である。もう一つは、『パンの略取』に代表される無政府コミュニズムの経路である。

この二つの経路を辿るのに先立って、用語について説明を加えておく。『相互扶助論』において主として展開されているのは、厳密にいうと相互扶助であって連帯ではない。相互扶助とは、文字通り、各個体がお互いに助け合うこと、助力し合うことである。他方、『相互扶助論』では、連帯の語は、生物であれ、人間であれ、それが所属する集団との一体性、あるいはその集団内での繋がりといったものを表す文脈で用いられているように思われる。したがって、厳密に言えば、相互扶助と連帯は異なる事象を意味している。しかし、そうした集団における繋がりや一体性といったものが何によって醸成されるのかと言えば、それは時々刻々と繰り返される相互扶助によってであろう。そのような意味の近接性ゆえに、ここでは相互扶助と連帯という語を交換可能なものとして扱う。

それでは、生物学的・進化論的経路から、クロポトキンの連帯論へ接近しよう。『相互扶助論』では、下等生物から高等生物を経て人間に至るまで、そして、原始の人類から現代の人類に至るまで、相互扶助が堅固に見出されることが主題的に論じられている。「相互扶助と相互支持こそ、生物の持続、それぞれの種の保存、そしてその一層の進化にとってもっとも重要な特質」である。これは、進化論の通俗的イメージとはかなり趣を異にする主張である。というのも、進化論の主張は、ときに生存闘争という語によって説明されるからである。これに対して、『相互扶助論』では、同一種内での相互扶助、つまり支え合いが、その種の生き残りにとって重要な要素となったと考えられている。つまり、『相互扶助論』においては、生きることは闘争することであるという通俗進化論的視点から、生きることは連帯することであるという、もう一つの視点

への転換が試みられている。(44)

進化論から連帯論へ

『相互扶助論』の突出した主張によると、相互扶助は生命の進化の過程を通じて本能として生物のうちに組み込まれるようになった。それゆえに、当然のことであるが、相互扶助の本能は人間のうちにも息づいている。クロポトキンは述べる。

> 火事を見て、わたしがバケツを手にその家に向かって走っていくのは、隣人への愛によるものではない。時にはまったく知らぬ人のこともあるのだ。わたしを動かすものは、一層漠としているかもしれないが、はるかに広大な、人間的連帯性と社交性の感情もしくは本能である。(45)

生物としての人間には連帯の本能が備わっているがゆえに、見知らぬ他者であったとしても、その他者の苦境に直面するとき、人間はその他者を支援するよう突き動かされるというわけである。(46)『相互扶助論』ののちの論考において、クロポトキンは、本能としての相互扶助を言い換えて、「社会性をもった生命」と呼んでもいる。「社会性をもった生命――つまり「われ」ではなくて「われわれ」――は（……）生命の正常なかたちなのだ。それが生命そのものなのだ。(47)」相互扶助によって表現される社会性が、生命の存在様式なのだとすれば、連帯は、人類の生命の歴史に通底するものであり、たとえ弱められることがあっても、つねに生命を貫徹している。

要するに、集権国家の壊滅的な権力や、親切な哲学者や社会学者が、科学の装いをこらして説く相互憎悪と容赦ない闘争という教えをもってしても、人間の知性と心情に深く根づいている人間連帯の感情を取り除くことはできなかったのだ。なぜなら、それは人間になる以前の全進化の過程に育まれたものだからである。[48]

このような「相互扶助への変わることのない、不滅の傾向」[49]のゆえに、人間は歴史を通じて、連帯の領域を拡大してきた。連帯は、「氏族から種族へ、種族連合へ、国民へ、そして最後には――すくなくとも理想としては、人類全体へ」[50]と水平的に拡大してきた。それだけではない。人類の歴史を通じて、多様な相互扶助組織が開花し、連帯精神の発露される場面が拡大している。こうした相互扶助組織のなかには、協同組合のような組織が当然にも含まれるが、それ以外にも結社や協会――学会も含まれる――といったものが相互扶助の組織として言及されている。

（……）それらはいずれも自主的で野心もなく、無償かないしはごく薄給で、山のような仕事をこなしているのだ。――それらは、種々様々の様相を呈しているが、相互扶助と相互支持を求めてたえず働いている人間のおなじ傾向の多様な現われでなくてなんだろうか。[51]

このようにして、クロポトキンは、生物学的な視点から、相互扶助や連帯の本能が人間にも宿ると想定し、人間にとって連帯が普遍的で歴史貫通的な存在様式であることを示そうとした。あるいは、クロポトキンは、連帯という視点から人類の歴史を見直すことを試みたのである。

アナキズムとコミュニズム

連帯という視点は、クロポトキンの『パンの略取』におけるアナキズム論にも見出すことができる。クロポトキンによれば、「個人が、法律によってではなく、ただ社会的慣習――われわれ一人一人が隣人の支持、協力、同情を求めるときに感ずる欲求の結果たる――によって結ばれている世界[52]」が、アナキズムの理想社会である。通常は、法によって社会秩序が維持されると想定される。法は国家によって制定され、国家によって強制される。だから、法によって社会秩序が維持されるということは、国家の強制や介入によって社会秩序が維持されることを意味する。だが、国家が介入しなくとも人々の相互扶助や支え合いによって維持される組織や制度は数多く存在する。だとしたら、国家による強制のない世界が一つの理念として想定されたとしても、それはさほど奇抜なことではない。国家による強制のない世界、つまりアナキズムの世界は、同時にコミュニズムの世界でもある。すなわち、「アナキスト・コミュニズム、政府なき共産主義――自由な人々の共産主義[53]」の世界である。以下では、コミュニズムがクロポトキンによってどのようなものとして理解されているかを概観し、コミュニズムと連帯が接続する論理を確かめよう。

まず、『パンの略取』には、人々が生み出す「万物は万人のものである[54]」という論点が記されている。これは、私的所有という制度に対する批判であり、共産主義と訳されるかぎりでのコミュニズムの一面を表している。それでは、なぜ万物は万人のものなのだろうか。

というのは、すべての人々がそれを必要とするからであり、すべての人々が力に応じてその生産のために働いたからであり、また富の現実の生産から一人一人に属すべき分け前を決定することは実質的に不可能だからである[55]。

社会で生み出される様々な財は、資本制社会においてさえ多数の諸個人の協働によるものである。しかし、財が協働によって生み出されるということは、協働に参与した者たちでさえ、「ここからここまでは自分の貢献分だ」というように、その分け前を確定することが不可能であることを意味する。それだから、社会の富は、特定の個人に帰属させることが不可能であって、万人のアクセスが許されなければならない。こうして、「共同遺産に対する権利[56]」、「みんなで生産したすべてのものに対して分け前を要求する権利[57]」が導かれる。この権利にもとづいて、クロポトキンは福祉の権利を正当化する。すなわち、生きるために必要なものを手に入れる権利である。この権利もコミュニズムに接続する。これが次の論点である。

生きるために必要なものは、人によって異なる。福祉の権利を認めるということは、各人が必要に応じて手にすることを認めるということである。私たちに馴染みの深いのは、たとえば貢献や功績に応じて手にするという発想であろう。これに対して、必要に応じてという発想は、貢献や功績とは無関係に手にすることを認めるものである。この「「必要なだけ取れ」という原則[58]」は、コミュニズムを特徴づける原則である。実際、この原則はマルクス主義者も含めて採用したコミュニズムの定義の一部である。たとえば、マルクスは「ゴータ綱領批判」において、「各人はその能力におうじて、各人にはその必要におうじて！[59]」という原則にもとづくコミュニズム社会の輪郭を描いていたのであった。そして、この原則が、コミュニズムと連帯とを接続する役割を果たすことになる。その消息を辿ろう。

遍在するコミュニズム

この各人に必要に応じてという原則は、未来社会において初めて成立する原則なのではない。それは、つねに人間の歴史において存在し続けてきた原則である。それだから、それは資本制のもとであっても各種の組織のもとに見出すことができる。

（……）各人にその必要に応じて、という同じ原則にもとづく新しい組織が多くのさまざまな形で出現している。なぜなら、コミュニズムという一種の酵母なしには現在の社会は生きて行くことができないからである。商品生産が人々の精神に与える狭い利己的な性質にもかかわらず、コミュニズムへの傾向はたえず現われ、あらゆる形でわれわれの関係のなかにはいりこんでいる。[60]

このテクストで述べられていることを一言で表すなら、こうなる。人が生きてゆくためには、「各人にその必要に応じて」というコミュニズムが必要である。コミュニズムという酵母が絶えることなく日々の生活のなかで発酵しているがゆえに、人々の生活は持続する。コミュニズムは日常生活に潜在し遍在している。この日常生活に遍在するコミュニズムが可視化される場面として、クロポトキンは包囲された大都市を挙げる。

平時はかくも利己的なわれわれの大都市の一つが、明日何かの災害例えば包囲――に見舞われたと仮定しよう。するとこの都市は、先ず最初に充足すべき必要は幼児や老人のそれであると決めるであろう。彼らが社会になしまたはなすであろう貢献のことを照合などせずに、まっ先に彼らに食物を与え、戦闘員に対しても、彼らが示した勇気や知力などに関係なく世話をするにちがいない。そして多くの男女は自分を犠牲にし、きそって負傷者たちを世話するであろう。[61]

都市が封鎖されたときでも、食料や様々なケアが住民のあいだに分配されなければならない。その分配原則はどのようなものだろうか。そのことが、このテクストには記されている。そして、このテクストでは、人々の貢献とは無関係に、人々の必要に応じた分配がなされ、そして、そのような分配には与える側の自己犠牲的な振る舞いが伴うこともあると、と主張されている。

だが、この原則は封鎖都市のような極限的な場面に限定されるものではない。それは、私たちの日常生活のあちこちに遍在している。たとえば、家庭においては、食事や家事などのサービスは貢献や能力ではなく必要に応じて分配されているだろう。職場においてさえ、働く者たちの助け合いの場面では能力や貢献による分配とは別の原則が支配しているはずである。助け合いの場面では、まずは他者の必要に応じることが優先されるからである。デヴィッド・グレーバーは、労働の現場で頻繁に発生している助け合いの場面について印象的な描写を残している。

これは人びとが何事かを実現しようとするとき、常にとっている姿勢である。二人の人が、導管を修理しているとき、一人が「レンチをとってくれないか」と言う、その際、頼まれた方は「その代わりに何をくれる?」とは言わない（……）。[62]

このような他者の必要に応じる姿勢や構えが存在しなければ、私たちの生活や労働は立ち行かなくなるはずである。コミュニズムという酵母が日常生活の様々な場面に潜んでいるがゆえに、私たちの生活は、そして私たちの社会は成り立っているのである。

贈与としての連帯

さきの封鎖都市の例はコミュニズムが生起する場面として描かれているのであるが、それは同時に、相互扶助と連帯が生起する場面でもある。みずからが犠牲になるとしても他者のために何かをなす人々の姿が描かれているのだからである。その意味で、ときに連帯はコミュニズム的傾向を帯びる、あるいは連帯にはコミュニズムが宿ると言うことができよう。両者の交差、あるいは重なり合いが可能になるのは、「各人に必要に応じて」というコミュニズムの原則が連帯をも貫いているからである。連帯の他者中心主義モデルによれば、連帯は、他者の利益のために行為することを意味する。このことは、他者の必要に応じて与えることと別のことではない。その意味で、連帯にも「必要に応じて」というコミュニズムの原則が息づいているのである。そして、必要に応じてという原則には、相応の見返りがないかもしれないが、それにもかかわらず他者に与えるという贈与の論理が含まれることに注意しなければならない。必要に応じて受け取る者たちには、その者たちが相応の返報を果たすことができないとしても必要に応じて与えられる以上、そこには贈与の論理が含まれている。そうであるとすれば、贈与の論理は連帯とコミュニズムとを結び合わせる結節点となる(63)。

ただし、クロポトキンが提示している「連帯の原則」、すなわち「自分が同じ状況の下にあったらそのように取り扱われたいと思うように、他者を取り扱え」[64]という原則は、見返りのない贈与という契機が連帯に含まれることと齟齬を来すように見えるかもしれない。たしかに、この原則によって強調されるのは一種の相互性・対称性ではある。しかし、この場合の相互性・対称性は、自身が苦境にあるとき他者に扶助してもらいたいと思うのであれば苦境にある他者を扶助すべきであるという立場の交換可能性を意味しているにすぎない。扶助したら相手から正確に同じだけ扶助を返してもらうという意味での相互性・対称性が含意されているわけではない。

言い換えれば、連帯の原則に含まれる相互性や対称性を「取引の公正さ」[65]に還元してはならない。「日がな一日、相手から受け取ったものより多く相手に渡していやしないかと心配ばかりしているという状態なら、社会はそのために死滅してしまうことだろう」[66]。そのようにクロポトキンは述べる。私が受け取るものは、私が与えたものより少ないかもしれない。それでも与えよ。連帯の原則には、そのような命令が含まれるはずなのである。ここでは、そのような解釈を提示する。与えるものと受け取るものが、つねに均衡するとはかぎらない。むしろ、そうした均衡は存在しえないにもかかわらず、人間は相互に扶助し合うのである。そのかぎり、連帯の原則は、贈与の要素を排除するものではないだろう。

以上のようなクロポトキンの思考から、多くのことを学ぶことができる。なによりも、人間を生命という視点から見ることで、相互扶助と連帯のネットワークによって支えられた存在として人間を理解するための枠組みが獲得される。つまり、この視点に立つことによって、人間の生命の周りには連帯が遍在し、絶えることなく働いているという認識がもたらされる。そして、この認識が、アナキズムの基礎となりうることを、クロポトキンは明らかにした。人々の協力と支え合いだけで成立する社会がアナキズム社会だからである。アナキズムの基礎は人間の連帯にある。また、日常生活が相互扶助と連帯の空間であるかぎり、アナキズムは私たちの日常にすでに存在してもいる。かくして、クロポトキンの思考は、この日常を連帯とアナキズムという視点から見直すことを可能にする。この世界は、どこまで連帯とアナキズムを実現しているのか、そして、どこまで抑圧しているのか。クロポトキンとともに、そう問うことが可能になる。

5　カミュの連帯論

『反抗的人間』と不条理

社会主義やアナキズムが政治的連帯論を生み出すことは、ある意味では当然のことだと言えるだろう。これに対して、不条理文学の旗手であるカミュのうちに連帯論を見出そうとすることは、奇異な試みであるように見えるかもしれない。だが、そうではない。カミュは『異邦人』や『ペスト』といった文学作品によって知られる著名なノーベル賞作家であるけれども、同時に、若き日の共産党への入党、ドイツ占領時代におけるジャーナリストとしての活動、アルジェリア戦争への態度表明など、政治との関わりは生涯にわたって継続していた。そうしたカミュの政治的思考のエッセンスが記されたのが独特の反抗論の書『反抗的人間』であり、そこでカミュの連帯論が展開されている。この反抗論においてカミュが提示するのは、連帯の始まりには反抗があるという視点である。カミュは言う。「人間の連帯性は、反抗的行動に基いている」[67]。反抗することによって、はじめて連帯が生成するというのである。なぜだろうか。この問いに答えるためには、まずは、カミュの世界観の基礎にある不条理の概念を理解する必要がある。

人間と世界の関係は不条理である。世界は不合理であり、人間の理解を超えている。にもかかわらず、人間は世界を理解しようと努力する。この人間と世界の関係が不条理を生み出す。

この世界はそれ自体としては人間の理性を超えている、――この世界について言えるのはこれだけだ。だが、不条理という言葉のあてはまるのは、この世界が理性では割り切れず、しかも人間の奥底には明晰を求める死物狂いの願望が激しく鳴りひびいていて、この両者がともに相対峙したままである状態についてなのだ。不条理は人間と世界と、この両者に属する。いまのところ、この両者を結ぶ唯一の絆、不条理とはそれである[68]。

井上正《まさし》の言葉を借りるなら、「世界は自分に限界をつきつけてくる。その限界は人間の意志とは無関係に、生を粉砕する潜在的な力を持っている」[69]。世界と人間の関係は親和的なものではない。世界は人間の思い通りにはならないからである。世界は人間に苦難を強いるし、ときに人間の生命を奪いさえする。しかし、その理由は人間には分からない。分かりたくとも、分かりようがないのである。もしかしたら、その苦難は無意味なものであるかもしれない。にもかかわらず、人間は世界の内部で生きてゆくほかない。あたかも、山頂に運ばれた途端に転げ落ちる岩を、ふたたび山頂に運ぶことが運命づけられたシーシュポスのように。「道理のとおらぬ世界[70]」で生きなければならない「生存の不条理性[71]」と、その「どうしようもなさ[72]」が、カミュの連帯論を理解するための下地となる。

不条理に直面する人間は、二つの選択肢のまえに立たされる。一つは、この不条理から逃れることである。しかし、不条理が「人間の条件[73]」である以上、不条理から逃走することは、人間を止めること、みずからの存在を止めること、つまり自死を意味することになる。これに対して、人間が死を選ばないということは、不条理から逃れないこと、不条理に正対することを意味する。人間は不条理に対して反抗することによって、その生を紡いでゆくほかない。カミュは、不条理に反抗することの重要性を強調する。「反抗とは、人間と人間固有の暗黒との不断の対決だ。不可能な透明性への要請だ[74]」。そして、「こうした反抗が生を価値あるものたらしめる[75]」。

このような不条理論は、しかし、必ずしも連帯論を生み出すとはかぎらない。なぜだろうか。不条理は個々の人間の生の条件であるが、そうであるかぎり、不条理性に対する反抗もまた個人が孤立して果たすべきものだと考えることもできるからである。もし反抗が個人的な課題であるとすれば、反抗は連帯の共同性を誘発するとはかぎらない。それでは、反抗が個人の水準で完結せず、むしろ他者との連携を必然化するのは、なぜだろうか。不条理性の問題域にとどまるかぎり、そのような問いは避けがたいものとなる。この問いにどのように答えることができるだろうか。つまり、「個々の反抗が、連帯という、より高いレベルに上昇していく現実[76]」を、いかにして理論化することができるだろうか。そのことを理解するために、反抗の論理を辿ってみる。

反抗の論理

「反抗は、不当な、理解しえぬ条件を前にして、不合理な光景から生ずる[77]」。これが反抗の出発点である。世界の不条理性をまえにして、それに反抗するのは、さしあたり一人ひとりの個人である。しかし、一人ひとりが反抗することによって、各人は他者へと向けて自身を超越してゆく。「(……)反抗は、必然的に、被圧迫者のうちにだけ生ずるものではなく、他人が犠牲になっている圧迫を見ても、起りうることに注目しよう。この場合、他の個人との同一化が存在する[78]」。不条理に反抗する者たちは、他者たちも同じように不条理に押し潰されていることを発見する。そして人は、他者が不条理に苦しむ姿を目にすることによっても、反抗を開始することがある。ここで注意しなければならないのは、反抗を駆動しているのは「利害の共通性」ではなく、「運命の同一化[79]」だけだということである。不条理に押し潰されており、それに反抗しているという運命の同一性ゆえに、「反抗においては、人間は他人のなかへ、自己を超越させる[80]」のである。反抗することで、人は孤独から連帯へと跳躍する。「不条理の体験では、苦悩は個人的なものである。反抗的行動がはじまると、それは集団的であるという意識を持ち、それが万人の冒険となる」[81]。各人が不条理に反抗することで、他者たちもまた不条理のもとで苦しむことを見出し、だからこそ人々は結合することが可能になる。カミュはこの経緯を表現する印象的な言葉を残している。「われ反抗す、故にわれら在り」[82]。一人ひとりが反抗することによって結合し、「われわれ」の存在が引き起こされる。これが、反抗から連帯が生成する論理である。

このように理解された反抗の概念は、一見したところ類似する革命の概念とは一線を画している。もちろん、反抗が革命に帰結することもあるだろうし、革命にも反抗的な側面があるだろうから、両者には重なる部分はある。しかし、両者は根本において異なる。社会の変革にどのように臨むのか、その構えの角度が異なるからである。カミュにとって不条理は生の条件である。したがって、「反抗は生命の運動そのもの」[83]であるほかない。かりに反抗が社会の変革に結びつくのだとしたら、それは、この生命の運動から発するものでなければならない。これに対して、革命は、少なくとも二〇世紀に実現した社会主義革命は、それとは正反対の性格を帯びているとカミュは見なす。

その意図はどうあろうと、二〇世紀の革命は絶対的なものから出発して、現実を型にはめる。反抗は逆に、現実を基盤として、真理を目指す不断の闘争に向かっていく。前者は上から下へと、後者は下から上へと実現されるよう試みる。反抗はロマン主義であるどころか、逆に真のリアリズムを支持する。反抗が革命を望むとしたら、人生のためにであって、人生に反してではない[84]。

カミュは革命に対して反抗を優位におく。ロシア革命が結果として生み出した全体主義的な現実は、革命の無謬性に対する反証である。革命がそうした政治的現実を生み出している以上、現実の変革を可能にするのは、革命ではなく反抗であると考えなければならない。ちなみに、このような主張が含まれる『反抗的人間』の刊行がきっかけとなり、革命を擁護するジャン゠ポール・サルトルとカミュとのあいだに論争が生まれ、交友関係にあった両者は最終的に袂を分かつこととなった[85]。革命か反抗か。一見すると似ている二つの語のあいだには大きな隔たりが存在していたのである。

カミュの連帯論は、不条理性という独自の人間存在論を下敷きとしているが、そうであることによって、政治的連帯概念に対して独自の貢献をなす。政治的連帯についての、ある種の通念によれば、共通の利益、共通の特徴のゆえに形成されている集団が、みずからの毀損された利益を実現するために政治的に連帯すると考えられている。つまり、連帯に先立って、なんらかの集団が潜在的であれ形成されていると想定される。これに対して、カミュの連帯論では、反抗が連帯の起源なのであった。同一の集団に属していなくとも、ある個人が不条理に対する反抗者であるかぎり、その個人は不条理に反抗する他者とともに連帯することができる。特定の集団に帰属していなくとも、特定の利益を共有していなくとも、政治的連帯は可能である。カミュの連帯論から、そのような結論を導き出すことができるように思われる。

6 「連帯」から連帯へ

「連帯」

最後に、ポーランドの自主管理労働組合「連帯《ソリダルノスチ》」を取り上げ、その後に、締め括りとして本章を振り返ることにしよう。「連帯」は、まさにその名のゆえに、連帯論が言及せざるをえない対象である。「連帯」は、一九八〇年代の社会主義体制下ポーランドの民主化運動において指導的な役割を果たすことになった運動である。現存した東欧の社会主義体制において、労働組合は、いわば中央政府や共産党の意志の伝達組織にすぎなかったわけだが、「連帯」は、中央からの管理や統制を拒絶する自主管理労働組合として、一九八〇年に結成された。代表的な指導者はレフ・ヴァウェンサ、すなわちワレサであった。非合法化などの弾圧があったにもかかわらず、「連帯」は、単なる労働運動の枠組みを超えて、ポーランド社会を民主化へと動かす力となった。そして、一九九〇年の大統領選挙では、ワレサが大統領に選出されるに至った。この労働組合運動から発した民主化の動きが、旧社会主義体制の以後の連鎖的崩壊を準備する先駆となったことは、すでに広く知られている通りである。

ワレサは後年、『朝日新聞』(二〇一八年二月一四日)のインタビューに答え、「連帯」がまさに連帯の名を用いた理由について、以下のように語っている。

――「連帯」という言葉はワレサさん自身が考えたのですか。

「いや、自然に出てきたものです。その哲学はシンプルで、重いものが一人では持ち上げられないときは、誰かに手伝いを頼もう、という考え方でした」

――そのときの重荷とは。

「(ポーランドを含む東欧諸国を支配した)ソ連や共産主義のことです。その重荷を自分たちで持ち上げるのが大変ならば、ポーランド人全員に頼めばいい。それでもだめなら全世界に、と考えたのが『連帯』だったのです[86]」

ここには、政治的連帯のエッセンスが記されているように思われる。政治的連帯は、既存の社会制度や政治制度が生み出す抑圧や不正を正すことを目的としている。その大義ゆえに、それは政治的と形容されるのであった。また同時に、それが連帯と呼ばれるのは、まさに複数の者たちの協力によって、その大義の実現が目指されるからである。多数の者たちが協力する以外に大義を実現することが困難であるがゆえに、連帯することが必然化する。ワレサその人の回顧が、そうした政治的連帯の論理を表現しているように思われる[87]。

政治的連帯論の輪郭

これまで、政治的連帯の定義を探るとともに、おもに社会主義やアナキズムの流れのなかで政治的連帯概念が具体的にどのように用いられてきたのか、その系譜を辿ってきた。政治的連帯論が彫琢されるにあたって社会主義やアナキズムが果たした役割は大きいが、政治的連帯論は社会主義やアナキズムだけのものではない。政治的連帯論が開かれたものであるために見落としてはならない論点を、最後にまとめておく。

本章で言及された社会主義やアナキズムの系譜では、連帯の主体がおもに労働者であると想定されている。そうであるがゆえに、政治的に連帯する者たちが同一の階級や集団に属していること、共通の利益によって結び付いていることが、政治的連帯の成立に必要だという印象が抱かれるかもしれない。しかし、政治的連帯が成立するための前提として、そのような共通性を強調すると、政治的連帯と社会的連帯とを区別することが難しくなる。ショルツが述べる通り、抑圧されている者たちの集団と、政治的に連帯する者たちとの集団が同一である必要はない。政治的に連帯する者たちは、同一の階級や集団に帰属している必要はないのである。人は自身が難民でなくとも、難民の救援のために連帯することができる。人は自身が性的マイノリティでなくとも、性的マイノリティの運動と連帯することができる。政治的連帯において、もっとも重視されなければならないのは、政治的大義に関与するかどうかである。もちろん、政治的大義に関与する者たちが、同じ階級、同じ集団に所属していることもあるだろう。そのことが排除されるわけではない。しかし、集団の同一性、成員の共通性が、政治的連帯の必須の条件である必要はない。このことは幾重もの強調に値する。

また、ときに人は対立しなければならないことがあるという事実を、政治的連帯論は教えてくれる。このことは、包摂や統合といったことがこれまでになく強調される現代的文脈において、忘れてはならない論点ではないだろうか。もちろん、このように述べたからといって、包摂や統合が不要であるとか、無意味であるとかいったことが主張されているのではない。少数者が露骨に排除されたり、騒乱によって生活が困難になったりするような状況は好ましいものではない。その意味において、社会が統合されることは必要である。しかし、どのような方向に統合されるべきなのか、どのような統合なら正当だといえるのか、そのことがアプリオリに定まっているわけではない。また、連帯という現象は、外部への排除という機制を避け難く伴うものであった。誰が包摂され、誰が排除されるのか。このこともアプリオリに定まっているわけではない。統合の方向性は様々な力の鬩《せめ》ぎ合いによって変化してゆく。そのような事実のゆえに、政治的連帯が生起することは不可避である。そして、政治的連帯は、社会は同質的で一枚岩的な存在ではないのだという事実を思い起こさせてくれる。

さらに、政治的連帯の多様性を忘れてはならない。社会主義やアナキズムが描き出す政治的連帯は歴史上、代表的なものであろうが、しかし、政治的連帯はそれに尽きるわけではない。政治的な運動や闘争は、そしてそれが生み出した理論はもっと多様である。フェミニズム、エコロジー運動、性的マイノリティの運動など、現在、様々な政治的・社会的運動が存在しており、おそらく、それぞれの視点から政治的連帯論への貢献がなされているはずである。

もちろん、本章で触れた通り、連帯と自由の関係、連帯と垂直的権力の関係など、政治的連帯をめぐって思考を深めなければならない問題が残されている。これらの問題に与えられる回答次第では、政治的連帯は無傷のままではいられないかもしれない。かりにそうだとしても、政治的連帯の今日的意義は強調されなければならない。二一世紀にあっても認めざるをえないように、人は、政治制度や社会慣習など様々な社会的存在によって苦しめられ苦境におかれることがあるからである。この世界は完全ではないし、完全になることはないだろう。脆弱で孤立していては非力な人間たちがこの不完全で、ときに不条理な世界に生きなければならない以上、政治的連帯は、この不完全な世界の至る場所でこれからも絶えず試みられるはずである。それが生み出す〈過剰〉こそが、脆弱な人間たちに世界を変革する力を与えてくれるからである。

第 4 章

市民的連帯の圏域

本章では、福祉国家が連帯の一つの様態として理解され、福祉国家という視点から連帯が分析される。福祉国家は、公的扶助や社会保険といった社会保障制度を運営し、社会福祉を提供することを通じて、最低限の福祉が人々に保障され、また人々の福祉が向上することを目指す。その意味で、程度の差はあれ、現代の多くの国家は福祉国家の性格を帯びる。福祉国家によって遂行される政策の背後には、失業や病気、老齢や障害といった人生の避けがたいリスクに陥った者たちを、社会の成員全体で支え合うという連帯の機制が働いている。それゆえに、齋藤純一は福祉国家を「制度を介した連帯[1]」、あるいは「制度を媒介する非人称の連帯[2]」と特徴づける。第４章では、福祉国家という制度において働く連帯の性格や、福祉国家と連帯とを結びつける際の正当化理由について理解を深める。それと同時に、連帯が福祉国家という制度を通じて実現されるとき、連帯が直面することになる固有の困難も確認される。

1　福祉国家における連帯

福祉国家の定義

福祉国家における連帯という主題に足を踏み入れるのに先立って、まずは、福祉国家がどのような国家であるのか、その理解を深めるところから始めよう。少なくとも先進国と呼ばれる国々は程度の差はあれ福祉国家的性格を帯びているので、この課題を解決するのは比較的に容易であるようにも見える。だが、一口に福祉国家と言っても、そのあり方は多様である。イエスタ・エスピン－アンデルセンが述べる通り、「福祉国家というものは一つではない」(3)。それゆえに、福祉国家の定義はそれ自体が論争の的となる。それなら、福祉国家の多様なあり方を総合的に説明できるような枠組みは可能だろうか。ここではデイヴィッド・ガーランドが提示した枠組みを援用する。

ガーランドは、福祉国家に関して三つの見方が存在するとし、それらを統合する視点を提示しようと試みる。まず、「福祉国家を貧困者のための福祉として特徴づける」(4)見方がある。この見方は、福祉国家のもっとも狭い見方である。そうであるがゆえに、福祉国家の反対者、抑制論者によって好まれるものでもある。この見方は、リチャード・ティトマスの言う残余主義(5)、あるいは後に見るエスピン－アンデルセンの言う自由主義レジームに重なるものであろう。もう一つの見方は、福祉国家が運営する「社会保険、社会権、社会サービスに焦点を合わせる」(6)ものである。第一の見方では、福祉国家が対象とする範囲は貧困者に限定されるので狭いのに対して、社会保険、社会権、社会サービスの対象はもっと広く、該当するすべての市民に提供される。最後の見方は、「政府の規制政策、財政政策、通貨施策、労働市場政策と、市場を作ったり、成長を促進したり、雇用を提供したり、企業や家族の福祉を保障したりする際にそれらの政策が果たす役割とを強調する」(7)。福祉というと、社会保険、年金、福祉サービスなどがイメージされるだろうが、この第三の見方では、福祉国家は、経済政策や通貨政策あるいは雇用政策といったことを通じて、市民の福祉の維持、増進のために機能していることになる。これらの政策は福祉政策という言葉で表現されないことが多いけれども、人々の福祉の維持や増進に大きく貢献しているのである。

これらの三つの福祉国家像は、どれも間違っているわけではない。現実の福祉国家には、強弱の差はあれ、いずれの面も備わっているからである。そうであるなら、それぞれの福祉国家像を対立させるのではなく、統合的に説明することが必要になる。ガーランドによると、それぞれの福祉国家像が焦点を合わせる機能は「福祉国家的統治の同心円」をなしていて、「それぞれが全体の、構造的に統合された一要素をなす」(8)。福祉国家の同心円構造の中心にあるのが貧困者への支援であり、その外側に、より広い範囲を対象とする社会保険制度や福祉サービスの仕組みが広がり、さらにその外側に、経済政策や雇用政策などが広がっている。そうした同心円構造をなす制度や機能から福祉国家は成り立っているというわけである。

この同心円的理解を参考にすれば、福祉国家とは、市民の最低水準の生活を保障すると同時に、社会保障制度や経済政策などを通じて市民の福祉の増進を図ることを目的とする国家のことであると述べることができる。この定義のうち、最低限の水準の生活の保障に触れた部分は、貧困者を支援することに相当する。同心円モデルでは中心の領域のことである。福祉の増進に触れた部分は、同心円モデルでは中間の領域から外側の領域に相当する(9)。

社会保障制度における連帯

このように、同心円状に様々な制度を配し、運営しているのが福祉国家である。これらの制度は、連帯とどのように結びつきうるだろうか。少なくとも文面上は、社会保障の様々な制度は連帯の精神によって正当化されている。たとえば、この国の社会保障に関わる法に関して、そのことを確認することができる。国民年金法第一条は、連帯を年金制度の根幹に据えている。

国民年金制度は、日本国憲法第二十五条第二項に規定する理念に基き、老齢、障害又は死亡によって国民生活の安定がそこなわれることを国民の共同連帯によって防止し、もって健全な国民生活の維持及び向上に寄与することを目的とする。(10)

国民一人ひとりが陥る可能性のある不安定な生活を回避するために、国民全員が力を合わせて一人ひとりを支えること、それが「国民の共同連帯」によって示されている事柄であろう。

もちろん、この国の年金制度に加入する者たちが、国民の共同連帯の理念についてどこまで自覚的であるのか定かではない。年金制度を設計した者たちも、どこまで連帯の理念を実現しようと目論んでいたのかも定かではない。そして、多くの社会保障制度は、その都度の様々な経緯によって必要に迫られ生み出されてきたものであって、連帯という統一的な理念のもとに周到に設計されてきたとも言い難い。その意味で、法の条文に書き込まれている連帯という語を文字通りに受け止めるのは素朴にすぎることではあろう。だが、それにもかかわらず、福祉制度が機能するとき、そこには連帯が息づく。武川《たけがわ》正吾は述べる。「税金や社会保険料はある意味で連帯の証である」(11)。福祉制度が機能するためには、たとえそれが目的意識的に追求されているのでなくとも、連帯という契機が不可欠である。その消息を確かめよう。

所得保障

社会保障制度に宿る連帯の有り様にまずは視線を向ける。社会保障は、簡単にいえば、生の様々な不安から人々の生活を保護するための制度である。人は、病気や怪我、障害、失業、老齢などの様々なリスクを抱えている。そうしたリスクに見舞われたとき、悲惨な状況に陥らずに済むよう生活を保護することが、社会保障の目的である。社会保障には様々な制度があるが、ここでは所得保障に焦点を合わせる。所得保障は、私たちの社会において、社会保障の中心的な役割を担うことが運命づけられている。坏《あくつ》洋一が述べる通り、「私たちの社会では、購買力こそが実質的な「生きる力」であるとすらいえる(12)」からである。資本制経済のもとでは、商品を購入しなければ生きてゆくことができないが、その商品購入を可能にするのは貨幣である。それゆえ、貨幣をもつこと、所得を手にすることが生きる力を保障する。資本制経済のもとでは、所得保障制度が社会保障の中心的役割を担うことは避けがたいのである。

所得保障には、公的扶助と社会保険という二つの方法がある(13)。公的扶助は、困窮状態に陥った者たちを困窮状態から救い出すための方法である。公的扶助は、人々が困窮状態に陥ったあとで人々を保護するので、いわば事後的に機能する救貧制度である。公的扶助を受けるために、その対象となる者たちが事前の拠出を求められることはない。ただし、所得調査や資力調査が行われることもあって、それがスティグマに繋がるという批判が向けられている。もう一つの方法は社会保険である。社会保険は、老齢や病気、障害、失業により収入が減少したり途絶えたりするリスクに対して、保険への拠出というかたちであらかじめ備える制度である。それは、困窮状況に陥らないように備える事前の防貧制度である。

これらの所得保障の制度が機能するとき、そこには連帯が宿り、息づいている。伊奈川《いながわ》秀和は、「(……)社会保険や社会扶助のような社会保障は、本質的に連帯概念との親和性を有する」[14]と述べ、それらの制度を二つの連帯原理が支えていると主張する。すなわち、帰属による連帯(solidarité d'appartenance)と貢献による連帯(solidarité de participation)という二つの原理である。前者は公的扶助を、後者は社会保険を支えている。帰属による連帯とは、「特定の集団への帰属という事実をもって権利が発生する連帯」[15]のことである。公的扶助の場合、人は事前に保険料などを拠出していなくとも困窮しているという事実だけによって扶助を受けとることができる。このことを可能にしているのは、まさに、その人が特定の集団に帰属しているという条件である。同じ集団の一員であるがゆえに、ある人物はその集団から扶助を受け取ることができるわけである。

他方、貢献による連帯は、「社会保険の保険集団の中で形成される拠出・給付関係に内在する連帯であり、拠出という貢献にその本質を見出すことができる」[16]。保険料の拠出という貢献をなした者たちは、その事実によって支え合いの関係を構築し、この関係から扶助という利益を手に入れる。ロザンヴァロンが述べる通り、保険は「連帯の一種の見えざる手[17]」である。

リスクのプール

社会保険における連帯は、加入者が保険料を拠出している点にだけ見出されるのではない。リスクのプールという点にも、連帯の要素が含まれている。戦後イギリスの社会福祉制度の根幹を設計したウィリアム・ベヴァリッジが、次のような説明を残している。

この制度を説明する「社会保険」という用語は、（……）人びとが同時代の人と同じ立場で力を合わせることを意味している。この用語は、リスクの分離が社会的目的に役立つ場合を除いて、リスクをプールすることを意味する。[18]

リスクのプールという仕組みこそ、社会保険が「人類の設ける社会制度としては新しいタイプの保険[19]」である所以なのであって、そうであるがゆえに、ティトマスはそれを「保険革命[20]」と形容したのであった。

リスクのプールとはどういうことだろうか。民間保険の加入者であれば馴染みの事実であるが、民間保険では、加入者のリスクの高さに応じて保険料が変化する。リスクが高ければ保険料が上がり、リスクが低ければ保険料は下がる。これに対して、社会保険は、保険料とリスクの高さとの関係を切断し、「すべての被保険者の危険発生率を等しいもの[21]」として扱う。これがリスクのプール化である。職業や体質の差異のせいで個人が背負うリスクは異なっているはずだが、リスクのプール化によって個人間のリスクの差異が捨象されるのである。

これは何を意味するだろうか。高藤昭《たかふじ》によれば、それは「対象とされる危険を全被保険者が共同して負担したこと[22]」を意味する。保険においては、「危険発生率の低い被保険者が高い被保険者の分まで保険料を負担する[23]」ことが起こる。社会に社会保険の網の目が張り巡らされるなら、「一生活集団内における相対的強者が相対的弱者を援助する関係[24]」が生み出される。それこそが、リスクを共同で負担するという社会保険の意義であり、この点に社会保険において機能する連帯の有り様を確認することができる。さらに言えば、実際の社会保険制度は、被保険者の拠出金・保険料だけで成り立っているわけではなく、そこには大量の税が投入されている。その点でも、支え合いとしての連帯という社会保険のあり方が、よりはっきりと認識されることになるだろう。

2 福祉国家の理由

なぜ国家なのか

前節において見たように、社会保障制度には連帯の機制が組み込まれている。もちろん、社会保障制度が成立する以前も、人々は支え合い、助け合ってきた。そのような営みは人類の歴史と同じくらいに古いことだろう。また、社会保障制度の外部においても、人々は支え合い、助け合ってきた。社会保障制度の外部で機能する連帯と、その内部で機能する連帯の関係はどのようなものだろうか。多くの論者が指摘するように、社会保障制度の外部での支え合いや相互扶助の関係が制度として結晶したものが社会保障制度である。

この関係〔助け合いの関係――引用者〕は、本来、社会構成員間の自然の愛情関係を前提とし、健全な社会ならば自然に存在するものであるが、社会保障法はこれを他の社会構成員への援助義務として規範化し、法のなかに取り入れたものである(25)。

したがって厳密に言えば、社会保障の責任は国家だけが負うものではない。人間たちは互いにそうする責任を負っている。それゆえ、原理的に考えるなら、国家が存在しなくとも福祉の提供は存続するはずだし、存続させなければならない。しかし、家族や市場といったセクターは、そうした責任を不完全にしか遂行しえないため、そして他の代役が不在であるがゆえに、最終手段として国家が連帯の責任を負うことになる。「政府が最終的にそうするのは、政府以外にそうするものがいないからである」[26]。このように、国家制度の外部においてすでに機能している道徳的責任としての連帯、相互扶助の義務が社会保障制度に先行する。だが、この連帯が社会保障制度の外部では不十分にしか機能しない可能性があるがゆえに、それが国家の手によって社会保障制度として構築されることになる。

福祉国家の理由

ただし、制度は空から降ってくるものではない。制度は、それに参画する人間によって支えられなければ持続しない。人間たちが参画を拒否するとき、制度は弱体化し、いずれ消滅する。制度が持続するためには、人間がその制度を支えることが必要であり、人間たちがその制度を支えるためには、その動機づけが必要となる。制度に参画する者たちが、そうすることに納得できないなら、その者たちはいずれ制度を見捨てるはずだからである。福祉国家に関しても同じことが妥当する。たしかに、社会保障制度においては連帯の機制が働く。しかし、社会保障制度に参画する者たちのあいだで、そのような連帯を支えることに同意が得られなければ、この制度もいずれ消滅するだろう。事実、この国では、年金制度の信頼性が揺らぎ、保険料の拠出を拒否する者たちが現れている。だからこそ、なぜ福祉国家なのか、なぜ福祉国家の諸制度を介して連帯しなければならないのか、その理由を明らかにしなければならない。

福祉国家を擁護する理由に関しては、齋藤純一がいくつかの選択肢を示している。『不平等を考える』において示されているのは、動員、生のリスク、生の偶然性、生の脆弱性、生の複数性という五つの理由である。以下では、おもにこの整理に従いつつ、また、『不平等を考える』に先立つ論考も援用しながら、福祉国家の理由を考えてゆく。なお、齋藤は福祉国家において成立する制度を介した連帯を「社会的連帯」と呼んでいる。それゆえ、それらの五項目は『不平等を考える』においては「社会的連帯の理由」と呼ばれている。しかし、ここでは語法上の混乱を避けるために、福祉国家の理由、あるいは社会保障制度の理由と呼ぶことにしたい。

福祉国家を支える五つの理由

第一に、齋藤は福祉国家の理由として動員を挙げている。意外に思えるが、福祉国家が成立する背景の一つに戦争がある。戦争を遂行するためには国力を増強しなければならない。そのためには、国民一人ひとりを身体的に強化することが必要となる。福祉制度は、国力増強に役立つよう個人を動員する制度としても構想することができる。もちろん、齋藤が正しく指摘しているように、このような発想のもとでは、動員に値しない個人を排除することが正当化されてしまう。

第二に、生のリスクの回避が福祉国家の理由として挙げられる。人は、病気、老齢、事故、失業などの多様なリスクに晒されている。これらのリスクを、個人や家族の力だけで回避するのは困難である。リスクをプールし、コストを分散するという集合的な対応によるなら、リスク回避の可能性は高まるだろうし、リスク回避も容易になることだろう。すでに触れた社会保険は、この発想によって支えられている。

第三に、生の偶然性がもたらす不当な格差を改善することが、福祉国家の理由として挙げられる。私たちの生には数多の偶然性が刻み込まれている。一人ひとりがどのような能力をもって生まれてくるのか。どのような環境で生まれ育てられるのか。そうした事柄は、この世界に生まれてくる一人ひとりにとっては偶然事以外の何ものでもない。

私たちの生は、自ら選んだのではない、自らの力ではいかんともしがたい諸事情によって規定されている。どのような社会も、そうした偶然性に恵まれた者と恵まれなかった者から成り立っている。偶然性に恵まれた人びとが、その有利な立場を利用して獲得した財を排他的に自らのものとすることは道徳的に見て正しいと言えるだろうか[27]。たまたま恵まれた境遇にある者たちが、たまたま恵まれない境遇にある者たちを見捨てることが不正であると言えるとしたら、たまたま恵まれた生を享受する者たちから、そうではない者たちに対して向けられる補償として、社会保障制度を説明することも可能となる。

第四に、生の脆弱性によってもたらされる支配と服従の関係を防ぐことが、福祉国家の理由として挙げられる。脆弱な存在として、人間は、その生を持続させるために他者に依存する。生まれるとき、育つとき、病むとき、老いるとき、人間の脆弱性が表面に浮上する。そのようなとき、たしかに人は他者に依存して生きるほかない。だが、この事実が、人々のあいだに権力関係を生み出してしまうことがある。依存する者にとってケアを提供してもらうことは死活的問題であって、依存する者はケアの提供者に対して弱い立場にある。それゆえに、依存する者は、ケアの提供者の意志に従属せざるをえなくなることがある。そのような事態を回避するために、脆弱な者たちが他者の意志に従属せずとも生活することができるようにするための保障が必要になる。[28]このような市民間の対等な関係を作り出すものとして、福祉国家は機能する。

第五に、生の複数性が福祉国家の理由として挙げられる。生の複数性とは、文字通りに人々が異なっていること、異なる生き方をしていることである。生の複数性を尊重するとは、画一的な生き方を拒否することである。しかし、なぜ福祉国家は生の複数性を支えることになるのだろうか。それは、「一般的に言って、生の保障の欠如は人びとに多様な生き方をゆるさない[29]」からである。食うや食わずの状況にあるとき、生活の見通しがつかないとき、人は、個性や自由といったことよりも、日々の生活を維持することに意識や労力を向けざるをえない。それだから、人々の多様な生き方が可能であるためには、生活の土台が守られていなければならない。福祉国家は、あるいは社会保障は、そうした生活の土台を保障する制度である。

このように見てくると、社会保障制度によって人々の物質的な福祉が保障されるだけではないことが分かる。不当な不平等を是正すること、支配関係を回避すること、多様性を涵養することなど、様々な価値が社会保障制度によって実現されうる。福祉国家の諸制度を支える市民間の連帯は、同時に、これらの価値の実現に貢献していると考えることもできるのである。

これまで、第1節では、福祉国家が運営する社会保障制度に連帯のメカニズムが働くことを、第2節では、福祉国家は社会保障制度を運営することで、様々な社会的価値の実現に貢献することを確認してきた。続く第3節と第4節においては、連帯という視点から福祉国家の問題にもう少し深く踏み込んでいく。論点は二つある。一つが依存の問題である。福祉国家は相互扶助としての連帯を制度化したものである。相互扶助の関係には依存の関係が含まれる。誰かが別の誰かに支えてもらうことは、相互扶助の関係を構成する本質的要素だからである。とりわけ福祉国家においては、病気、老い、障害などによって脆弱な存在となった者たちが、制度を介して他者に依存する。福祉国家とは、このような依存を許容する制度なのである。だが同時に、この依存を理由にして、福祉国家を攻撃する論者たちもまた存在する。市民的連帯を擁護するためには、この依存の問題を避けて通ることはできない。

もう一つが、資本制の問題である。人間の脆弱性は、病や老いのような生物学的に不可避の要因によって生み出されるだけではない。それは社会環境によっても生み出される。たとえば、失業のように、経済システムが脆弱性をもたらすことがある。今日の支配的な経済システムは資本制である。福祉国家は、資本制がもたらす脆弱性を回避するための制度であると考えることもできる。果たして、資本制がもたらす脆弱性と福祉国家はどのような関係にあるのか。そして、それは連帯論にどのような光を投げかけるのだろうか。

3　脆弱性と依存

依存批判

福祉国家を批判する者たち――ここでは自立論者と呼ぼう――が用いる常套句がある。それは、福祉国家は国家への依存を強めるというものである。この種の批判は福祉国家に対する「右からの批判」であって、しばしば新自由主義のような右派の思考法と親和的である。この批判は興味深い一面を有している。なぜなら、その背後には独特の人間観が控えているからである。それによれば、自立した存在としての人間は、自身の人生を自身の努力によって切り開かねばならず、その結果について自身が責任を負わなければならない。この人間観は、今日この国で多用される表現を用いるなら、自助努力と自己責任を重視する人間観であろう。このような人間観からすると、福祉国家は、給付金を当てにして働かずに生活する者たちを増やし、国家に対する依存を助長する制度に見えてしまう。自立し努力する個人という、本来のあるべき人間の姿が、福祉国家によって毀損されてしまうというのである。この種の批判に、どのように応答することができるだろうか。二つの応答が可能である。一つは、この批判が不整合を来していると主張することで、この批判を論駁する応答である。もう一つは、自立が本来的であり、依存は非本来的であるという人間観そのものを否定する応答である。順に見てゆく。

依存批判への応答①

自立論者の依存批判は整合性を欠くという応答は、ロバート・グッディンによって提示された。依存批判は、自助努力や自己責任によって特徴づけられる人間観をその根拠にしている。この人間観を一貫させるならば、国家への依存だけではなく、国家以外の存在への依存も批判されなければならない。だが、グッディンによれば、自立論者はそうした一貫性を欠き、内部に不整合を抱えている。自立論者は、しばしば福祉削減政策を掲げる。自立を促すためである。しかし、国家による福祉提供が削減されると、福祉をいかにして維持するのかという問題が生じる。自立論者は、脆弱な立場にある者たちを家族や親類に依存させることで、この問題を解決しようと図る。

〔このような福祉削減政策は〕公的な依存を減らすが、それは私的な依存を増やすことによってである。人々は、国家の支援に依存することがより少なくなるが、それは家族の支援に依存することがより多くなるからである。[30]

ここに不整合が生じる。依存ゆえに福祉国家を批判する者が一貫するためには、同時に家族への依存も批判しなければならない。だが、実際にはそうではない。この国においてもそうであるように、自立論者は、福祉の問題が家族の内部で解決されることを強く要求する。

なぜ、そのような不整合が犯されるのだろうか。それは、自立論者が家族への依存を依存と見なさず、それを自立や自助努力として理解するからである。グッディンは、このような自立の捉え方は奇妙だと考える。なぜなら、「自己」の境界線が、ある人の全体としての家族（あるいは拡大家族、あるいは社会的ネットワーク）を含むところまで拡大されてしまっている[31]」からである。自立論者が、このような奇妙で不当に拡大された自己概念に訴えることなく、それでもなお整合的であるためには、家族への依存も等しく批判するのでなければならない。だが、実際には、そのような修正がなされることはない。それゆえ、グッディンは自立論者の主張を「有害なドクトリン」と呼び、批判する。「それは、脆弱性と依存を防ぐために、何も行いはしない。それどころか、それは最悪の種類の依存を深刻なものにする[32]」。この自立のドクトリンは、人々が依存から抜け出るように機能するのではなく、むしろ私的な依存を残存させるだけなのである。

ところで、グッディンは、福祉削減政策によって残存する私的な依存は最悪の依存であると言うが、なぜだろうか。グッディンは、私的な依存に含まれる搾取の危険性に注意を促す。搾取とは、強い立場にある者が弱い立場にある者の脆弱性や依存を不正に利用することである。依存する者たちは、福祉を提供してくれる他者に対して弱い立場にあるため、このような搾取の危険性に晒されている。自立論者は、私的依存を等閑視し、そこに潜む搾取を不問に付すことによって、依存から搾取が生じる危険性を増幅してしまう。もちろん、福祉国家の施策によって、依存が存在しなくなるわけではない。しかし依存のあり方を変更することはできる。公的な支援が拡充すれば、私的依存が縮減されるのであり、私的依存に潜在する搾取のリスクから脆弱な者たちが保護される可能性が高まる。これが、自立論者に対するグッディンの応答である。

依存批判への応答②

自立論者に対する第二の応答は、この批判が依拠している人間観そのものを疑問視することである。この人間観によれば、人間は本来的に自立した存在であって、それゆえ自立すべきである。依存はそのような人間の本来的なあり方からの逸脱であり、それを蝕むものである。この人間観が吟味の俎上に載せられなければならない。この人間観はどれほどの妥当性を有するのだろうか。ガーランドに倣って、この人間観を二つの視点から相対化してみよう。

第一に、「完全に自律した個人など存在しない――私たち一人ひとりは、あらゆる種類の支援を社会的ネットワークに頼っている(33)」。たしかに、他人に依存せずに、つまり自立して生きているると思えることがある。だが、それは一種の錯覚にほかならない。なぜなら、私たち一人ひとりは、自足して自身のニーズを満たすことができないからである。他者の労働が生み出す生産物やサービスを介してしか私たちは生きてゆくことができない。そのような意味において、個人の自立性は一種の幻想である。エヴァ・フェダー・キテイが主張するように、「私たちはみな、依存者である――私たち一人ひとりの運命は、他者の運命に頼っている[34]」。あるいは、齋藤純一が述べるように、「(……)私たちの生は、根底的なところで、支援を拒まない他者の承認によって――かろうじて――支えられている[35]」。それだけではない。私たちが健康であり、思い通りに身体を動かすことができるという事実は、決して盤石ではない。健康な人物が健康でいられるのは、様々な幸運が重なり合った結果である。この点を強調して、徳永哲也は次のように述べる。「そうすると実は、「安定的健常者」という存在はどこにもいないのではないか。われわれの多くは、「偶然的一時的健常者」でしかな[36]」い。そうであるなら、病や障害のゆえに直面する問題――そこには依存の問題も含まれる――は、すべての人間の根底に横たわる普遍的な問題であることになる。

第二に、ガーランドは、「依存はそれ自体では悪ではない[37]」と述べる。依存にスティグマが刻印されるような状況が存在しなければ、依存に否定的な意味は付着しない。たとえば、充実した福祉制度を擁する福祉国家においては、ある人物が国家から給付を受けとることによって、落伍者であるかのようなスティグマがその人物に刻印されるわけではない。また、合衆国のような国であったとしても、人々はすでに様々な領域において、そして人生の多くの時点で国家に依存している。たとえば教育がそうである。しかし、そのような依存がスティグマとなるわけではない。つまり、国家に依存していることそれ自体がスティグマなのではなく、それを取り巻く状況が国家福祉への依存をスティグマに変容させるだけなのである。

依存と制度的連帯

これまで、国家への依存を批判する者たちは一貫性を欠くこと、自立を重視する人間観が一面的であること——この二点から依存について考えてきた。人間が身体的存在であり、したがって有限な存在であるかぎり、人間は決して自足することはできない。人間は他者の助力に依存しなければ、その存在を維持することができない。とすると、他者への依存は人間の生の条件であって、依存を完全に避けることはできない。しかし、この依存が搾取や支配関係を生み出してしまうような事態は回避できるはずである。この搾取や権力関係の回避という点に、連帯制度としての福祉国家の意義がある。

このような搾取や支配関係の回避という視点からすると、連帯が制度を通じて実現されることには大きな利点がある。通常の依存関係は、特定の個人と特定の個人のあいだに成立する依存関係であって、それは多くの場合、対面的であり、そうであるため人称的なものである。つまり、特定の誰かが別の特定の誰かに依存するという形態で依存関係が成立する。だからこそ依存は搾取や支配関係に転化しやすい。これに対して、福祉国家は制度であるから非人称的な存在である。福祉国家に依存するとしても、それは特定の誰かに依存することではない。純粋に論理的に言えば、ある人が福祉国家に依存するとき、その人は、福祉国家を支えている特定の誰かではない匿名の全員に依存していることになる。福祉国家への依存がこのような類のものであるとすれば、福祉国家への依存によって、脆弱な個人が特定の他者の意志に支配されたり利用されたりする事態を回避することができることになる[38]。

一人ひとりの対面的な支え合いが生み出す負の契機、つまり権力関係や搾取という負の契機を取り除くための一つの方策が、依存関係を匿名化し非人称化することなのだとすれば、この方策は制度という形態を取らざるをえないだろう。いうまでもなく、非人称的制度は少数の個人によっては決して実現することができない。多数の個人からなる連帯こそが、この課題を解決することができるのである。一人では不可能なことが複数人でなら可能となる。その欠如と過剰の弁証法が、ここでもまた働いている。もちろん、そうした匿名化や非人称化が連帯に対して負の効果を与えてしまう危険性は十分にある。その点については、最終節において検討することになる。

4　福祉国家と資本制

資本制と脆弱性

福祉国家について考えるとき、福祉国家と資本制との関係を捨象することはできない。たしかに、今日、福祉という言葉によってイメージされるのは、老齢や病などによって脆弱となった者たちのケアであって、そこにのみ注目するなら福祉国家と資本制という問題設定は唐突なことであるようにも見える。しかし、人間の脆弱性は人間の「自然」によって生み出されるだけではない。それは社会環境の産物でもある。今日の社会環境を理解するうえで、資本制という経済システムは不可欠の参照項である。私たちの生は、資本制によって強く深く枠取られている。たとえば、景気変動による失業は生存手段を奪うことで人間を極めて脆弱な状態に置くことになるが、景気変動に伴う失業は資本制というシステムの本質に属している。資本制という経済システムのもたらす脆弱性は、大規模であると同時に、のちに見るように人間の生の根幹に関わるものである。福祉国家には、このような脆弱性への応答として編み出された制度という一面がある。本節では、福祉国家における連帯の問題を、資本制という視座から考察することになる。

資本制は、様々な経済活動や経済制度、そして、それらを支える様々な環境が、「資本の論理」のイニシアチブのもとに編成される経済システムであり、経済活動の主要な舞台は自由市場である。資本は、マルクス的な言い方をすれば剰余価値、平たく言うと利潤を拡大する運動体である。利潤を拡大し、資本の自己増殖の運動を貫徹すること——それが資本の論理の本質である。資本制は、資本の論理が支配する経済システムである。まったく制約が課されないなら、資本は利潤の最大化を目標として、その実現を容易にするよう、自身を取り巻く環境を変更してゆく。自由放任主義が資本制を擁護するイデオロギーであるとすれば、「自由放任のユートピア」[39]こそ、資本が切望する環境である。資本の論理は、このユートピアを実現しようとする。しかし、この資本にとってのユートピアは、そのままでは人間にとってディストピアである。

資本の論理が制約されない場合に生み出される環境は、人間の生存環境としてみた場合どのようなものだろうか。制約されない資本の論理の姿は、初期の資本制のうちに見出すことができる。マルクスが『資本論』第一巻において詳しく描いたように、資本制は長時間労働と低賃金という条件を労働者に課す。労働者は、劣悪な労働条件、居住環境、衛生状態であっても、それを受け入れざるをえない。なぜなら、労働することができなければ、労働者は生きてゆくことができないからである。あるいは、資本制が拡大してゆくにつれ、周期的な恐慌が社会を襲い、様々な混乱を引き起こすようになった。そのなかでも最たるものが大量の失業であって、これは労働力を売るほかない労働者にとって、文字通りに致命的な事態である。

自由放任のユートピアに身を委ね、資本の論理を突き詰めてゆくとき、資本は「人間の限界[40]」に辿りつく。たとえば、長時間労働によって、人間は擦り切れ、病み、そして死ぬことだろう。資本制のもとで生きる者の多数が、そのような境遇に置かれるほかないのだとすれば、したがって、人々の生命の再生産が困難となり、資本制を支える労働者の生命が蝕まれるほかないのだとすれば、資本制はその土台をみずから掘り崩すことになるだろう。ヴォルフガング・シュトレークが述べるように、資本制には「自己破壊[41]」の危険性が伏在しているのである。

防御壁としての福祉国家

このような負の側面が資本制にとって避けがたい以上、「(……)ある根本的な意味において、資本制は、経済行為のシステムとして根本的に反社会的である」という言い方も成り立つ。資本制が帯びる「反社会性」は、初期の資本制にだけ固有のものなのではない。資本の論理によって資本は資本であることができるのだとすれば、人間にとって過酷ともいうべき生存環境を生み出す傾向は資本制に内在するものだと言わなければならない。それだから、今日の資本制においても、この傾向は消滅してなどいない。

もし誰かがこの傾向を実感することができないのだとすれば、それは、その者が生きている社会が、幸いにも資本の論理が緩和された社会、すなわち資本の論理が貫徹されることを妨げる制度が定着した社会だからである。資本の論理がもたらす負の影響に人が直接に晒されることのないよう整えられた制度が、福祉国家である。人間の側から見たとき、福祉国家は資本制に対する緩衝帯として存在し、機能していると言える。福祉国家は、失業保険、労災保険といったような労働と直接に結びつく制度を編み出してきただけでなく、老齢年金などの給付を通じて、人が労働することができない状況に陥っても生きてゆくことが可能となるような制度を作り出してきた。個々人が単独では回避できない資本制のリスクに、福祉国家は制度を通じて多数の人々の力を集約することによって、つまり連帯を制度化することによって応答してきたのである。

労働力の脱商品化

資本制に対する緩衝帯としての福祉国家という視点からすると、福祉国家を比較するための指標として労働力の「脱商品化」を掲げたエスピン－アンデルセンの福祉国家論は示唆的である。エスピン－アンデルセンは、自由主義レジーム、保守主義レジーム、社会民主主義レジームの三つに福祉国家を分類したことで知られている。そのような分類を行うための一つの指標としてエスピン－アンデルセンが用いたのが、労働力の脱商品化であった。労働力の脱商品化という視点は、当然、労働力がすでに商品化されていることを前提とし、そのような労働力のあり方がどれほど緩和されているかを測るためのものである。労働力の商品化とは、生活を営むために必要とされる金銭を手に入れるために、賃金と引き換えに労働しなければならなくなる事態を指す。つまり、賃金を手に入れるために労働力を売らざるをえなくなることが労働力の商品化である。したがって、労働力の脱商品化とは、賃金を手に入れるために労働力を売る必要がなくなることを意味する。脱商品化が進んでいる社会では、後に見る労働力の商品化のリスクが軽減される。

福祉国家の様々な施策が労働力の脱商品化に寄与する。たとえば、失業保険、老齢年金などは、人が自身の労働力を商品として売らずとも生きることを可能にする制度である。その意味で、福祉国家が供給する様々な制度は、労働力の脱商品化を実現しているのであり、その点で、福祉国家は資本制とは異なる原理に基づくことで、資本制に対する緩衝帯として機能する。また、そうである以上、労働力の脱商品化が進んでいるかどうかは、福祉国家を評価するための一つの指標となる。エスピン－アンデルセンの分析では、合衆国に代表される自由主義レジームでは労働力の脱商品化があまり進まず、北欧に広く見られる社会民主主義レジームにおいては労働力の脱商品化がもっとも進んでいる。

労働力商品化のリスク

労働力の脱商品化の前提となるのは、すでに記したように労働力の商品化である。労働力の商品化は、エスピン－アンデルセンがカール・ポランニーの資本制分析から引き継いだ論点である[43]。経済システムとしての資本制の際立った特徴は、多様なものが商品となり、売買の対象となることである。商品化されるもののなかには、本来は商品となりえないものまでが含まれる。ポランニーによると、労働、土地、貨幣がそれである。売買されるものは販売するために作られたものでなければならないが、労働や土地や貨幣は販売するために作られたものではない。それらは擬制によって商品とされているにすぎない。ここでは労働に焦点を合わせる。

労働は、生活そのものの一部であるような人間活動の別名にほかならず、したがってそれは、販売のために生産されたものではなく、まったく違う理由で生み出されたものである。また、その活動を生活の他の部分から切り離したり、蓄積したり、転売したりすることもできない[44]。労働は、労働する人間から切り離すことはできない。なぜなら、「労働は、いかなる社会においてもそれを構成する人間存在それ自体[45]」だからである。だが、現実には、労働力が商品として売られている。労働力が商品となるという事態から何が帰結するのだろうか。労働力が商品となるということは、労働力が、したがって労働力と一体である労働者が他の商品と同じように市場で売買され、市場の力学に晒されるということである。たとえば、人間は労働力を売らなければ貨幣を手にすることができない。労働力を売るためには、労働力には値段がつけられなければならない。そして、他の商品と同じように買い叩かれ、不要となれば捨てられる。あるいは、労働者は他の労働力商品や機械と競争しなければならない。人間が一個の商品として生きることは過酷だと言わざるをえない。だが、人間は、この過酷な環境から脱出することもできない。なぜなら、労働力が商品となってしまっている以上、労働者は労働力を売る以外に選択肢をもたないからである。「労働者にとって市場は一つの牢獄となる(46)」。

ここに、「産業化が作り出し、福祉国家が不可避に応答しなければならない新しい脆弱性(47)」が生み出される。労働力という商品は、労働者の生命＝生活それ自体でありながら、市場という牢獄の内部にとどまるほかなく、この牢獄の内部で蝕まれてしまう。まずは、そうした脆弱性がある。それだけではない。市場に登場できない者たちが、つまり労働力を商品として売ることができない者たちが存在する。労働力の商品化が進んだ社会においては、労働力を商品化しえないことは、それ自体が脆弱性となる。なぜなら、労働力を売ることができないということは、生活の糧を手に入れる術が絶たれることを意味するからである。生きてゆくために市場に依存しなければならないのに市場に登場しえないことは、致命的な脆弱性となる。たとえば、老いた者たち、病んだ者たち、障害を背負う者たちが、そうした脆弱性を帯びる。

市場と労働力商品の関係がこのように過酷なものであるとき、それを変えようとする動きが惹起される。この動きには二つの方向がある。一つは、資本制という経済システムを別の経済システムによって置き換えることである。第3章で見たように、この方向は、歴史的には社会主義やアナキズムによって目指された。もう一つの方向が福祉国家である。繰り返せば、福祉国家は、労働力の脱商品化によって、資本制が生み出す脆弱性を回避する制度なのである。

福祉資本制

以上のように考えることができるとすれば、福祉国家は資本制に対する緩衝帯である。資本の論理が支配する過酷な生存環境のもとでも人間が生きてゆけるよう、その過酷さがもたらす脆弱性を緩和するための装置が、福祉国家である。失業保険、労災保険といった労働に直接に関わる制度から、老齢年金、障害年金など、労働力を売ることができなくなった場合の所得保障の制度にいたるまで、福祉国家は、資本制と個人とのあいだにあって一個の緩衝帯として機能している。

それだけではない。同時に福祉国家は、資本制の側からも必要とされている。なぜなら、すでに見たように、資本の論理を放任するなら、資本制は人間の生命の限界に突き当たり、自己破壊という事態を招いてしまうからである。資本制は、この危機を回避する必要がある。それゆえに、資本制の側からも福祉国家は必要とされるのである。

（……）利潤を生み出す資本主義的行為は、支えとなる社会環境と、それを可能にする物質的インフラストラクチャを必要とする。それは、社会化され、教育を受け、健康である労働者を――そして、労働者を生み出す機能的家族を、コミュニティを、学校を、医療システムを必要とする。それは、原料と資源の信頼できる供給を、輸送インフラストラクチャを、消費者である人口を、安定した政治環境を、そして他の多くのものを必要とする。(48)

資本制もまた、それが機能するための「生存環境」を必要とする。健康で優秀で従順な労働力を育む教育や医療などの環境がなければ、資本と資本制は機能することができない。福祉国家はこうした環境を提供することによって、人間の生命だけではなく、資本制の「生命」も支えている。剝き出しの資本制が自己破壊に追い込まれないようにするためには、それを飼いならす制度が必要となる。そのような制度が福祉国家である。それゆえ、「市場を採用したいと考える者は誰であれ、福祉国家を等しく採用しなければならない(49)」。あるいは「福祉国家は、市場原理そのものにほとんど潜在している(50)」。そのような言い方も可能になる。

とすれば、資本制と福祉国家の関係は、新自由主義がよって立つ視点とは別の視点から見直される必要がある。新自由主義によると、福祉国家は企業に労働規制を課したり、社会保障費を負担させたりすることで、企業活動を妨げているとされる。あるいは、福祉国家は、福祉依存の文化を作り出すことにより、人々が自助努力と自己責任で行動することを妨げているとされる。つまり、新自由主義は、福祉国家が自由な経済活動を阻害していると言って、福祉国家を批判する。このような視点からすれば、福祉国家を可能なかぎり縮減することが、資本制にとっては好ましい選択肢であることになる。たしかに、一面で、資本制は福祉国家による規制を忌避する。しかし、他方で、資本制は福祉国家を必要とする。「資本主義が福祉国家と共存しえないにもかかわらず、福祉国家なしでは存在できない[51]」という「矛盾」に、新自由主義者は気づかないのである。福祉国家と資本制の関係は、新自由主義が想定するほど単純ではない。

　シュトレークは、「(……)資本主義の機能はその実質的に対抗する存在(……)に大きく依存している[52]」と述べている。福祉国家こそ、こうした対抗的存在であろう。なぜなら、福祉国家は、資本の論理とは別の論理で機能するからである。他方で、資本制は福祉国家を必要とする。同じように、福祉国家も資本制を必要としている。なぜなら、「福祉国家は、資本制経済の繁栄と継続的な収益性に依存している[53]」からである。ときに福祉資本制あるいは福祉資本主義という表現が用いられることがあるが、この表現に含意されているように、福祉国家と資本制のあいだには独特の結合関係が存在する。両者は対抗しつつ同時に必要としあうという両義性を帯びた関係を結んでいるのである。

　このような福祉国家と資本制のあいだに成立する関係のゆえに、福祉国家は左派による批判の対象ともなった。そのような批判は、おおよそ次のような論理にもとづいている。資本制が排除してしまう者たちを救い出し、資本の論理とは別の論理で動いているかぎり、福祉国家は、たしかに資本制の外部である。しかし、福祉国家は、市場や資本制を廃棄するものではない。資本制と福祉国家のあいだにどれほど緊張関係があるとしても、福祉国家は結果的に資本制を安定させている。「（……）それ〔福祉国家――引用者〕は資本制社会における変革する一段階というよりも、安定させる一装置なのである」[54]。資本制を打倒することを至上命題とする左派的な立場からすると、福祉国家は資本制の延命に手を貸す制度であることになる[55]。

こうした左派からの批判にもかかわらず、資本制への防御帯としての福祉国家のあり方には、おそらく人類史的な意義があると言うべきである。資本制のもたらす大規模な脆弱性を、個人が自身の力だけで回避することは困難である。だが、社会保障という制度を通じてなら、そのことが一定程度可能となる。また、資本制に代わる実行可能な経済システムは、いまなお不在である。そのような状況にあって、資本制の破壊的な威力に対抗するという困難な課題を現在辛うじて果たしているのが、福祉国家である。資本制に代わる経済システムが生み出されないかぎり、福祉国家という制度は資本の論理から人々の生命を守る連帯的制度として、いましばらく存在しつづけるに違いない。ただし、福祉国家の未来は決して明るいものではない。福祉国家は様々な問題に直面しているからである。次節では、この福祉国家が直面している問題を検討する。そうすることは、同時に、連帯が直面する問題を考えることにも繋がるはずである。

5　福祉国家と連帯の危機

福祉国家への批判

広く知られている通り、福祉国家には様々な批判が向けられている。高齢化によって膨張する社会保障の支出を支えることが少子化のせいで不可能になるのではないかという批判は、ここで触れるまでもない。不正受給やフリーライダーの問題も、今日、強い批判の対象となっている。他にも実に様々な批判が福祉国家に向けられているが、ここではこれらの批判を検討することはせず、連帯制度としての福祉国家が直面する問題に限定して考えてゆく。

現代の状況が福祉国家にとって不利なものであることは間違いない。福祉国家が置かれている現在の文脈を理解するために、ガーランドが提示した福祉国家の歴史的な区分を概観しておく。ガーランドは、福祉国家の歴史的展開を踏まえて、福祉国家1・0、福祉国家2・0、福祉国家3・0という区分を提案している。福祉国家1・0は、いわば福祉国家の黄金期であり、第二次世界大戦後に始まり、一九五〇年代から六〇年代にかけて拡大していったものである。それは、福祉のための支出が拡大し、一部の最貧困者を対象とするだけでなく、すべての市民を包摂するような社会保障制度が目指された時期である。かつて、イギリスの労働党は「揺り籠から墓場まで」という福祉政策のスローガンを掲げたけれども、そのようなスローガンが目標となるほどに福祉制度が広がり深まっていく時期の福祉国家である。

七〇年代以降、福祉国家は危機の時代を迎える。新自由主義の潮流が勢いを増し、福祉国家に対する攻撃が繰り広げられた時代である。福祉予算の拡大により国家の財政状況が悪化しているとか、福祉国家は非効率的であるとか、福祉国家によって依存文化が作り出されているとか、福祉国家が市場経済の成長を阻害しているとかいった様々な理由から、福祉国家に攻撃が加えられるようになる。この時期、新自由主義者たち、あるいは新しい右派（ニューライト）は、福祉国家のかたちを市場指向的なものに作り変えていった。このような新自由主義的で、規制緩和的で、市場指向的な時期の福祉国家を、ガーランドは福祉国家2・0と呼んでいる。

しかし、福祉国家は弱体化したが解体されることはなく、いまなお生き延びている。福祉国家が生き延びるためには、それは2・0の段階を超えて、新たな段階へと脱皮しなければならない。この新たに作り出されるべき福祉国家が、ガーランドによって福祉国家3・0と呼ばれるものである。福祉国家3・0は、どのような困難を克服しなければならないのだろうか[56]。

経済と労働の変容

今日の福祉国家は、福祉国家が拡大することができた黄金時代とは異なった時代状況に置かれている。そして、この状況は、制度的な連帯の成立を困難にするような代物である。まず、経済のグローバル化という状況は、福祉国家にとって相当の足枷となっている。福祉国家1・0の時代には、福祉は国境の内部の問題として扱うことが可能であった。しかし、経済のグローバル化が進むと、一国の経済的自立性が低下する。そのため、一国の福祉政策は一国内で完結することはできず、グローバル経済の深刻な影響を受ける。たとえば、経済のグローバル化は、底辺への競争（race to bottom）を助長する。巨大な多国籍企業を国内に引きとどめるために、労働規制や環境規制が緩和され、法人税が引き下げられ、企業が担う雇用や社会保障の負担が軽減されるなど、従来の福祉国家を支えてきたルールを弱める動きが加速する。

次に、労働が不安定化している。福祉国家1・0の時代には労働組合が影響力を保っていた。当時は、同質的な労働者たちが労働組合を通じて連帯し、みずからの労働環境の改善を福祉国家に要求していくということも可能だったかもしれない。しかし、福祉国家2・0以降、労働組合は弱体化させられている。それだけではなく、非正規労働者など不安定な労働者層が劇的に増加したが、そうした労働者は十分に組織化されていない。支援や保護を必要とする弱い立場におかれた者たちが組織化されていないことによって、その者たちは政治的影響力を手に入れられずにいる。このように、福祉国家を推進するための影響力を持ちうるはずの集団が力を失っているのである。

移民、家族の変容

あるいは、欧米社会を中心に社会問題となっているように、移民の増加も制度的連帯にとって御し難い問題となっている。福祉国家は、境界線の内部の市民をその対象とする。その際に、ある種の同質的存在が想定されているだろう。似たような言語・文化・慣習を有する者たちが福祉制度を支えるという想定である。しかし、移民のように異なる文化や言語を背景とした者たちが異質な存在として認識されてしまうと、これらの者たちとのあいだに連帯が成立し難くなるかもしれない。このようにして生み出される連帯の困難という事態が、今日の欧米の右派ポピュリズムによって巧みに利用されている。この種のポピュリズムは、移民たちが元々の住民の福祉を横取りしていると批判する。これは福祉排外主義と呼ばれる主張である。

くわえて、家族が変容している。福祉国家1・0の時代は、男性が家計を支える「大黒柱」とされ、女性や子どもは扶養家族という扱いであった。また、家族内部での福祉の営み、つまり育児や介護といったケア労働は、おもに女性によって無償労働として営まれた。だが、女性もまた労働力人口に含まれるようになり、こうした家父長制的な家族のあり方は解体されつつある。さらに、人生の各段階での単身世帯が、したがって高齢世代の単身世帯も増加している。かつて家族は福祉機能の供給源として相当の役割を果たしたが、家族の変容とともに、福祉国家は、福祉機能の制度外の供給源としての役割を家族の「連帯」に期待することが難しくなっている。

生命科学の進展

さらには、生命科学の進展を挙げることができる。福祉国家の大きな発明は、それが「保険のパラダイム[57]」を採用したことにあった。このパラダイムが生命科学の発展によって失効する可能性がある。保険のパラダイムは、「すべての個人が同じ性質のリスクをおかすという前提のもとに成り立っている[58]」。つまり、様々なリスクが社会の成員にランダムに割り振られているという想定のもとで、リスクのプール化という発想が生み出された。その結果、誰かがリスクに晒されたとき、そのリスクを個人の責任として個人に委ねるのではなく、社会全体で引き受けるべき対象と見なすという了解が可能となった。つまり、リスクのプール化によって「責任の社会化[59]」が可能になり、リスクの責任を誰に課すかという問題を消滅させることができたのである。

しかし、生命科学の発達は、その流れを逆行させることになるかもしれない。なぜなら、遺伝学の進歩によって、個人の将来の発病リスクが予測可能になりつつあるからである。これまでは、任意の個人が任意の病気にかかることは偶然的なことと見なされてきた。あるいは、そういう想定のもとで、社会保険における連帯が可能となった。だが、特定の個人が特定の病気に罹りやすいことが科学的に予見されるようになれば、リスクは特定の個人と結びつけられ、ほぼ決定論的なものとして理解されるようになるだろう。そのとき、なぜ病気に罹りやすい特定の個人のために、他の者たちが保険料を負担しなければならないのか、という認識が形成される可能性がある。リスクという点で諸個人は同質であるという発想が社会保険という連帯制度を支えてきたのだとすれば、遺伝学の進展は、健康リスクにおける諸個人の異質性を顕在化させることで、社会保険の基礎をなす連帯意識を崩壊させてしまう可能性がある。

制度的連帯の限界

福祉国家が直面するのは、福祉国家がおかれた外部環境の変化が引き起こす困難だけではない。福祉国家は、そこに内在する論理によって、みずからを弱体化させたり、みずからの足元を掘り崩したりするような困難に直面している可能性がある。以下では、二つの点からそのことを検討する。一つは、制度化した連帯としての福祉国家の、その制度性に注目するものであり、もう一つは、福祉国家が個人主義を生み出すことに関するものである。

まず、連帯が福祉国家という巨大な制度として実現されることがもたらす困難から考えてみよう。そのために、マイケル・イグナティエフの論考を参照しよう。イグナティエフによると、福祉国家という制度によって、人々のあいだには「沈黙の関係[60]」が生み出される。それが沈黙の関係であるのは、それが制度的な関係であって、直接的な対面的な繋がりではないからである。福祉国家制度を支えているのは、そして、その制度によって結び付いているのは、顔も知らない匿名の人間たちなのである。見知らぬ匿名の人々であっても、福祉国家という制度によって繋がりが成立する。しかし、同時に、人々は福祉国家という非人称的な制度によって隔てられてもいる。「福祉国家は、連帯を求めるこのニードを制度化しながらも、それと同時に、資力のある者とそれを必要としている者とをお互いに見知らぬ他人のままにさせておく[61]」からである。福祉国家は、見知らぬ者たちを結びつける。しかし、同時に、見知らぬ者たちを見知らぬままにしておく。これが福祉国家が生み出す連帯の性格だというのである。

そうだとすると、相互扶助としての連帯が福祉国家という制度的形態を纏《まと》うとき、何かが決定的に失われてしまうのではないだろうか。相互扶助的な連帯は、元来、対面的で人称的なものである。だが、福祉国家においては、その相互扶助的な連帯が匿名化される。誰が誰を扶助しているのか、そのことが分からなくなる。匿名的であるとは、そういうことである。そして、連帯の対面性や人称性が消去されるとき、様々な問題が生まれる。そのような問題のうち、齋藤純一は大きく三つを指摘している[62]。まず、対面的、人称的な関係においては実感しやすい相互扶助が、福祉国家制度のもとでは、ルーティン化した負担―受益関係として意識されてしまい、制度を支えている相互性が実感されにくくなる。また、制度の運用は行政によってなされるため、制度が支え合いによって成立しているという一面よりも、行政による権力の行使という一面が前景化されやすくなる。また、納税や保険料の拠出も法で強制されているから、福祉制度は権力によって強制されるものだという認識が成立しやすくなり、目の前にいる困窮者を支援するという連帯としての本来の姿が、さらに遠退いてしまう。

福祉国家と個人主義

次に、福祉国家と個人主義の関係について考えてみる。個人主義は連帯と齟齬を来すことがある。個人主義は、集団の利益や他者の利益に貢献することよりも、むしろ自身の利益を重視する発想と親和的だと考えることもできるからである。通常は、個人主義が福祉国家を外部から蝕むと考えられているが、福祉国家そのものが個人主義を助長すると考えることもできる。この件に関して、ガーランドは以下のように述べる。

しかし、それ〔個人主義の強化——引用者〕は、福祉国家の影響でもある。福祉国家は、個人が家族や隣人に依存することを減少させ、そうでなければ個人がもつことはない自立と選択を個人に与えた。逆説的に見えるが、福祉国家は、個人主義が拡大するための強力な手段であり続けてきたのである。(63)

福祉国家が実現する私的な依存関係からの解放、それによって助長される個人主義は、福祉国家にとって諸刃の剣である可能性がある。一方で、たしかに、個人の自立は実現されるべき価値である。他方で、個人の自立が、連帯の弱体化を招来する可能性もある。たとえば、個人主義は、カール・メッツが「福祉エゴイズムの原則」と呼ぶものを招き寄せる可能性がある。福祉エゴイズムの原則とは、福祉国家による様々な制度的支援が自明のものと見なされることによって登場するもので、「多く要求し少なく貢献する」(64)という原則のことである。メッツが指摘する通り、これが財政上の困難を引き起こす可能性があることは当然だろうが、それを度外視したとしても、連帯という点から見て、福祉エゴイズムは問題含みである。全員が福祉エゴイズムの原則にしたがって行動するとき、支えられようとする人々は増えるが、支えようとする人々は減少し、相互扶助が成り立ち難くなるからである。福祉エゴイズムの拡大は連帯を枯渇させる。そして、この福祉エゴイズム的なエートスを、福祉国家は逆説的にも生み出してきた可能性がある。

もちろん、福祉国家は、このような負の側面だけを抱えているのではない。福祉国家の存在が、その外部に肯定的な影響を及ぼすこともある。たとえば、グッディンは、福祉国家が存在し、それが有効に機能することで、福祉国家という制度の外部で連帯のネットワークが強化される可能性に言及している。

（……）福祉国家は、社会的ネットワークを通じて自身が作用することによって、相互扶助制度に取って代わるのではなく、むしろ、これらの制度を強化することによって、これらの社会的ネットワークの成長を促すかもしれない[65]。

たしかに、このような可能性は存在する。福祉国家が存在することが、人々の相互扶助の意識を高め、社会をより連帯的にするという可能性を考えることはできる。スティヤーヌは、福祉制度が人々の意識を変化させることに注意を促している。「スカンジナビアでは、知的障害者、ゲイの人々、自分の子どもへの父親の義務といったことに対する態度が、これらの集団の置かれた状況を改善する社会改革を導入したあと変わった[66]」。そうだとしても、連帯が制度化されることによって生み出される負の側面が消滅してしまうわけではない。人々を連帯へと動機づける回路が現在の福祉国家制度に強固に組み込まれているのか、そのことが問われているのである。

福祉国家から連帯を問う

とはいえ、「福祉国家は、現代史における最も華々しい革新的成果の一つとも言える」[67]。福祉国家には人類史的な意義がある。このことに疑いの余地はない。福祉国家は、人々の生に内在する脆弱性に対して、そして資本制がもたらす脆弱性に対して、一人ひとりの個人では果たすことができない防御を、人々が大規模に連帯することによって可能にする制度である。他方で、その福祉国家もすでに一定の歴史を刻むことで、それが抱える問題が露呈するようになり、様々な批判が提示され続けている。移民問題において如実に表現されるように、社会保障制度が適用される範囲はどこまでなのか、つまり誰が福祉国家の恩恵を被り、誰がそれから排除されるのかという問題がある。この線引きの問題は福祉国家の問題であると同時に、連帯そのものが内包する問題でもある。人々が連帯するとき、連帯から排除される者たちがかならず生み出される。連帯は、連帯の内部と外部を生み出すからである。

あるいは動機づけの問題がある。福祉国家は連帯の制度ではあるが、制度として確立されているがゆえに、強制的で権力的な表情を見せ、福祉国家が連帯の制度であるという事実が見えにくくなる。そのとき、福祉国家を支えるために連帯的に振る舞おうという動機が持続しがたいものとなる可能性がある。しかし、ならば、どのようにすれば連帯への動機づけが可能になるのだろうか。福祉国家の外部、つまり社会における連帯に訴えるにしても、それがすでに衰弱し、枯渇しているかもしれない。福祉国家という制度的連帯は、社会に蔓延する個人主義、経済至上主義、排外主義を跳ね返すことができるほどの生命力を保ち続けているだろうか。

だが、他方で、次のような言い方もできる。福祉国家は、個人主義、経済至上主義、排外主義が跳梁するこの世界にあって、なおも連帯が連帯として辛うじて命脈を保っている稀有な場所でもある。現在、福祉国家以外に、あるいは福祉国家を凌駕するほどに連帯が存在感を示す場所は、果たして存在するだろうか。連帯の衰退が事実であるとすれば、連帯の精神が本格的に宿る場所は福祉国家をおいてほかに存在しないかもしれない。とはいえ、そのことは、福祉国家的連帯が盤石であることをまったく意味しない。これまで見てきた通り、福祉国家そのものが様々な困難に包囲されているからである。

福祉国家は、このような両義性を帯びている。それゆえに、その消極的側面に注目するのか、それとも積極的側面に注目するのかに応じて、福祉国家に対する評価も大きく異なるものとなる。ここでは、どちらの側面から福祉国家を評価すべきなのかという問題を未決のものとして提示することができるだけである。一つだけ言えることは、たとえ現下の福祉国家が様々な不都合を抱えているとしても、そのことによって福祉国家が培いうるかもしれない連帯の可能な有り様を福祉国家とともに否定してしまうなら、おそらく、それは大きな損失に繋がるということである。

マルセル・モースは、その『贈与論』の結論部において、贈与に関する思考の射程を、社会保険のような現代の制度にまで延ばしてゆくことができると主張している[68]。あるいは、ティトマスは『贈与関係[69]』において、献血という匿名の制度において利他主義が果たす積極的な役割を探究したが、ティトマスがその際に依拠したのがモースの『贈与論』の思考なのであった。社会保障や福祉制度という土壌の下には、連帯の思考を豊かにする思想的な鉱脈が埋まっている可能性がある。それは、社会保障や福祉政策の主体が国家であるという理由だけで捨て去られてはならない類のものである。制度を介することによって成立する連帯が近未来においてなお必須であるとするなら、福祉国家という制度の下に埋もれているかもしれない連帯の可能性を掘り起こすことも試みるに値する課題であるように思われる。

第 5 章

現代における展開

連帯は現代社会においても可能だろうか。一方に、連帯は古い概念であって、現代社会を特徴づける概念としては時代遅れであると考える論者たちがいる。たとえば、ルーマンやエンゲルハートが、そうした論者である。他方に、それぞれの視点から、現代社会における連帯の可能性を模索する論者たちもいる。ベックは、リスクによって不安が共有されることに連帯の可能性を見る。ローティはポスト形而上学的な立場に立ちつつ、共感能力の拡大による連帯の拡大の可能性を説く。ヘクターは、合理的選択理論の立場から、合理的エゴイストも一定の条件のもとで連帯する可能性を指摘している。本章では、こうした多様な論者のテクストを読むことによって、連帯が成立するための条件に関する様々な視点と論点を学ぶことになる。なお、この章で取り上げられる種々の連帯論は、社会的連帯論の現代における展開であると考えることもできる。

1　連帯の困難

ルーマン

現代社会は、連帯の不可能性を予感させる様々な特徴を帯びる。そのため、連帯の成立について、あるいは連帯という視点から社会を捉えることについて、否定的な見解が提示されることがある。そのような見解を提示した論者として、まず、社会システム論者のルーマンを取り上げよう。ルーマンの連帯論は、「相互行為と社会の分化」という論考において示されている。ルーマンは、相互行為システム（Interaktionssystem）と社会システム（Gesellschaftssystem）とが分化してしまっているという事態を、連帯の不可能性を主張する際の基本的な根拠として採用する。ルーマンによると連帯は相互行為システムに依拠するのであるが、規模が拡大し複雑化した現代社会にあっては、相互行為システムは連帯の機能である社会統合に適したものではない。その理由は相互行為システムの成り立ちと関係している。ルーマンは次のように説明する。

> 相互行為システムは、その場に居合わせる者たちのあいだで形成される。相互行為システムは、人間たちが相互に知覚し、そのあとでコミュニケーションに入るや否や成立する。その場に居合わせていることが、そのシステム形成の原因であると同時に限界である。(1)

個人間の相互行為は、個人がその場に居合わせなければ始まらない。したがって、その場に居合わせることが相互行為システムを可能にする条件となる。しかし、同時に、その場に居合わせることは、相互行為システムの限界でもある。なぜなら、その場に居合わせない者とは相互行為を開始することができないからである。相互行為システムにはそのような条件が課されるから、その範囲はおのずと限定される。それゆえ、相互行為システムは社会システムと外延を同じくしない。なぜなら、特定の相互行為システムに居合わせない者、つまり特定の相互行為システムの外部にある者たちをも、社会システムは包摂するからである。また、現在、この社会システムは拡大し、「社会は世界社会になる」[2]。その結果、「社会システムと相互行為システムとの差異が一層鋭く浮かび上がる」[3]ようになる。相互行為システムの境界線が社会システムよりも小さいことは明らかであろう。連帯がその基礎を人々の相互行為にもつとすれば、相互行為システムと社会システムの分化が深まることで、「相互行為システムのうちに社会的連帯のための出発点を手に入れる可能性のすべて」[4]が打ち砕かれてしまうのである。

スティヤーヌは、連帯が相互行為に依存しており、相互行為システムの境界線を越えるものではないというルーマン的前提[5]に疑義を呈することで、連帯概念の無効化を回避しようとしている。もしルーマンの前提の通りであるとすれば、連帯は非常に身近なネットワークの外にまで拡大することはないはずである。しかし、この前提に対しては反論が可能であると、スティヤーヌは考える。一つには、次節で取り上げられるローティの連帯論の主張のように、人は、直接的に相互行為を行わない者たちの苦しみに反応し、その者たちを支援することがある。このような事態を連帯と呼びうるとすれば、連帯は相互行為システムの境界線を越えることになる。

もう一つには、情報メディアやコミュニケーション技術が発達し、相互行為と非相互行為との区別が曖昧になっている世界では、連帯が直接的な相互行為に依拠するという想定はミスリーディングである。私がテレビのルポルタージュ番組で見た異国の人物の惨状に心を動かされ、その人物を支援することに決めたとしよう。私は、その人物と面識もないし会話も交わしていない。

ということは、私はその人物と相互行為をしていないし、連帯もしていないことになるのだろうか。しかし、テレビ画面が映し出す映像によって私の心が揺り動かされ、その人物への支援が実際に行われている以上、相互行為と連帯が成立しているということも可能ではないだろうか。このような二つの視点から、スティヤーヌはルーマン的前提を批判するのである。

ただし、両者の視点の差異に注意すべきであろう。ルーマンは、おもに社会統合との関連で連帯を思考している。つまり、社会的連帯が主題となっている。他方、スティヤーヌの反論は、人間的連帯か政治的連帯に近い。遠くの見知らぬ他者の苦しみに反応することは、社会統合という視点から理解されるものではないだろう。そのかぎり、スティヤーヌの反論は必ずしも正鵠を射たものではない。とはいえ、スティヤーヌの反論は、社会的連帯が困難になっている現代社会においても他の種類の連帯は可能であることを示唆する点で、注目に値するものであるように思われる。

エンゲルハートの連帯論

次にエンゲルハートの「連帯――ポストモダン的視点」という論考を取り上げよう。その副題が知らせるように、エンゲルハートは現代をポストモダンの時代と理解しており、ポストモダン状況という視点から連帯の困難を明らかにしている。エンゲルハートは、人々が所属する共同体のなかで、その共同体に関する理解や様々な価値に関する理解が共有されているとき、人々のあいだに連帯が成立しやすいと考える。なぜなら、連帯は複数の人物による連帯である以上、その者たちが信じる価値や、その者たちが所属する共同体に関する理解が異質であるより共通している方が連帯は容易となると想定されるからである。エンゲルハートが挙げるアーミッシュのような共同体では、「連帯はあらゆるところに行き渡る」[6]。アーミッシュは、米国のキリスト教の一派で、電気や自動車を使わない伝統的で質素な生活様式を維持している人々である。アーミッシュのように人々が同じ価値観を共有し、同じ道徳的見解を共有し、同じ目標を目指す共同体であれば、人々のあいだに連帯は成立しやすいだろう。だが、ポストモダン状況においては、そのような「濃厚な連帯」[7]が成立する一枚岩的で同質的な共同体を想定するのは非現実的である。

ポストモダン状況では正反対の事態が成立する。エンゲルハートは道徳という文脈におけるポストモダン状況について、次のような説明を提示している。

ポストモダン状況というのは、啓蒙の希望、つまり道徳に関する一つの正統な構想や説明を正当化したいという啓蒙の希望が失敗したと、そして原理的に失敗したと気づくことにすぎないのではない。ポストモダン状況というのは、また、私たちの時代の道徳的多様性を承認することでもある。すなわち、連帯を説明することさえも論争的で不明瞭にする多様性を承認することでもある[8]。

ジャン＝フランソワ・リオタールは『ポストモダンの条件』において、ポストモダンを「大きな物語の終焉」によって説明した。エンゲルハートのテクストは道徳や連帯に関するものであるけれども、そこで述べられていることは、要は「道徳に関する大きな物語の終焉」である。ポストモダン状況においては、道徳や連帯を正当化する唯一の正統な物語が失効してしまい、道徳や連帯に関する多様な説明や理解が残される。そのうちの特定のどれかが、道徳や連帯を特権的に説明したり基礎づけたりすることができる別格の地位にあるわけではない。「正統な道徳的内容あるいは手引きを与えてくれる一つの普遍的な道徳的物語が存在しない[9]」状況が、ポストモダン状況なのである。

この道徳に関するポストモダン状況は、ケヴィン・ワイルズがうまく表現しているように、「倫理学における「ポストモダン・ジレンマ[10]」」を引き起こす。道徳に関する多様な理解・立場・理論が存在する多元主義的な状況にあっては、そのなかから一つを他に優先して選択する基準が存在しないため、どれかを選択することが困難になる。そして、このジレンマは、連帯の理解に関しても同じように生じる。連帯の意味に関して多様な理解が林立するだけではなく、それらのうちから一つを特権的に選択することが困難になるのである。このようなジレンマが連帯に関しても発生するのは、連帯にも道徳的な次元が含まれているからである。

他者と連帯して行為することは、善き生に関する特定の見解の内部で、その見解を通じて行為することである。厄介なことは、善き生とか、礼儀正しい振る舞いとか、善き道徳的性格とかいったことについての見方が一致しないことによって、人々が隔てられていることである。[11]

連帯が成立するためには、連帯する者たちのあいだで目的や価値が共有されていることが前提される。善き生とは何か、何が善き生なのか、あるいは、正義とは何かといった価値についての理解が共有されていなければならない。だが、ポストモダンの多元主義的状況にあっては、これらの道徳的問いに統一的な回答を与えることはできない。それにもかかわらず特定の立場から連帯を作り出そうとすれば、人々は多様な価値観をもっているのだから、その連帯に包摂されることを拒否するだろう。したがって、連帯を生み出そうとする試みによって、逆説的に、連帯の解体が、あるいは人々の分裂が発生してしまうことになる。ポストモダン状況においては多くの者たちに共有される共通の価値や道徳が存在しないことによって、連帯の成立が困難になる。

ワイルズによる批判

エンゲルハートの論考は、現代社会の根本的な特徴、つまり多元主義的な様相を捉えている点で、きわめて説得力があるようにも見える。しかし、だからといって、連帯の可能性を断念しなければならないのだろうか。ポストモダン状況を事実として認めつつも、連帯の可能性を信じる方向で論を展開する論者がいる。「非宗教的社会における連帯」という論考の著者ケヴィン・ワイルズである。ワイルズはエンゲルハートを批判するが、その批判を支える論点は、共同体をいかに理解するかということである。なぜなら「連帯の可能性と限界は、共同体の自己理解に直接に比例する[12]」からである。連帯が成立し拡大するかしないかは、共同体の成員がその共同体をいかに理解しているかということに大きく影響を受ける。エンゲルハート的な共同体理解が正当であるとすれば、そうした共同体はポストモダン状況にあっては希有であるから、連帯は成立しがたいことになる。だが、そのような共同体理解は正しいのだろうか。そのようにワイルズは反問するのである。

まず、エンゲルハートの共同体理解から見てみる。ワイルズによると、エンゲルハートは「共同体の非常に強い観念[13]」を想定している。エンゲルハートが共同体のモデルとして想定しているのは、アーミッシュのような共同体だからである。たしかに、このような共同体なら、生活上の指針だけでなく、人生の意味、世界の意味、存在の意味といった深い次元で人々を導くことができるかもしれず、そのことによって濃厚な連帯が可能になるだろう。他方で、そのような連帯は、社会全体、国家全体といった水準で実現することは不可能であろう。だが、このモデルは、共同体についての一つのモデルではあるが、唯一のモデルであるわけではない。このことは、エンゲルハートがポストモダン状況という前提で議論を展開している以上、強調されなければならない論点である。なぜなら、ポストモダン状況にあっては、共同体の概念についても多様な説明が存在しているはずであって、かつ、特定の共同体理解が特権的な地位にあってはならないからである。この点で、エンゲルハートは整合性を欠いている可能性がある。

このように考えると、エンゲルハートとは別の共同体理解に依拠する可能性が開かれる。つまり、境界線を厳格に設定するような共同体理解ではなく、共同体を「多孔性の境界線[14]」によって特徴づけるような共同体理解である。そのような共同体にあっては、特定の共同体の外部に存在する他者たちとの連帯もまた可能になるかもしれない。なぜなら、別の共同体に属している者たちとのあいだでも、「重なり合う価値、原則、あるいは、ある種の道徳的企てへの関与[15]」が成立する可能性があるからである。「様々な道徳共同体は、特定の問題（たとえば中絶）に関して団結するかもしれないし、より広い見解（たとえば人権）に関して連帯するかもしれない[16]」。

エンゲルハートは、連帯と共同体のノスタルジックなイメージを描き、それがポストモダン状況では不可能であると論じているように思われる。その発想に一定の真理が宿ることは確かであろう。そのようなノスタルジックな連帯が可能になる共同体は、おそらくほとんど存在しないはずだからである。だが、連帯と共同体をそのように限定的にイメージする必要はない。政治的連帯に関する章で触れたように、人は、自身が帰属する集団とは異なる集団と政治的に連帯することができる。また、人々は共同体を超え、国境を越えた連帯を生み出しうるし、現に生み出している。ポストモダン状況であったとしても、そのような方向で連帯の可能性を模索してゆく余地は残されているはずなのである。

2　リスク社会における連帯

リスク社会とは何か

ドイツの社会学者ベックは、その『リスク社会』（邦題『危険社会』）のなかで、現代社会に特有の新しい性格によって連帯が生み出される可能性に言及している。その新しい性格とはリスクである。ベックは現代社会をリスク社会（Risikogesellschaft）と見なしている。現代社会を特徴づけるリスクは、「境界を消滅させる」[17]。たとえば、私たちが経験したばかりの原子力のリスクを想起すれば、このことは理解しやすいだろう。原子力のリスクをまえにして、階級や所得や性別や年齢といった差異は無化され、多くの人々が等しくそのリスクに曝される。リスク社会に備わるこのような構造的特徴のゆえに、現代社会において新たに連帯が生み出されるかもしれない。そのようにベックは考える。もちろん、リスクは現代社会においてだけ確認されるものではない。リスクは太古から存在していたはずである。しかし、リスクは現代社会の顕著な特徴である。現代社会において「文明は自ら自身を危険に曝している」[18]からである。つまり、現代社会はリスクに曝されるよう「システム的に条件づけられている」[19]のである。現代社会は、産業あるいは科学技術によって自然を支配し、物質的豊かさを実現してきた。しかし、現代社会の根幹をなす産業や科学技術が進展すればするほど、それは同時に環境問題をはじめとするリスクを生み出す。現在の私たちが直面しているのは、「近代化に伴うリスク」であって、「近代化に伴うリスクは産業化のメカニズムによって否応なしに一括してもたらされる結果であり、産業化の進展とともにシステマチックに先鋭化する」[20]のである。

リスク社会の特徴を理解しやすくするために、ベックは、リスク社会を階級社会と比較する。分配のあり方が比較のポイントである。ベックは、階級社会における富の分配とリスク社会におけるリスクの分配を次のように対比している。階級社会は富の不平等な分配によって特徴づけられるのに対して、リスク社会はリスクの平等な分配によって特徴づけられる。もちろん、リスク社会においてもリスクが不平等に分配されるという一面は残る。たとえば環境不正義という名が表しているように、貧しい者たち、立場の弱い者たちが、気候変動や有害物質などのリスクにより多く曝され、より多くの被害を被る傾向がある。他方、富裕者たちは金銭の力で安全を買うことができる。「富の問題が上方への集中であるのに対して、リスクの場合は、下方へ集中している」[21]という違いはあるにしても、そのようなリスクの不平等な分配が存在している以上、「その限りにおいて、リスクは階級社会を解体させずに強化させている」[22]。このような事実は残る。

リスクと不安の連帯

だが、階級社会とリスク社会のあいだには明白な差異がある。リスク社会においては、階級社会を特徴づける境界線が意味を失うのである。なぜなら、誰でもがリスクに曝されるため、リスクをまえにして人々は平等になるからである。

近代化に伴うリスクの拡大によって、自然、健康、食生活などが脅かされることで、社会的な格差や区別は相対的なものになる。このことからさらに、さまざまな結論が導き出される。とは言え、客観的に見て、リスクは、それが及ぶ範囲内で平等に作用し、その影響を受ける人々を平等化する。(……)この意味ではリスク社会は決して階級社会などではなく、その危険状況を階級の状況として捉えることはできない。リスク社会の対立を階級の対立として捉えることもできない[23]。

このような認識から、「貧困は階級的で、スモッグは民主的である[24]」という印象的な表現が導かれることになる。リスクは人々を平等にする。「リスクを前にして、富める者も力を持つ者も安全ではない[25]」からである。しかし、階級の境界線だけが相対化されるのではない。原子力のリスク、気候変動のリスク、有害物質のリスクなどを念頭におけば明らかであるように、地域や国境といった境界線も相対化されてしまうのである。

リスク社会において、この「リスクの共通性」あるいは「危険の共通性[26]」が生み出される。リスクという一点において、貧富、性別、人種、地理的場所といった差異は相対化され、リスクに曝されているという共通性によって人々は結び付けられるのである。ここに、リスク社会に固有の連帯の可能性がある。それは不安からの連帯である。リスク社会では誰もがリスクを共有しているがゆえに、リスクに対する不安も共有される。現代社会は、前節で見たように多元主義や価値の相対化といったような特徴をもっている。このような多様性ゆえに、現代社会では遠心力が働き、連帯の不可能性、あるいは困難性が強調されるのであった。だが、そうした社会においてなお、そうした多様性や差異を相対化し、求心力を生み出す特徴が見出しうる。リスクとそれに対する不安が、そのような特徴なのである。リスクに対する不安のゆえに、人々は差異を超えて連帯することができる。とりあえず、そのようには言える。

だが、ベックは、不安からの連帯に関して明るい見通しをもってはいない。なぜなら、リスク社会における不安からの連帯は歴史的に新しいものであり、前例が乏しいため、どちらに転ぶか明らかではないからである。それゆえ、ベックは次のように問うことになる。

不安という連帯を生む力がどのように働くのか。不安の共通性はどれほどの負担に耐えられるのか。その共通性がどのような動機づけと行動エネルギーを生み出すのか。不安に怯える人々がつくる新しい連帯の行動形態はどのようなものか。不安のもつ社会的な力は個人の利害計算を打ち破れるのか。不安を作り出す危険の共通性は、どの程度妥協の可能性があるのか。それはどのような行動形態で組織されるのか[27]。

何よりも不安という感情は、連帯を掘り崩し、不可能にするような否定性をも帯びる。「(……)不安は、人々を不合理で、過激で、狂信的にするのだろうか[28]」。不安に駆り立てられた者たちは、ときに、スケープゴートを仕立て上げ、人々を分断し、社会をパニックに陥れることがある。したがって、不安には、連帯に向かう可能性がある同時に、連帯を無効にする可能性もある。

3 ローティの連帯論

反本質主義の連帯論

現代社会のように、多元性と差異が際立ち、それゆえ同質性が減小した社会においては、一般に人々の繋がりが衰退すると考えられる。なぜなら、同一性よりも差異が前景化するとき、自己と他者との同一視が難しくなるからである。そのような社会にあって、連帯は可能なのだろうか。『偶然性・アイロニー・連帯』のローティは、この問いに肯定的に答える。その点において、ローティの連帯論は、現代における連帯の可能性を提示しようとした試みとして相応の注意が向けられるべき対象である。しかし、ローティの連帯論が注目されるべき理由は、それだけではない。ローティは、反本質主義、反形而上学、反基礎づけ主義といった立場を標榜するが、これはいわばポストモダンの思潮とも共鳴する現代性を帯びた立場である。そのような立場から、連帯についてどのような語りを提示するのか、そのこと自体が興味を惹く論点となる。まずはこの点から、ローティの連帯論に接近することにしよう。

連帯論という文脈において、ローティの反本質主義や反形而上学が顕著に表現されるのは、ローティが人間的連帯という発想を拒絶するときである。それでは人間的連帯とは何か。

「人間的連帯」という言葉が意味しているものを伝統的な哲学のやり方で説明するなら、それは、私たち各人のうちには、他の人間存在のうちにも存するそれと同一のものと共鳴する何か——私たちの本質的な人間性——がある、と述べることである[29]。

従来の連帯観は、すべての人間が共通にもっているとされる人間的本質、人間的自然を基礎とするものであった。この人間的本質がもたらす類似性のゆえに、人々は自身と他者とを同一視することが可能になり、この同一化を土台として連帯が成立すると考えられてきた。だが、反形而上学、反本質主義の立場からすると、「人間には共通の本性があるという認識[30]」を出発点にして、連帯を論じることは許されない。それゆえ、ローティは次のように断定する。「私には「人間性そのもの」との同一化は不可能であるように思える。それは、哲学者が発明したものであり、人間が神と一体になるという観念を世俗化しようとする危険な試みにすぎない[31]」。共通の人間的本質、あるいは共通の人間的自然は、哲学者の発明した形而上学的な概念であって、したがって、人間的本質を共有する人類の一員であるがゆえに相互に連帯するという発想も形而上学に加担することに他ならない。それゆえに、ローティは人間的連帯という発想を退けるのである。

それなら、どのようにして連帯は可能になるのだろうか。ローティは歴史上の事例に言及して、この問いに答える。ナチスの迫害からユダヤ人を救出した者たちの動機が、その事例である。ローティは、ユダヤ人を救出した者たちの動機について推定するにあたって、次のように問うことから始める。「彼らは、ユダヤの隣人たちについて、同じ人間存在の仲間であるがゆえに救われるに値するなどと語っただろうか[32]」。そうではないとローティによると、多くの場合、そのユダヤ人が同じミラノ人の仲間であるとか、同じ組合や職業の仲間であるとかいった別の理由からなのである。ローティは推定する。

この事例は、まず、人類との一体化によって連帯が成立しているわけではないことを示す証拠として提示されている。つまり、ユダヤ人を救出した者たちは、ユダヤ人が自分と同じ人間であるとか、あるいは自分と同じ人間性を有しているとかいった理由から、ユダヤ人を救出したのではないということである。この事例は、同時に、それとは別の機制によって連帯が発生することの証拠としても提示されている。ローティによれば、「私たちの連帯の感覚が最も強くなるのは、連帯がその人たちに向けて表明される人びとが「われわれの一員」と考えられるときである[33]」。この「われわれ」の規模は、ミラノ人であるとか、組合の仲間であるとかいったものであって、したがって、その規模は人類よりかなり小さい。このようなローカルな範囲を超えるとき、連帯の感情は弱くなり、したがって連帯の成立は困難になる。

連帯の拡大へ

だが、そうだとすると、連帯の範囲は狭いままに留まることになるのだろうか。そうではない。「（……）私の立場は、私たちがいだく「われわれ」の感覚を、これまで「彼ら」とみなされてきた人びとに拡張しようとする試みと相容れないものではない[34]」とローティは述べ、連帯の範囲が拡大する可能性を擁護する。繰り返すなら、ローティ自身は、反本質主義の立場にあるから、人間性とか人類の共通性といったものに訴えることはできない。そのようなものに訴えずに、連帯をローカルな類似性の範囲を超えて拡大することは、いかにして可能だろうか。

ある種の連帯観によると、人々の連帯は、人種、宗教、習慣、言語などの類似性によって成立する。肌の色、信仰の対象、話されている言葉などの差異――ここでは伝統的な差異と呼ぼう――に即して人々のあいだに境界線が引かれ、類似している者たちは、境界線の内側にいる「われわれ」として表象され、反対に、類似していない者たちは境界線の外側にいる「彼ら」として排除される。前者が連帯の対象として、連帯の圏域に含まれることになる。このような伝統的差異を前提として連帯を構築するかぎり、連帯の範囲は拡大しないし、連帯の圏域の外部に排除された「彼ら」は、「われわれ」の関心の範囲外にあるものと見なされ続ける。しかし、こうした差異が相対化され、境界線が乗り越えられるなら、連帯の範囲は拡大してゆく可能性がある。つまり、「いま私たちがいだいているよりももっと広範にわたる連帯の感覚を創造する[35]」ことが可能になる。
とはいえ、「彼ら」と「われわれ」の境界線を相対化するために、普遍的人間性を持ち出すことは、ローティその人によって禁じられている。それでは、いかにして境界線は相対化されるのだろうか。ローティは苦痛と屈辱に注目する。これらによって、「私たちとはかなり違った人びとを「われわれ」の範囲のなかに包含されるものと考え[36]」ることが可能になるというのである。

（……）自分を種に属する他の者たちと一つにするのは共通の言語ではなく、苦痛を受けやすいこと、とくに、人間が動物と共有しない特別な種類の苦痛――屈辱を受けやすいということだけである[37]。

肌の色、宗教、言語、文化、国籍を異にする「彼ら」も、屈辱を受け苦痛を感じるという点で、「われわれ」と似ている。そのかぎり、それらの者たちを「われわれ」の一員と見なすことが可能になる。このような苦痛や屈辱を受けやすいという点に注目して連帯の境界線を引くとすれば、伝統的な差異に根差して引かれる連帯の境界線に比べて、その範囲は格段に拡大することになるだろう。そして、そのような拡大の運動はまだ完了していない。むしろ、それは、今後さらに促進されなければならない。なお、このような苦痛や屈辱に依拠する連帯は、苦痛や屈辱を細部に渡って描き出し、人々の心を揺さぶり動かす小説やエスノグラフィによって涵養されるのであって、伝統的な哲学はそれを果たすことができない。そのようにローティは主張する。

苦痛や屈辱に依拠するローティ的連帯は、先進国に住む「われわれ」の気分や振る舞いを、うまく描き出しているようにも見える。テレビ画面が僻遠の地の苦境に置かれた者たちを映し出すとき、私たちの多くは、国籍や文化や宗教の違いを超えて、その者たちに同情し、その者たちの生活が脅かされることのないよう願うことだろう。また、可能ならその者たちに支援の手を差し伸べたいと考える者もいるだろう。このような心の動き、そして、その動きによって生み出される行動を連帯と呼ぶことができるとすれば、ローティ的連帯は、現代の私たちの実体験に迫っているように思われる。そうだからこそ、ローティ的連帯はある種の説得力を帯びる。

ジェラスのローティ批判

ローティは他者の痛みや屈辱を連帯が成立するための条件と見なしたが、この主張自体は著しく突出したものであるわけではない。また、連帯の境界線を拡大することができるし、拡大してゆくべきであるという結論そのものも、取り立てて否定すべき主張であるようにも思われない。反本質主義とか反形而上学とかいった仰々しい道具立てにもかかわらず、ローティの連帯論は主張としては奇異なものではない。その点で、ローティの連帯論に反論する理由はないようにも思われる。とはいえ、連帯に関するローティの主張が、反本質主義、反形而上学という前提のもとで提示されている点に瑕疵を見る評者がいる。マルクス主義哲学者のノーマン・ジェラスがそうである。[38]

ローティの連帯論に関して最初にジェラスが指摘するのは、事実に関する誤りである。ローティは、人間的連帯を否定する事例として、ナチス時代にユダヤ人を救出した者たちを取り上げた。そして、ローティは、救出者たちが抱いていた動機を推定し、救出者たちは、普遍的な人間的本質を理由にしてユダヤ人を助けたのではないと結論づけた。これに対して、ジェラスは、ローティの推定を覆す証言を掘り起こしてゆく。つまり、自分と同じ人間であるがゆえにユダヤ人を助けたという救出者たちの証言を集めることによって、ローティが拒絶する人間的連帯が現に出現していたことを示そうとするのである。

これが事実にもとづく反論だとすれば、二つ目の反論は、ローティの思考における不整合を突くものである。ローティは反本質主義者であるから、人類共通の人間的本質にもとづく連帯は拒否される。そして、人間的本質なしでも連帯は可能であることを示すために、苦痛と屈辱の感情に注目したのであった。それらこそが、人種や宗教や文化の差異を相対化してゆくものに他ならないからであった。しかし、こうした痛みや屈辱を感じる能力が、人間に共通する能力であるとするなら、それは人間的本質のことなのではないか。そのような反論が成立する。

すでに引用したが、ローティによると「自分を種に属する他の者たちと一つにするのは（……）苦痛を受けやすいこと、とくに、人間が動物と共有しない特別な種類の苦痛――屈辱を受けやすいということだけである」[39]。苦痛を受けやすいことは人間だけに特徴的なものではなく、感覚能力をもつ動物にも当てはまるだろう――そうであったとしても人間全般に共通していることは間違いない――が、屈辱を受けやすいという性質は「人間が動物と共有しない特別な種類の苦痛」である以上、それこそまさに人間に固有の性質あるいは人間的本質だと考えることもできる。そうだとすれば、ローティは、連帯の可能性の条件として、すべての人間に共通する特徴（この場合は苦痛と屈辱）を想定していることになる。ローティは、反本質主義を標榜しつつ、密かに人間的本質を導入している。これが、ジェラスによるローティ批判の要点である。

ここで注意すべきは、この批判はローティによる論証の誤謬を指摘するものであって、ローティの結論を否定するものではないということである。他者たちの苦痛や屈辱のゆえに、様々な境界線を越えて連帯せよというローティの結論そのものが否定されるわけではない。争点となっているのは、様々な伝統的差異を越えて連帯が成立するためには、何らかの性質が共有されることを前提するかどうかである。ジェラスは、そのような共有された性質があると考える。ローティの場合も苦痛や屈辱の共有を前提としていた。そして、そのことがジェラスによってローティの不整合として批判されたわけである。ジェラスが指摘したように、おそらくローティの論証には瑕疵がある。だが、ローティが提示した結論そのものは、今日における連帯の可能性を考える上で重要な参照対象となるはずである。

フレーザーのローティ批判

ローティは「われわれ」の境界線が拡大するのにともなって連帯が拡大する可能性を模索したが、このローティ的連帯論の基礎にある「われわれ」に警戒感を示す論者がいる。ナンシー・フレーザーである。フレーザーによると、この「単一のわれわれ」は、「社会空間を同質化する」(40)。そのような事態は、政治的に極めて重大な、そして危険な帰結をもたらす。この批判を理解するためには、あらかじめローティの政治的な立場を一瞥しておく必要がある。

ローティは、自身の立場をリベラル・アイロニストと呼んでいる。ローティの意味でのアイロニストは以下のような人物である。

私は、自分にとって最も重要な信念や欲求の偶然性に直面する類の人物——つまりそうした重要な信念や欲求は、時間と偶然の範囲を超えた何ものかに関連しているのだ、という考えを棄て去るほどに歴史主義的《ヒストリシスト》で唯名論的な人《ノミナリスト》——を、「アイロニスト」と名づけている。(41)

ローティの意味でのアイロニストは、自身の信念や欲求が歴史的偶然によって作られたものにすぎず、それゆえ基礎づけることができないこと、また、それらが唯一絶対の存在ではないことを自覚している人物である。そのようなアイロニストによって標榜されるリベラルとは、どのような立場のことだろうか。この場合のリベラルについて、ローティは次のように説明している。「私は「リベラル」という言葉の定義をジュディス・シュクラーから借りている。シュクラーの謂いによれば、残酷さこそ私たちがなしうる最悪のことだと考える人びとが、リベラルである」[42]。しかし、リベラル・アイロニストは、このリベラルな信念に対してもアイロニストとして構える。つまり、残酷さこそ最悪のことであるというリベラルな信念もまた、歴史的偶然によって形成されたものであり、基礎づけることができないことを、リベラル・アイロニストは自覚している。それにもかかわらず、そのようなリベラルな信念にもとづき、残酷さが消滅することを希求する者、それがリベラル・アイロニストなのである。

リベラル・アイロニストとは、このような基礎づけえない欲求の一つとして、人が受ける苦しみは減少してゆくであろうという、そして人間存在が他の人間存在を辱めることをやめるかもしれないという、自らの希望を挙げる者のことである[43]。

そして、この希望が単なる希望に止まるのではなく現実のものとなるために、リベラル・アイロニストは、「ブルジョア・リベラル社会の制度のようなものによる保護[44]」を要請することになる。ローティが拡大することを目指す「われわれ」は、人々の苦痛や屈辱がなくなることを希望するリベラルな者たちからなる「われわれ」であると、フレーザーは考える。そして、フレーザーは、リベラルな「われわれ」のみを連帯の範型とすることを批判する。なぜなら、そうした「われわれ」とは異なり、ときにそれに対抗する複数の「われわれ」による連帯の可能性が消失するからである。対抗する複数の「われわれ」の可能性が消失するとき、連帯は、ブルジョア・リベラリズム的な連帯へと縮減され、一元化される。「(……)ローティの枠組みにおいては、対抗的諸連帯に根差した真にラディカルな政治的言説のための余地が存在しない」[45]。フレーザーは、そうしたラディカルな政治的言説として、たとえばフェミニズムや社会主義の名を挙げている。

独裁体制や全体主義体制の社会と比較すれば、リベラルな社会は相対的に良い社会であるかもしれない。しかし、だからといって、選択肢はリベラルな社会だけしかないということにはならないはずである。そもそも、リベラルな社会の諸制度それ自体が、様々な苦痛や屈辱を生み出している可能性も十分に考えられる。そうである以上、リベラルな社会の、あるいはリベラリズムの枠組みそのものが問われなければならず、そのことが可能であるためには、リベラリズムに対抗する思考が存在しているのでなければならない。

フレーザーの論考から、ローティの「われわれ」の一元性に孕まれる危険性について学ぶことができる。しかし、この種の危険性は、ローティの連帯論に限定されるものではない。連帯は構造的に「われわれ」と「彼ら」とのあいだに境界線を引く。この境界線によって生み出された「われわれ」は、いかなる存在として捉えられるべきだろうか。異質性を保ったまま「われわれ」を生み出すことはできるだろうか。連帯をめぐる、もう一つの困難な問題が差し出されることになる。

4　合理的選択と連帯

合理的選択理論

最後に、ヘクターの集団連帯の理論から様々な論点を学ぶことにしよう。ヘクターの連帯論の特徴、あるいは現代性はどこにあるだろうか。それは方法論にある。「合理的選択理論の基盤にたった集団連帯の新しい理論[46]」、あるいは「集団連帯に関する合理的選択理論[47]」といった言い方で、ヘクターは自身の理論的な立場を説明している。ヘクターの連帯論が依拠している合理的選択理論は、経済学をはじめとする現代の社会科学において存在感を大きく増している立場である。それでは、合理的選択理論とは、どのような立場なのか。ヘクターの説明を援用する。

行為のさまざまなコースから選択する際、個人は利用可能な所定の情報とその処理能力の範囲内で、自分の効用を最大化する行為のコースを選択すると仮定されている。いいかえれば、もっとも好まれている目標を、もっとも効率よく達成するような行為のコースが選択されるのである。こうした説明では大半の場合、合理的な個人は首尾一貫した仕方で目的を意識し、効用を最大化し、ときには長期的な視野をもって行動すると仮定されている[48]。

便益と損失の計算をし、便益を最大化するような選択を行うことが合理的選択である。合理的選択理論は、個人がこうした選択を行う存在（合理的エゴイスト）であると想定する。「合理的選択によるあらゆる説明は、個人行動に関する明確な仮定を置いている。つまり通常、行為者は合理的なエゴイストだとみなされる[49]」。このような合理的エゴイストとしての個人という想定のもとで、人々の行動を説明し、様々な社会問題を分析しようとするのが合理的選択理論である。

ただし、個人を合理的エゴイストとして描くことは、連帯論の通念からすると疑念を招きかねない。通常、連帯するということには、連帯する者が自身の所属する集団の目標や価値を実現することに関与し、その実現のための負担を引き受けることが含まれるが、合理的エゴイストとしての個人は、そのような負担を引き受けようとするだろうか。個人が合理的エゴイストなら、負担はできるだけ他の成員に担ってもらい、自身は、他者たちの負担によってもたらされる恩恵に浴すことを目指すのではないだろうか。要するに、フリーライダーであることを選択するのではないだろうか。しかし、すべての個人がフリーライダーとなることを選択すれば、連帯は不可能となり、個人に恩恵を与えてくれるはずの集団が解体してしまう。合理的エゴイストという想定はこのような疑念を招くのであるが、この想定のもとで、はたして連帯は可能なのだろうか。

合理的エゴイストの連帯

このような疑念に対して、ヘクターは、各人が合理的に――つまり自己利益の最大化を目指して——振る舞っても連帯は成立すると答える。ヘクターはまず、人々が集団を作る理由について考えるところから説明を始める。

> 人びとは、欲しいけれども個人単独ではまったく供給できない、あるいは効率的には供給できない財、つまり共同で生産できる財（これ以降は、共同財とよぶ）を獲得するために、集団に参加するのである。[50]

この引用には、本書が幾度か確認してきた連帯の条件が記されている。つまり、この世界には、一人では手に入れることができないものがあり、それを手に入れるためには他者と協働するほかないという事実が記されている。だからこそ、人々は他者と連帯し、それを手に入れようとする。その点で、連帯を、単に人々が繋がることとして捉えるだけでは十分ではない。連帯するということには、協力の負担を引き受けることが含まれるからである。ヘクターは、連帯のこの側面を義務という視点から理解しようとする。

> 義務とは、代償ないしは対価なしの貢献を意味している。人びとが集団の成員であるということで、自分の私的な資源の一部を寄与するように義務づけられているとき、それは人びとが私的な資源を集合的な資源の利用と交換しているのだとみることができる。[51]

人々が集団を作るのは、集団が生み出す共同財を手にするためであった。そうである以上、集団がその共同財を生み出すことができるように成員は貢献しなければならない。このような貢献――共同財を手に入れるために私的資源を差し出すこと――を行うことが、義務の意味するところである。ヘクターは、義務は税のようなものであると言っている。個人は、なるべく税を払いたくない。しかし、税を払うことは国家のサービスを手に入れるために必要なことであるがゆえに、義務として引き受けられる。それと同じように、集団が課す義務も、個人に共同財を提供してくれる集団が維持されるために必要なことであるがゆえに引き受けられる。このように、集団は、集団に貢献するよう個人に義務を貸す。そして個人は、集団に貢献するために義務に従う。この義務に従うことを通して個人が集団に貢献する関係こそが連帯である。

連帯の強弱

連帯を義務という視点から定義することは、連帯を理解するための新しい論点を理解することに通じる。連帯の強弱という論点である。

このように集団の連帯は、二つの独立要因の関数である。一つめは、集団に対する義務の範囲であり、二つめは個々の成員が義務にじっさいに従う程度である。これら二つを一緒にして、初めて連帯の諸要素を定義することができる。集合的な目的に寄与させられる各自の私的資源の割合が、平均して大きくなればなるほど、集団の連帯は強くなるのである。[52]

個人に課される義務の範囲が広く、それに従う個人が多いほど、連帯は強い。反対に、課される義務の範囲が狭く、それに従う個人が少ないほど、連帯は弱い。ここで、義務の範囲をa、義務に従う成員の比率をbとすると、連帯の強弱は「連帯＝$f(ab)$」[53]という関数によって表現することができる。実際、すべての集団が同じように連帯を実現するわけではない。たとえば、伝統的な宗教的戒律のもとで生活する集団のように、強い連帯を示す集団が一方に存在する。他方、多くの集団が示す連帯はもっと弱い。また、国家のような大規模な集団においても、ある国家では比較的強い連帯が示されるのに、別の国家はそうではないことがある。[54]

強い連帯の条件

それでは、集団の連帯を強めるためには、どうすればよいのだろうか。ヘクターは、集団連帯を強める方法を二つ挙げている。「連帯は、依存とコントロールが、一体化して効果をもつ場合にのみ達成される[55]」。まず依存から見てゆく。依存とは、所属する集団に対する個人の依存のことである。個人は、共同財を手に入れるために、その共同財を生産する集団に所属するのであった。つまり、個人は、共同財を手に入れるために、その集団とその成員たちに依存しなければならない。その依存の度合いが強ければ強いほど、個人に課される義務も広範囲に及ぶものとなるだろうから、連帯は強くなる。それでは、集団への依存度はどのような場合に高まるのだろうか。ヘクターは四つの場合を挙げている(56)。

一つは、代替集団にアクセスできない場合である。当該の共同財を生産する集団が他に存在しなければ、あるいは、存在したとしても、それにアクセスすることができなければ、成員は特定の集団に依存せざるをえなくなる。第二に、代替集団に関する情報が欠如している場合である。他の集団についての情報が手に入らなければ、他の集団に依存するという選択肢は生じない。第三に、移動の費用が高くつく場合である。代替集団に鞍替えするための費用を高くすれば、成員は他の集団への移動に躊躇し、当該集団に止まろうとするだろう。第四に、成員間の紐帯である。特定の集団に所属していると、その成員たちのあいだに社会的な繋がりが生み出される。このような繋がりは、当該の集団に所属することによってのみ入手できるものであるから、そのような繋がりを欲する者は、その集団に依存することになる。

このような条件が揃うとき個人の集団に対する依存が高まるとしても、だからと言って、すべての成員が、集団の課す義務を遵守するとはかぎらない。合理的選択理論の想定によれば、集団の成員は合理的エゴイストなのであった。合理的エゴイストは、自身が共同財の生産に貢献しなくとも、それを消費することができるのであれば、そうしようとするはずである。財の生産は他の成員に任せ、自身は消費だけしようとするわけである。このようなただ乗りは、合理的な計算が導く合理的な結論であろう。しかし、全員がそのような選択をするとき、共同財の生産は不可能となる。それゆえ、集団はただ乗りの問題を解決しなければならない。つまり、全員が集団の課す義務を遵守するように取り組まなければならない。この課題をうまく果たせている集団は連帯が強くなり、それに失敗している集団は連帯が弱くなる。したがって、集団連帯にとっては、成員が義務を遵守するようにコントロールできるかどうかが死活問題となる。「コントロールが存在しない場合、集団連帯などまったくの空想の産物といったところであろう[57]」。このコントロールこそ、連帯を強めるためのもう一つの方策である。

サンクションと監視

コントロールは、サンクションと監視の二つの経路を通じて発動する。サンクションは、報酬のようなポジティブなものと、罰のようなネガティブなものとがある。成員が義務に従う場合は報酬を与え、それに従わなかった場合は罰を与えることによって、集団は成員を義務の遵守に導くことができる。したがって、集団は、サンクションを適切に分配するメカニズムを編み出さなければならない。同時に、サンクションを与えるためには、成員が義務に従っているかどうかを正確に探知することができるのでなければならない。それゆえに、コントロールは監視を必要とする。サンクションも監視も、それを維持するためには、高いコストを払う必要がある。成功した集団は、コントロールのコスト問題をうまく切り抜けることができた集団であろう。

集団連帯の理論によれば、フリーライダーや逸脱者の数を減らすための手段は、コントロールだけである。このことから、コントロール費用を節約する機構が、成功した集団の大半に広くみられるはずだ、という予想が導かれるのである(58)。

コントロールによって連帯が実現されるという発想に対しては、人はコントロールされなくとも義務に現に従っているという反論がありうるだろう。人々は規範を内面化し、社会化されることで、みずから進んで規範に従うと想定する者たち――ヘクターは規範論者と呼ぶ――が、そうした反論を提示するに違いない。しかし、この想定は、ヘクターからすると錯認にもとづいている。「社会化は、フォーマルなコントロールの代替物であるどころか、それ自身がコントロールの産物なのである。コントロールが取り除かれると、規範の内面化も消滅する(59)」。規範の内面化こそ、サンクションと監視を通じて実現されるものだということである。規範の内面化が成功しているということは、コントロールがうまく機能していたということの証拠なのである。

ヘクターの限界

詳しく触れることはできないが、以上のようなヘクターの連帯論は、現代の様々な現象を説明してくれる。たとえば、福祉国家が発達すると、家族や地域社会による福祉供給が衰退してしまうのはなぜか、あるいは、連帯が強い社会と弱い社会があるのはなぜかといった問題が、サンクションと監視という視点から巧みに説明される。このような意味においても、連帯論に対するヘクターの貢献は大きいと言えるだろう。

ただし、ヘクターの連帯論には、ある重要な視点が欠落しているように思われる。たとえば、ヘクターの連帯論は次の問いに答えることができるだろうか。連帯を促進すべきなのか否か。促進すべきだとしたら、どのような連帯を促進すべきか。このことを福祉国家の問題に即して確認してみよう。福祉国家の登場によって家族や地域社会の連帯が弱体化する可能性がある。この問題をめぐってさらに問いを深め、たとえば家族や地域社会における連帯と福祉国家における連帯のどちらを促進すべきなかという問いを立てることができる。その答えは様々でありうる。共同体主義やアナキズムなら、地域共同体における連帯の弱体化を嘆き、その強化の必要性を主張するかもしれない。福祉国家に世界史的価値を見出す論者なら、福祉国家的な連帯を擁護するかもしれない。このように連帯に関して対立した見方が鬩《せめ》ぎ合うとき、どの見方を選択すべきなのかという問いのまえに人は立たされることがある。これは、連帯に関する、いわば価値の水準での問いであると言ってよいだろう。少なくとも『連帯の条件』においては、この価値の水準に関する思考は本格的に展開されていないように思われる。

さらに、ヘクターその人が認めていることであるが、ヘクターの理論では、「自然発生的な仲間意識・共感という意味の連帯[60]」を説明できない。こうした連帯は、災害後のコミュニティ、組合活動などで現れてくるものであるが、「朝露のように突然消えてなくなる」[61]類のものである。こうした連帯意識、連帯感のようなものは、合理的エゴイストの功利計算によって、あるいは、サンクションや監視によって生み出されるものではないだろう。そうした制度化される以前の、あるいは制度化に回収されない連帯は、別の視角から分析される必要がある。そのように考えると、ヘクターが光を当てたのは、多面的な存在である連帯の一面であることになる。

とはいえ、繰り返すなら、合理的エゴイストの連帯が可能であることを示し、様々な事象を説明する道を開いたヘクターの連帯論の意義は大きい。なぜなら、連帯論には人間の共同性や利他性を強調する傾向があるが、人間はいつも共同性や利他主義にもとづいて生きているわけではないからである。純粋に利他主義な人間像を想定しなくとも連帯について分析しうるという視点を確保したことは、その意味で斬新なことであったと言える。しかし、人間が合理的エゴイストという一面を備えていることは確かであるが、人間は完全な合理的エゴイストとしてだけ生きているわけでもない。そのことも事実である。そうだとすると、連帯論を構築するにあたって、どのような人間像が想定されるのかが、一つの論点として浮かび上がってくる。人間をどのような存在として捉えるべきなのだろうか。連帯論が答えるべき難問が残されている。

連帯論と現代

以上、本章では、現代における連帯論の展開が辿られた。ここで取り上げられた連帯論は限定的なものである。たとえば、フランクフルト学派の論者であるユルゲン・ハーバーマスやアクセル・ホネットの連帯論も比較的有名であるが、ここでは取り上げることができなかった。ハーバーマスやホネット以外にも、管見が及ばないところで様々な連帯論が展開されているはずである。とはいえ、ここで言及された論者たちの主張が、現代における連帯の問題を考えるうえで重要な論点を提示したものであることは間違いがない。

本書で触れた連帯論に共通しているのは、現代においては連帯の成立が困難であるという認識であろう。ルーマンやエンゲルハートは、その認識から連帯の不可能性という結論を導いた。他の論者は、連帯の可能性を、あるいは連帯が拡大する可能性を射程に収めた議論を展開しているけれども、それらの議論といえども、連帯が成立することを自明視したり、そのことを当然の前提としたりするような議論ではないだろう。むしろ、そうした立論の底には、連帯は困難であるがゆえに、その困難をいかにして回避するのかという認識が潜んでいるように思われる。

他方で、連帯という視点から、現代社会の様々な問題に関与し、解決しようとする思考群も存在している。続く二つの章で見るのは、そのような思考である。第6章では、現代のカトリックにおける連帯論が、第7章では連帯経済における連帯論が取り上げられる。これらの連帯論は、現代社会において連帯が積極的な意義や価値をもつと主張する。それらは、連帯の根拠をどこに求めるのだろうか。連帯にどのような希望を託すのだろうか。順に見てゆくことにしよう。

第6章

キリスト教の連帯論

本章では、キリスト教の伝統において積み重ねられてきた連帯概念の系譜が辿られる。もしかしたら、キリスト教と連帯という二つの語の組み合わせは意外なものだと感じられるかもしれない。たしかに、連帯の語が頻繁に使用される主だった文脈が政治運動や社会運動である以上、そのような印象は間違ったものではない。だが、キリスト教と連帯概念との結びつきには相応の歴史があり、同時に、その結びつきは存外に強固なものでもある。一方で、キリスト教の様々な概念が、連帯の語を準備する役割を担ったという側面がある。他方で、キリスト教、とりわけ現代のカトリックは連帯の語を「輸入」し、それを繰り返し積極的・系統的に用いているという側面もある。この章では、カトリックの社会教説を中心に、キリスト教が連帯の語を導入する経緯と論理が見届けられることになる。

1　愛から連帯へ

宗教的なものと連帯

宗教と連帯という組み合わせは、奇妙なものであるように見えるかもしれない。なぜなら、宗教と連帯のあいだには、ある種の遠さや隔たりが存在しているからである。通常、宗教は、個人の魂の救いに関わる営みだと考えられるから、そのベクトルは個人の内面に向かうとイメージされるだろう。他方、連帯は、世俗的な社会生活に関わるものであるから、そのベクトルは個人の外部に広がる社会空間に向かうとイメージされるだろう。両者の方向性の差異は、たしかに宗教と連帯とが隔たるかのような印象を生み出す。

だが、宗教と連帯は近しい。宗教は信仰共同体において営まれる。おなじ信仰対象を有する者たちを結びつける働きが宗教にはある。宗教と連帯という文脈では、宗教を表す西洋語の religion の語源を巡ってなされた考察が、宗教と連帯の関係を理解するための助けとなるだろう。この思考の系譜の一つは、キリスト教神学者ラクタンティウスに由来する。ラクタンティウスは、宗教の語源を「結びつき」によって説明しようとした。religion はラテン語 religio に由来するが、ラクタンティウスは、religio の語源を ligare（結びつける）に求める。つまり、religio という語がもともと意味しているのは、神と人とをふたたび（re）結びつける（ligare）ことなのである。もっとも、この語源解釈は、たとえばエミール・バンヴェニストにおいてそうであるように[1]、一般に否定されている。しかし、この解釈は、宗教の性格を照らす照明にはなる。神と人間とが結びつき、そのことを媒介として人間同士が結びつくこと——それを宗教と呼ぶことは、それなりの妥当性を有していると思われる。

もちろん、人間は宗教的対象として神のみと結びつくのではない。神が占める場所に、宗教的なカリスマが位置することもある。教義がそうかもしれない。あるいは特定の物や場所かもしれない。そうした多様性があるにもかかわらず、同じ対象を信仰する者たちの結びつきによって宗教的共同体が成立することは、宗教に関する根源的事実の一つであるように思われる。そうであるなら、宗教が信仰者の共同体によって支えられるかぎり、宗教を成り立たせている契機として連帯を見出すことは、相応の妥当性をもつのではないだろうか。

さらに、宗教は、信仰者の共同体の内部に成立する連帯によって特徴づけられるだけではない。多くの宗教が、貧しい者たちに手を差し伸べ、信仰者の共同体の外部での助け合いの仕組みを構築してきたはずである。たしかに、宗教の主要な課題の一つは個人の内面的な救いではあろう。しかし同時に、社会によって生み出される苦しみを取り除くこともまた、宗教によって絶えることなく営まれてきた取り組みであろう。宗教のこのような側面に注目するなら、宗教と連帯とは存外に近い場所に位置していることが分かる。

この章では、宗教のうちでもキリスト教、とりわけ現代のカトリックにおける連帯論が主題となる。もちろん、キリスト教以外にも、仏教やイスラームなど様々な宗教のうちに、連帯に関係する教義や実践を見出すことができるだろう。だが、ここではおもに現代のカトリックに照明が当てられる。現代のカトリックこそが、連帯の語を系統的に発展させてきたからである。また、現代のカトリックと連帯概念の出会いは偶然的なものではないからである。カトリックは、連帯概念をその教義のなかに積極的に取り込み、その中心的原則として統合したが、すでにカトリックの思考のうちに、そのことを可能にする枠組みが用意されていたとも言えるのである。

連帯を準備するもの

キリスト教は、その教義に含まれる四つの要素によって、連帯概念の登場を準備していた(2)。その四要素とは、アガペー、慈愛、友愛、兄弟愛である。だからこそ、連帯概念が誕生したのちに、現代のカトリックはその概念をみずからの教義の中心へと招き入れることができた。ここでは、そのようなスティヤーヌの解釈に従うことにしよう。

第一の要素であるアガペーは、神が人間に向ける無償の愛のことである。アガペーは、人間たちのあいだでの慈愛（charity）の模範となる。つまり、神が人間を愛するように、人間たちはお互いを愛さなければならない。これが第二の要素である。慈愛は、「隣人愛の実践としての慈善行為・活動をも表す(3)」。人間同士の慈愛が実践される典型的な場面は、貧しい者たちへの施しなどであろう。第三の要素である友愛（fraternity）は、初期のキリスト教の修道士たちに遡る。家族において、人は他者たちと様々なものを分かち合う。それと同じように、修道院においても、修道士たちのあいだで分かち合いが成立しなければならない。これを成り立たせるのが友愛である。第四の要素が兄弟愛（brotherhood）である。人類はすべて神の子として互いに兄弟姉妹であるという発想にもとづくのが、兄弟愛である。友愛や兄弟愛という発想は、愛の対象を拡大し、家族や血縁という狭い関係を超えたものに仕立てあげるだろう。アガペーや愛が利他性や無償性を強調するものだとすれば、友愛や兄弟愛は、普遍性あるいは包摂性とでもいうべきものを強調するものだと言えるかもしれない。

このような愛の問題圏から連帯の問題圏に辿りつくのに、長い距離を歩む必要はない。連帯には利他性が含まれるだろうし、近親者の狭い領域を超えた普遍性の要素も含まれるだろう。そのかぎり、キリスト教の教義は連帯との親和性を有する。だが、それだけでは何かが足りない。たとえば、貧しい者たちに手を差し伸べることについては、それは愛の実践としての慈善行為であると言えば事足りる。それを連帯と名指すには、何かが決定的に欠落している。それは何だろうか。それは社会的次元である。ふたたび、貧しい者たちへ手を差し伸べることを例に取ろう。貧しい者たちに手を差し伸べるだけなら、それは慈善行為である。だが、その貧しさが、社会構造や経済構造によって生み出されていると想定しよう。その場合、貧しい者たちを貧しさから解放するためには、この構造そのものを変革することが必要となる。社会的次元とは、そのようなことである。貧しい者たちへ手を差し伸べることをこの社会的な次元で理解するとき、それを連帯と呼ぶことも可能になるであろう。反対に、そうした次元を離れてしまうなら、わざわざ連帯の語を用いる意味が失われてしまう。そうであるとすれば、キリスト教の教義にこのような社会的次元が組み込まれるとき、連帯の語がキリスト教の教義に統合される条件が整うと言うこともできるだろう。しかし、そのような事態は実際にありうるのだろうか。

社会教説とは

結論から言えば、カトリックはその教義のなかに社会的次元を実際に組み入れたのである。社会的次元に関わる教義は、社会教説（social teaching）と呼ばれている。社会教説とは「社会に関する教会の教えの体系」[4]のことである。社会教説は一種の社会理論であると言える。しかし、社会教説は社会科学のような社会理論とは異なっている。たしかに、社会教説も社会科学の成果を援用する。だが、カトリックの社会教説の基本にあるのは、さきに見た愛の思考である。神が人間を愛するように人間同士は愛すべしという視点から、社会についての思考が展開される。それゆえ、社会教説は「信仰の社会的次元」[5]とでも言うべきものであって、社会科学的な社会理論とは色合いを異にする。また、社会教説は、愛の思考にもとづいて、様々な社会問題を理解し、解決しようと努める。その意味で、それは実践的な性格を帯びた理論でもある。

社会教説は、様々な文書に記された思考から組み立てられているが、社会教説に対して大きな影響を及ぼしているのは、歴代の教皇たちの回勅《かいちょく》に記されたテクストである。回勅とは、教皇が世界のカトリック信者に向けて発表する書簡のことであり、そこでは、信仰、道徳、社会問題などに関する見解が述べられる。回勅の原文にはラテン語が用いられており、回勅の冒頭のラテン語の二語か三語が、回勅の事実上の題名として扱われる。

レオ一三世の『レールム・ノヴァルム』以来、歴代の教皇たちは、しばしば回勅のなかで社会問題に言及し、カトリックの立場からその問題に対してどのように応答すべきであるか、メッセージを発し続けてきた。そのメッセージが、カトリックの社会教説の骨格をなす。回勅では多様な社会問題が取り上げられているが、繰り返し言及されているのは、資本制がもたらす貧困問題と、発展途上国における貧困問題の二つである。これらのトピックについては、のちに触れる。

第二バチカン公会議

この社会教説のうちに連帯の概念が登場することになる。その下地となる決定的な転回点が存在した。ヨハネ二三世によって召集され、パウロ六世のもとに引き継がれた第二バチカン公会議（一九六二―六五年）が、それである。公会議とは聖職者たちの最高会議のことであり、そこでは教義の問題や規則の問題などが議論され、決定が下される。決定はカトリックの全信者に影響を与える。前回の公会議から三〇〇年ぶりに開催された第一バチカン公会議（一八六九―七〇年）は、教皇の不可謬性が宣言されるなど、護教的な色合いが強かったと言われている。これに対して、第二バチカン公会議では教会の現代化が目指された。山田経三の整理を借用すると、第二バチカン公会議では、開かれた教会、対話の教会、貧しい人々を優先する教会へと教会のあり方を刷新することが目指されたのである。[6] とくに、貧しい人々を支援することがカトリック教会の基本方針として確定されたことは、連帯論という文脈では重要である。[7]

このような社会的コミットメントへの方向転換に関しては、第二バチカン公会議が発表した文書の一つである『現代世界憲章』において以下のように記されている。

この聖なる教会会議が教会の教えの宝庫から取り出して述べていることは、次のことを目的としている。すなわち、神を信じる人、神を明白に認めない人を含むすべての現代の人々が、その召命の十全的な側面をますます明らかに理解し、世界を人間の崇高な尊厳にいっそうふさわしいものとし、より深い基礎をもつ普遍的な兄弟愛を求め、愛に駆られた寛大な共同の努力によって現代の緊急な要請にこたえるように、彼らを助けることである。(8)

世界を人間の尊厳に相応しいものへと変革すること、そのために現代の課題に応えること――このような社会的コミットメントという課題をカトリック教会はみずからに課した。そして、カトリックのこの大転換が、連帯の語をキリスト教の教義に導き入れる下地となったのである。

キリスト教と連帯の原理

連帯は、文字通りにカトリックの社会教説の核心に位置している。社会教説全般を解説した『教会の社会教説綱要』において、そのことを確認することができる。『教会の社会教説綱要』によると、社会教説には、それを支える四つの原理がある。共通善の原理、財貨は万人のためにあるという原理、補完性の原理、連帯の原理である。共通善は社会の構成員全員に共通する善であって、この共通善を実現する責任が各人にあるとするのが共通善の原理である。財貨は万人のためにあるという原理は、私有財産といえども、それを万人の利益となるように用いられなければならないとする原理である。補完性の原理は、より高位の集団は下位の集団の自由や主体性を奪ってはいけないが、しかしそれを補助する姿勢をもたなければならないという原理である。

連帯の原理は、個人間、民族間、国家間に相互依存の関係が成立していることを確認するだけでなく、その関係を倫理的で社会的なものに変えることを目指す原理である。そのためには、ときに貧しい者たちのために自己犠牲的に振る舞うことも要請される。このような「連帯の極み」[9]として提示されるのが、イエスの生き方である。このように、連帯は、他の三つの原理とともに、カトリックの社会教説の中核に位置している。別の言い方をすれば、連帯に言及することなくカトリックの社会教説を語ることはできないということである。次節では、連帯の語が社会教説に統合されていくプロセスを、おもに歴代の回勅に即して辿ることにしよう。

2　社会教説における連帯

回勅における連帯論の先駆

回勅の社会論的転回とでも言うべき動きの嚆矢となったのは、レオ一三世によって一八九一年に出された『レールム・ノヴァルム』である。資本制の自由主義的な擁護と、資本制の社会主義的な乗り越えという大きな対立軸が成立していた時代にあって、この回勅は、労働者の境遇に関するキリスト教の立場を鮮明にした。この回勅では、私有財産を全廃し共有化しようとする社会主義の立場が明確に拒否されている。階級闘争も混乱を生み出す有害なものとして拒絶される。

一方、その本性を剝き出しにした資本制の擁護に対しても、この回勅は批判的である。社会に調和をもたらすため、次のような提言が記されている。労働者を奴隷扱いしてはならないとか、労働者を金儲けの手段として用いてはならないとか、年齢や体力に釣り合った適正な労働を課し、適正な賃金を払うべきであるとかいった提言である。適正な賃金に関しては、「質素で行ないの正しい労働者が生きていくに充分な賃金を支払わねばならない[10]」ことが正義の法則として提示されている。また、労働組合の結成も権利として認められている。このような提言の基礎にあるのは、貧しい者たちの側に立ったイエスの生き方である。この姿勢を社会的次元に適用することで、この回勅は社会教説のその後の流れを決定づける重要な一歩を踏み出したのである。

『レールム・ノヴァルム』が公にされてから四〇年後の一九三一年、ピオ十一世は『クアドラジェジモ・アンノ』を著した。この回勅は、『レールム・ノヴァルム』の基本主張を踏襲すると同時に、それに向けられた疑念に答えることによって、『レールム・ノヴァルム』よりも踏み込んだ主張を提示している。たとえば、適正な賃金の問題について、「まず、労働に、本人とその家族とのくらしを立てるに足るだけの賃金を支払わなければならない[11]」と述べられている。『レールム・ノヴァルム』では、労働者の生活を維持する最低限の賃金水準が謳われていたが、ここでは、労働者とその家族の生活を維持する最低限の賃金水準が提案されている。なお、これらの回勅には連帯の語は登場しない。しかし、これら二つの回勅で用いられる友情や社会的愛という語は連帯という概念を事実上先取りするものであったと、ヨハネ・パウロ二世は述べている[12]。そうであるとすれば、これらの回勅は社会教説における連帯論の先駆であることになる。

連帯の語の登場

『レールム・ノヴァルム』から七〇年目に当たる一九六一年、ヨハネ二十三世によって著されたのが『マーテル・エト・マジストラ』である。すでに触れた通り、ヨハネ二十三世は第二バチカン公会議を召集したことで知られる。その『マーテル・エト・マジストラ』は、各国語訳において連帯の語が初めて登場する回勅となった。その点で、この回勅は連帯論の歴史において期を画すものである。連帯の語は、たとえば「労使間の相互関係は、人類連帯とキリスト教的四海同胞の原理にのっとって規整されなければならない[13]」といった文言にあるように、四海同胞、つまり兄弟愛と並列して用いられる例がある。あるいは、「農民はお互いに連帯の念をいだき協同組合・同業組合を結成しなければならない[14]」とか、「万人を結んで同一の家族員とする連帯精神は、豊かな国家に、国民が貧困・悲惨・飢餓に苦しみ基本的人権さえも認められない後進国に無関心でいることを許さない[15]」という文言から判断すると、この回勅は、相互の繋がり、相互協力という意味を連帯に担わせていることが分かる。

ヨハネ二十三世の最後の回勅となったのは『パーチェム・イン・テリス』(一九六三年)である。連帯論という文脈で注目すべきであるのは、政治難民の受け入れというトピックに関して連帯の語が用いられていることである。

この機会に喜びをもって、人間的な連帯やキリスト教的愛によって動かされ、他の社会へ移住する人々の試練を緩和しようと尽力している諸事業に対して、公に承認と称賛を表明したいと思います[16]。

ヨハネ二十三世の回勅においてもグローバルな格差の問題が触れられていたが、この問題を本格的に取り上げたのはパウロ六世の『ポプロールム・プログレシオ』（一九六七年）である。連帯の概念は、世界がより良いものとなるために――それゆえ発展途上国の貧困問題が解決されるために――豊かな国々が果たすべき義務（連帯性の義務、社会正義の義務、普遍的愛徳の義務）という文脈で導入される。グローバルな貧困問題という文脈でいえば、連帯は国家間に、諸国民間に成立しなければならない。また「富める国は、進歩の途上にある国を助けなければなりません[17]」と述べられているように、連帯の語は、人類の一体感という抽象的な水準を超えて、他者を支援する行為として用いられている。この「世界の連帯性[18]」は、キリスト教の兄弟愛に根ざす。人間は神の子であるがゆえに兄弟であり、互いに愛し合わなければならない。人類の一員であることによって生じる「人間的連帯性[19]」のゆえに、豊かな国々は貧しい国々を支援する義務を負う。

連帯の語の深化

『レールム・ノヴァルム』から九〇年後、一九八一年にヨハネ・パウロ二世が『ラボーレム・エクセルチェンス』（邦題『働くことについて』）を発表し、そこで労働が主題としてふたたび取り上げられた。連帯論という文脈で注目すべきは、労働者の連帯という語が登場したことだろう。まず、一九世紀における労働者の闘い、すなわち労働条件の改善や搾取に抵抗するための運動を説明する文脈で、労働者の連帯に言及されている。「この反対運動は、深い連帯を特徴とする共同体形成に向けて労働世界を団結させました[20]」。さらには、そうした連帯が今日もなお求められることが確認されている。「世界の各地で、各国で、国と国の間で社会正義を実現するために働く人の連帯、そしてまた、働く人との連帯のいつも新しい運動が起こってくる必要があります[21]」。

このように、働く者たちが、相互に助け合い、みずからのために団結することが、「社会秩序と連帯[22]」のための建設的な要素となる。言うまでもなく、労働者の連帯という語は、連帯の理論史においては定型句であって珍しいものではない。しかし、回勅においては、この語の使用は忌避されてきた。その理由は明白だろう。労働者の連帯という語は、カトリック教会が敵対していた社会主義陣営の語彙に属すものだったからである。そのような語がこの回勅において登場したわけだから、それは大きな変化であっただろう。その背景には、ヨハネ・パウロ二世がポーランド出身であり、ポーランドの労働組合運動「連帯」――それは現存する社会主義体制に対する批判者であった――との繋がりのあったことが挙げられると、スティヤーヌは推測している[23]。

ヨハネ・パウロ二世によって一九八七年に発表された『ソリチトゥード・レイ・ソチアーリス』（邦題『回勅真の開発とは』）は、開発の概念をキリスト教的に説明し直すものである。そこでは、連帯は人々のあいだに相互依存が成立しているという事実の水準を超えて、規範の水準へと、つまり倫理の水準へと高められており、キリスト教の徳として明確に位置づけられている。「連帯はいうまでもなく、キリスト教の求める徳の一つです(24)」。しかし、この場合の連帯は、単純に他者を愛することにすぎないのではないことに注意しなければならない。

これまで言及してきた「邪悪なメカニズム」ならびに「構造的な罪」は、教会がわたしたちに求め、教会自身も休むことなくその進展に尽くしてきた人間的、キリスト教的連帯の遂行によってのみ克服され、征服されうるものです(25)。

連帯は、「邪悪なメカニズム」や「構造的罪」を克服するという文脈で用いられているのである。つまり、社会制度や社会構造が生み出す悪を解決するという視点から、「貧しい人々を選びとる愛、連帯感(26)」が強調されている。したがって、社会制度や社会構造の変革に関与することが、一個の徳として掲げられたことになる(27)。

『レールム・ノヴァルム』発表から一〇〇周年の一九九一年に、ヨハネ・パウロ二世は『チェンテジムス・アヌス』（邦題『新しい課題』）を公にした。ここでは、連帯という語は、キリスト教の中心的な発想を表す語として用いられている。なぜなら、神が人間を作ったのは連帯を実現するためだと述べられているからである。「他者との連帯と交わりの関係――このためにこそ、神は人をおつくりになったのです[28]」。人間は、連帯するよう神から呼びかけられているのである。

このようにして、連帯は、貧困や戦争、差別といった様々な社会問題の解決に向けて、キリスト教徒が身につけるべき徳、態度、生き方を意味するまでになった。そのことによって、連帯の語は社会教説の内部に体系的に組み込まれ、その中核に位置するまでになったのである。

その後の展開

ヨハネ・パウロ二世以降の展開にも一瞥しておこう。ベネディクト十六世によって二〇〇九年に発布された回勅は、『カリタス・イン・ヴェリターテ』（邦題『回勅 真理に根ざした愛』）である。この回勅においては、経済と連帯との関係について踏み込んだ指摘がなされている。「教会の社会教説においては、友情、連帯、相互扶助という真に人間的な社会関係が、経済活動の外部、もしくはその「後」だけでなく、経済活動の中においても実践することができると主張されます[29]」。つまり、経済活動の内部で連帯や相互扶助が実践されなければならないのである。今日の市場経済においては、利潤の追求が経済活動の主要な動機となっているが、経済の領域は、同時に「相互扶助の原則を基礎とし、社会のための目的を追求する商業団体が根を下ろし、自己表現する場[30]」でなければならないのである。このようにして、利潤追求を超えた相互扶助的な経済の可能性が、連帯の概念とともに示唆されている。ちなみに、ベネディクト十六世は、教皇に就任するに先立って、バチカン教理省長官時代に「『解放の神学』の若干の側面にかんする指示通達」（一九八四年）を公表し、解放の神学に対する批判を展開したことで知られる。この件は次節で触れる。

最後に、現在の教皇であるフランシスコの用法を一瞥しておく。回勅ではないが、二〇一三年の『使徒的勧告　福音の喜び』という文書をまずは取り上げる。教皇が公布する文書のなかで最高位にあるのが回勅であるとすれば、使徒的勧告はその次に位する文書である。使徒的勧告は、四年に一度開催されるシノドス（世界代表司教会議）のあとに出される。シノドスにおいて討議された内容は教皇に具申される。それにもとづいて教皇が執筆するのが使徒的勧告という文書である。『福音の喜び』の発布に先立って、二〇一二年に第一三回シノドスが開催されている。

この文書の注目点は、今日の経済が生み出す社会問題に新たな視点から照明を当てたことである。排除という視点がそれである。これまでの回勅でも貧しさや権利の抑圧という社会問題が強調されてきたが、この回勅では社会からの排除に注意が促されている。そして、この排除ゆえに、今日の経済のあり方が拒否される。

「殺してはならない」というおきてが人間の生命の価値を保障するための明確な制限を設けるように、今日においては「排他性と格差のある経済を拒否せよ」ともいわなければなりません。

この経済は人を殺します。路上生活に追い込まれた老人が凍死してもニュースにはならず、株式市場で二ポイントの下落があれば大きく報道されることなど、あってはならないのです。これが排他性なのです[31]。

ある者が救いの手も差し伸べられず路上で死んでいかなければならないこと、あるいは、その状況が放置されていること――このことは、その者の存在が黙殺されることであって、そのとき、その者の存在は「廃棄物」、「余分なもの[32]」と見なされ、社会から排除された存在として扱われている。このように、貧困や格差の問題が、排除という視点から捉え返されることになる。そうであればこそ、排除に抵抗する姿勢として、「もっとも困窮している人々に対する連帯と配慮[33]」の必要性が強調されるのである。これまでも、貧しい者たちとの連帯は強調されてきた。だが、この回勅において連帯は、排除に抵抗するための、それゆえに社会的包摂のための関与という新たな意味合いを獲得することになる。

フランシスコは、二〇一五年に回勅『ラウダート・シ』を出した。この回勅では、エコロジー問題が主題となっている。フランシスコ以前にも環境問題に言及した回勅は存在するが、『ラウダート・シ』はエコロジー問題に焦点を合わせた回勅である点で異彩を放つ。連帯論の文脈で興味深いのは、あらゆるものが繋がっているという認識である。「すべてがつながっているといくら主張しても主張しすぎることはありません[34]」。自然のなかで生命は相互に繋がっている。そして、自然と社会も繋がっている。そのような繋がりの網の目のなかで、人間の生命は営まれている。そうであるなら、ある問題を切り出し、隔離して思考することはできない。ここから、環境問題と社会問題は連動するという認識が導かれる。「人間環境と自然環境はともに悪化します。人間や社会の悪化の原因に注意を払うことなしに、環境悪化に適切に立ち向かうことはできません[35]」。環境問題を考えることは社会問題を考えることを必然化する。

この認識は、もっとも貧しい者たちへの連帯をも必然化する。なぜなら、環境問題の影響をもっとも被るのは、貧しい者たちだからである。このような「貧しい人々と地球の脆弱さとの間にある密接なかかわり[36]」のゆえに、環境問題への取り組みは、貧しい者たちと連帯することとして捉えなおされることになる。さらに、エコロジーと連帯との密接な絡み合いは、時間的な視点からも理解される。つまり、それは世代間の連帯というかたちで主題化されるのである。地球環境は神によって無償で与えられた贈り物である。それだから、この世界は一部の者たちによって所有されてはならず、他者たちと分かち合うべきものである。この他者たちのうちには、未来の世代も含まれる。このような論理で「世代間の連帯[37]」という語が導入されている。

このように、連帯の語は、様々な回勅において繰り返し用いられ、その意味を豊かにしてきた。それだけではない。そのプロセスを通じて、連帯の語は、カトリックの社会教説の基本原理として、その中心に位置づけられるようになった。連帯は、貧しい者たちのために生きなければならないという現代カトリックの基本方針を端的に表す言葉なのである。ある意味で、現代のカトリックは、連帯の語をもっとも忠実に用い、そのことによって連帯の語をカトリックの色に染め上げたと言えるのかもしれない。

とはいえ、連帯の語を育んだ土壌には、社会主義あるいはマルクス主義に由来する養分が含まれていたことを忘れてはならない。貧しい者たちとの連帯という発想は、社会主義やマルクス主義にもその根をもっている。それだから、連帯の語には、カトリックが忌避する社会主義やマルクス主義の痕跡が深く刻まれている。その痕跡を消し去ることは容易ではない。連帯の語を用いるとき、その痕跡が思わぬかたちで表面化することがある。事実、貧しい者たちと連帯するとはいかなることかという問題をめぐって、カトリックの内部で一個の対立が発生したが、その対立は、連帯概念に刻まれた社会主義的・マルクス主義的な痕跡とは無縁ではなかった。その対立の一方の当事者が、次節で検討する解放の神学である。

3 解放の神学と連帯

解放の神学とは

すでに見てきたように、第二バチカン公会議が大転換点となり、その後のカトリック教会のあり方は大きな変貌を遂げた。つまり、社会問題への積極的な関与が前景化したのであった。この方向性を鮮明に打ち出す潮流が、カトリックの内部に成立する。解放の神学（liberation theology）である。解放の神学において、神学と解放という異質に見える二つの言葉が出会い、結合する。そのような稀有な、とはいえある意味で必然的な結合は、その起源を一九六〇年代のラテンアメリカにもつ。事実、解放の神学という語が広まるようになるのは、「解放の神学の父」[38]と呼ばれたペルーのグスタボ・グティエレスが『解放の神学』を上梓して後のことである。

さて、解放とは一般に、貧困や抑圧に苦しむ者たちを窮状から救い出すことである。もし、この貧困や抑圧が社会構造によって生み出されているのだとすれば、こうした状況からの解放は、当然にも、貧困や抑圧を生み出す社会構造の変革を要請する。このような解放を旗印とする以上、解放の神学が政治性を帯びることは避け難い。グティエレスは言う。

今日では、我々が論じている連帯と抗議とは、そこに解放が含まれる限り、不可避に明らかに「政治的」性格を帯びてくる。抑圧される者とともにあるということは、抑圧する者に抵抗することである。[39]

カトリックの神学がこのような明白に実践的・政治的な性格を獲得するにまで至った背景には、ラテンアメリカにおける過酷な貧困状況や抑圧状況があった。そのような社会において、キリスト教徒はどのように生きなければならないのか、キリスト教徒として相応しい生き方はいかなるものか。そのような反省的思考に促され、解放の神学が台頭してくる。そして、この問いに解放の神学が与えた答えが、貧しい者たちとの連帯であったのである。

この回答が明確に示されたのが、一九六八年にコロンビアのメデジンにおいて開催された第二回ラテンアメリカ司教会議であった。この会議では、ラテンアメリカにおけるカトリック教会のあり方について議論がなされたが、その成果は、決議文である「メデジン文書」に記されている。その文書では、ラテンアメリカに蔓延る「制度化された暴力ともいうべき不正[40]」にキリスト教徒が直面していること、それゆえに、キリスト教徒には「苦しんでいる人々と連帯する義務[41]」があることが確認されている。

解放の神学の三つの側面

解放の神学を提唱した多くの論者がいるが[42]、おもにグティエレスが著した『解放の神学』、ボフ兄弟による『入門 解放の神学』などを参考にして、連帯という視点から解放の神学を概観しよう。それでは、解放の神学の輪郭をどのように描いたらよいだろうか。ここでは、解放の神学の構造について三つの側面から検討したボフ兄弟の解説を援用する。すなわち、社会分析、聖書解釈、実践という三つの側面である。

解放の神学には、第一に社会分析という側面がある。解放の神学は、解放という視点から神学を再構築しようとする。いうまでもなく、解放は、貧しい者たち、抑圧された者たちを、貧しさや抑圧の状況から解放することである。それが解放の神学の主題なのだとすれば、貧しさや抑圧を生み出す現実について正しく知る必要がある。そのことを可能にするのが、社会分析という側面である。もう一つの側面は聖書解釈である。つまり、解放という視点から聖書のテクストに照明を当て、それを再解釈することである。「抑圧された者の視点から、聖書全体を吟味すること。これが解放の神学によって用いられている解釈学、あるいは独特の解釈（読み方）である[43]」。もちろん、このような聖書解釈は、単なる解釈の問題にとどまるわけではなく、次の第三の側面である実践に結びつく。つまり、解放という視点から聖書のテクストが解釈されることによって、「聖書のもつ変革する力を再び発見[44]」することに通じてゆく。第三に、実践という側面がある。「『行動へ戻れ』、これがこの神学の特徴的な呼びかけである。それは、戦闘的で、献身的で、解放をめざす神学であることを追求しているのである[45]」。このようにして、貧しさからの解放という視点は、キリスト教神学の性格づけに大きな変更を迫るものとなる。

貧しさと連帯

しかし、なぜ貧しい者たちと連帯しなければならないのだろうか。解放の神学は、貧しい者たちと連帯する根拠について、どのように考えるのだろうか。

貧しい人々とともに、不正によってつくり出され強いられてきた貧困と闘うときにのみ、私たちはこれら貧しい人々の側にいるのだ。抑圧された者との連帯における奉仕とは、苦難のキリストのために行う愛の行為であり、また神を喜ばせる礼拝でもある[46]。

このボフ兄弟のテクストによると、貧しい者たちと連帯することは、同時にキリストのための行為、神を喜ばせる行為でもある。とすれば、連帯そのものが宗教的な意味を帯びる。キリスト教の信仰を共有しない者の目には、このような発想は特異なものに映る。この発想を理解するには、貧しさとは何か、貧しい者とは誰なのかという問いについて理解を深めなければならない。

ふたたびボフ兄弟の考えを見ておく。彼らは貧しい人々を二種類に分ける。一つは社会・経済的に貧しい人々である。もう一つは福音的貧者である。前者は「生存に必要な手だて——食料、衣服、住居、基礎的保険、初等教育、仕事を欠いているか、あるいは奪われた人々[47]」である。これは、一般的に思い浮かべられる貧困者であろう。ここで注意すべきことは、まず、これらの貧困者が社会システムによって生み出されているということである。また、この貧困者には、人種差別や性差別によって貧困に追い込まれている者たちも含まれるので、この場合の貧困者は、古典的なマルクス主義がおもに念頭におくプロレタリアートよりも範囲が広いということである。

このような貧しい者たちは、なぜ貧困から解放されなければならないのだろうか。解放の神学は、この問いにキリスト教的に答える。「人々の貧困という状況は、神ご自身に対する挑戦である[48]」。なぜなら、神は、人々が不当な貧困や抑圧によって苦しむことを望んではいないからである。また、「貧しい人々は神によって、またキリストによって優先されている[49]」。人々が貧困や抑圧状態に置かれることは、神の意に違《たが》う。それこそが、貧しい人々と連帯する根拠となる。

福音的貧者

貧しい者のもう一つのカテゴリーは、福音的な貧者である。福音的貧者は経済的に貧しいわけではないし、この世の物質的な豊かさのもつ意味を軽視するわけではない。だが、それを追い求めたりはしない者たちが福音的貧者である。

すなわち、これらの人々は、自分を第一とせず、人生の意味や安心や活動をこの世から利益を得ることや、富、栄誉、権力、栄光を積むことのなかに見いださず、むしろ、感謝のうちに神にたいして心を開き、他者に（自分を憎む者にさえも）私心なく仕え、すべての人が価値ある人生を送れるようその手だてを考え出す人のことである(50)。

福音的貧者はキリスト教の教えにしたがって、他者のために仕えることを厭わない人々である。人々が経済的な貧困に陥ることを神が許さないのなら、福音的な貧者は、その意にしたがって貧しい人々と連帯する。貧しい人々と連帯すれば、結果として自身が経済的に貧しくなることもあるだろう。しかし、そのような経済的貧しさも厭わないのが福音的貧者なのである。

社会的・経済的には貧困でないにもかかわらず、貧しい人々への愛と連帯の心から、貧しい人々とともに解放と正義を求め、不正な貧困と闘うため、自らを貧困にする人たちは最高レベルの福音的な貧者である[51]。

それゆえに、解放の神学は「すべてのキリスト者が福音的な貧者になることを理想とする[52]」という。いうまでもなく、イエスの生き方が福音的な貧者の範型となる。

こうして、貧しい者たちと連帯することはキリスト教徒の本来的な生き方であるがゆえに、キリスト教徒はそうしなければならない。つまり、貧しい者たちのために献身するような生き方が規範化されるのである。このような論理によって、解放の神学は貧しさのうちに宗教的な意味を見出し、貧しい者との連帯をキリスト教徒の模範的な生き方として描き出したのである。

マルクス主義と神学

解放の神学においては、このようにして、貧しい者たちとの連帯が神学的に根拠づけられる。しかし、解放の神学は、その全体が神学的な要素からのみ成り立っているわけではない。さきに解放の神学の要素としての社会分析と実践について言及したが、それらの要素は神学的な要素と両立するだろうか。

社会分析の方から見ていこう。抑圧の現実を知るためには社会分析が必要であり、社会分析は理論によって可能になるという主張そのものは、至極当然のことを述べているように思われる。だが、この主張が解放の神学という文脈に置かれるとき、一つの争点が生み出される。解放の神学は、抑圧の成立メカニズムを分析し理解しなければならない。それでは、抑圧のメカニズムを理論的に分析するために、どのような理論が用意されているだろうか。神学の内部で自前の理論装置を生み出すことができないのなら、それを神学の外部から借用しなければならない。しかし、それはどのような理論であろうか。

　解放の神学は、マルクス主義や従属理論[53]を援用した。マルクス主義は、いうまでもなく搾取や階級支配といった問題の分析に長けた理論であり、そのような視点から貧困問題を分析する。その意味で、マルクス主義が貧困問題を分析するための道具として用いられることは、ある種の必然性と必要性がある。だが、マルクス主義は唯物論と無神論の立場に立つから、マルクス主義を援用することは、キリスト教の基本的な枠組みに対して鋭い緊張関係をもたらすはずである。ボフ兄弟は次のように述べることで、カトリックの信仰とマルクス主義的分析の両立可能性を示唆する。「そういうわけで解放の神学は、マルクス主義を純粋に一つの道具として用いる。解放の神学は、福音を重んじるようにマルクス主義を重んじたりはしない[54]」。だが、そのような純粋な分析道具としてのみマルクス主義を用いることはできるのだろうか。

　実践の側面についても同じような問題が生じる。抑圧された者たち、貧しい者たちを解放するためには、社会構造の変革が必要とされる。グティエレスはこの変革を階級闘争という視点から考える。貧しい者たちと、彼らを支配する者たちとのあいだに階級闘争が存在している以上、貧しい者たちの立場からこの闘争に関与することによって、社会変革を成し遂げる必要があるというのである。さらに、グティエレスは、「階級闘争は事実であり、この問題に中立の立場はありえない[55]」とも述べる。貧しい者たちの立場に立つか、彼らを抑圧する者たちの立場に立つのか、二者択一しかないということである。解放の神学は、対立の一方に加担し、貧しい者たちの立場に立つ。だが、このような発想は、キリスト教の普遍的愛と齟齬をきたすのではないだろうか。そのような疑問も生まれるはずである。グティエレスその人は、キリスト教的な普遍的愛と階級闘争とは両立すると主張している。なぜなら、被抑圧者の立場に立ち、被抑圧者を解放するために階級闘争を闘うことは、抑圧という非人間的状況の廃棄を目指すことであるため、非人間的状況から抑圧者自身を解放することでもあるからである。それだから、被抑圧者とともに階級闘争を闘うことは、最終的にすべての人間を解放することに繋がるというのである。

解放の神学とバチカン

だが、マルクス主義の理論と用語を導入することによって、キリスト教的な連帯の思考は無傷でいられるのだろうか。ある種の立場からすれば、そのような懸念も生じる。事実、そうした懸念を表明し、解放の神学を批判したのが、のちにベネディクト一六世に即位するヨゼフ・ラッツィンガーであった。一九八四年にバチカン教理省は、長官であるラッツィンガー枢機卿の名で、

「『解放の神学』の若干の側面にかんするバチカンの指示通達」を発表した。この文書では、解放の神学という表現は妥当な表現であるとして容認されたが、「マルクス主義思想のさまざまな潮流から借用した諸概念を十分な批判的検討を加えることなしに用いる、ある形態の解放の神学に注意を喚起する」[56]という立場が示されている。どのような点が批判の対象となったのだろうか。この指針においては以下の三点が強調されている。[57]

1　還元主義――福音のメッセージが、経済的、社会的、政治的圧迫からの解放だけに還元される危険性

2　マルクス主義的分析の利用――無神論の危険性、個人の権利と尊厳を否定する危険性

3　階級闘争との同一視――正義のための闘争が、階級闘争、暴力的変革として理解される危険性

要は、キリスト教とマルクス主義という水と油の関係にあるものを無理に結合すれば、カトリックの教義がマルクス主義によって汚染されるということである。

一九八六年に、解放の神学に関するカトリックの公式的見解であると目される教書『自由の自覚』が公表された。この教書では、解放の神学に対する批判のトーンは弱められている。この教書は、キリスト教における解放の本義は死と悪からの解放であることを確認し、地上の解放につ

いても、その実現の希望を共有すると述べる。[58] それゆえ、バチカン側からすると、解放の神学は全面的に批判されているのではなく、「民衆の信仰心の持つ力を取り上げ、単なる地上的な解放計画へと誤導する」ものや、「世間の主義主張やいわゆる暴力必要論に屈する」ものだけが批判されていることになる。[59] もちろん、解放の神学が批判されたからといって、連帯概念が放棄されるわけではない。『自由の自覚』も、解放のために連帯が必要であると説く。

連帯は、人間的に見ても信仰の目で見ても人間同士が兄弟となるために不可欠な要件です。貧しい人々同士の連帯、富んでいる人たちに求められる貧しい人々との連帯、労働者同士の連帯、労働者との連帯など、新しい共同戦線が張られなければ、今日の深刻な社会経済問題は解決できません。国家も、いろいろな団体、組織も、広く連帯の運動に参加すべきです。このような連帯を世に訴えるからには、教会はこれが特別自分にもかかわることだと自覚しています。[60]

マルクス主義や階級闘争という要素を排除し、貧しい者たちとの連帯という発想を保つこと――これが解放の神学に対する批判を経由したのちに残った社会教説の連帯論のかたちである。[61]

4　社会教説の外部へ

連帯論の齟齬

これまでの叙述から分かる通り、カトリックは、現代において連帯の思想を広く深く展開した勢力の一つである。カトリックの社会教説は、時々の社会問題に応答しながら、そのたびに連帯の意味を拡張してきた。そのため、社会教説における連帯の用法はかなりの包括性を帯びている。それでは、社会教説の連帯論から、キリスト教の信仰を共有しない者は何を学ぶことができるだろうか。あるいは、どのような課題を見出すことができるのだろうか。ここでは、二点を記すにとどめたい。一つは、連帯概念を実践的に用いる場合に焦点化する齟齬の問題であり、もう一つは、連帯の根拠の問題である。順に見てゆく。

キリスト教の連帯論は、二つの議論の系統から成り立っているように思われる。一方に、兄弟愛に連なる連帯論の系譜がある。人間は神の被造物、神の子であるがゆえに、互いに愛し合わなければならない。このような発想から導かれるのは、普遍性を志向する連帯論であろう。連帯の根拠は、神の被造物としての共通性に求められるから、連帯は、性別、人種、国籍、階級といった差異を超えて、人類全体へと拡大する。このような連帯は、本書の分類で言えば、人間的連帯のキリスト教的バージョンだと言える。また、この場合、連帯という語によって、統合や調和という側面が強調されることだろう。なぜなら、連帯を駆動しているのは愛だからである。そのかぎり、社会教説の連帯論は社会的連帯の系譜に連なる一面を有している。

他方に、貧しい者たちとの連帯という議論の系譜がある。もちろん、この議論の背景にも愛の発想がある。だが、貧しい者たちとの連帯は、そうした愛の問題圏に収まるものではない。貧しい者たちとの連帯は、社会構造が生み出す貧しさからの解放を目標とするものでもあるから、それは社会構造の変革という問題圏に足を踏み入れるものである。その点に注目するなら、貧しい者たちとの連帯は、本書の分類で言えば、政治的連帯のキリスト教的バージョンだと言えるだろう。それゆえにまた、貧しい者たちとの連帯が何らかの政治性を帯びることは避けがたい。

この二つの議論の系譜は、突き詰めてゆくと齟齬をきたす可能性がある。前者は、人間的連帯や社会的連帯の一種であるから、統合や調和に重点を置く。他方、後者は政治的連帯の一種であるから、常にというわけではないにしても状況次第では対立や闘争という契機を強調することになる。同じ連帯という言葉が用いられているにもかかわらず、調和や統合が強調されることもあるし、対立や闘争が強調されることもある。とすると、「貧しい者たちとの連帯」という標語のもとで、ある者たちは調和や統合を主張し、別の者たちは対立や闘争を念頭におくという事態が十分に起こりうるのである。これが、二つの議論の系譜が引き起こす齟齬である。そして、このような齟齬は、解放の神学とその批判という形態で実際に生起したと解釈することができる。ただし、解放の神学論争においては、この齟齬はマルクス主義と神学との緊張関係として理解されていた。そのため、解放の神学を批判する側は、マルクス主義的な要素を排除することで、「貧しい者たちとの連帯」が孕む政治性を中和しようと目論んだのである。

しかし、事はそれほど単純ではない。「貧しい者たちとの連帯」からマルクス主義的な要素を排除しても、それによって「貧しい者たちとの連帯」という問題設定が帯びる政治性を脱色することはできない。なぜなら、この問題設定は、基本的に、貧しさを生み出す社会構造の変革を要求するからである。連帯の語をその教義の中核に組み入れたとき、社会教説は期せずして、調和か闘争かという緊張関係をみずからのうち呼び込んでしまったのかもしれない。

この調和か闘争かの緊張関係という問題は、決してカトリックの社会教説の内部に止まるものではない。「貧しい者たちとの連帯」という発想から、神学的要素を取り除いたとしても、この緊張関係の問題は残り続けるからである。貧困や差別、格差といった社会問題を解決するという文脈で連帯の語を用いるとき、社会教説が直面したのと同じ問いが突きつけられるのである。その連帯はどのような連帯なのか。貧しい者たちと連帯するとは、どういうことなのか。それは調和や統合を強調する連帯なのか、対立や闘争を辞さない連帯なのか。

これらの問いに対してどのような回答が与えられるのかということは、実践的な場面では極めて重要である。社会の統合のために連帯の語が用いられるとき、政治闘争は混乱をもたらすものとして忌避され、阻害されてしまうかもしれない。反対に、そのような統合がむしろ抑圧を生むと考える立場からすれば、政治闘争のための連帯こそが必要とされる連帯であることになろう。どの視点から連帯を語るのか、連帯を語る者の立場がどこにあるのか、そのことに応じて、連帯の意味することが、そして連帯の目指すものが異なってしまうのである。連帯の語を実践的に用いる者たちは、そのようなジレンマに直面し、そのなかで決断しなければならない。

連帯の根拠へ

次に、連帯の根拠の問題について考えてみる。連帯の根拠とは、なぜ連帯するのかという理由のことである。社会教説の連帯論がある種の分かりやすさを備えているとすれば、それは、連帯の根拠が明確に示されるからである。なぜ連帯すべきなのかという問いに対して、社会教説は、それが神の希望だから、それを神が命じるから、と答えるであろう。社会教説の連帯論の強みは、連帯の根拠は神にあると断言できるところにある。とはいえ、この強さは弱さと裏腹な関係にある。神の存在を信じない者にとっては、神を根拠として持ち出すことは何の説得力ももたないからである。それゆえに、「神は連帯の妥当な根拠なのか」と問うことが必要となる。

ここで、メタ倫理学的な問題設定を援用することで、この問題を敷衍しよう。メタ倫理学とは、たとえば「なぜ人は倫理的でなければならないのか」といった、倫理の本性に関する問いに取り組む倫理学の一分野である。このメタ倫理学的視点から、神と倫理の関係について考えることができる。社会教説のような立場からすると、たとえば「他者を助けなければならない」根拠は神のうちに求められる。神がそれを希望するから、神がそれを命じるからというように。しかし、「神が命じるから」という立論を採用すると、奇妙な事態が発生する。たとえば、神が悪をなすよう命じるとき、人は悪をなさねばならないことになる。逆に、倫理的に善いことだと一般に信じられていることでも、神がそれを命じないなら、それを実行しなくてよいことになる。

あるいは、神と倫理の関係を次のように問題化することもできる。神と倫理の関係は、次のどちらなのだろうか。他者を助けよという倫理は、神がそれを命じるから善いことなのだろうか、それとも、他者を助けることそれ自体が善いことだから、神はそれを命じるのだろうか。前者だとすれば、なぜ神はそれを命じるのかという更なる問題に答えることが必要になる。この問題に対する答えとして、「神が命じるから」という選択肢を選ぶことはできない。なぜなら、堂々巡りに陥ってしまうからである。したがって、神の存在を持ち出さず、この問題に答えなければならない。後者だとすれば、事実上、神が不要となる。なぜなら、他者を助けることはそれ自体が善いことである以上、神が命じなくても他者を助けなければならないからである。もちろん、この場合、なぜ他者を助けることがそれ自体で善いことなのかという、もう一つの問題が生まれ、神を持ち出さずに、その答えを見つけなければならなくなる。いずれの場合も、神の存在を持ち出さずに、倫理的であるべき根拠を見出さなければならないことになる。

同様の事態が連帯に関しても生ずる。神が命じるから連帯は善いものなのか。それとも、連帯自体が善いことだから神は連帯を命じるのか。前者だとすれば、なぜ神は連帯を命じるのかという問題に、神の存在を持ち出さずに答えなければならない。後者だとすれば、神が命じても命じなくても、人は連帯しなければならない。つまり、連帯の根拠として神を持ち出す必要はなくなる。しかし、この場合、なぜ連帯はそれ自体で善いことなのかという、もう一つの問題が生まれるのであり、神を持ち出すことなく、その答えを見つけなければならない。いずれの場合も、神の存在を持ち出すことなく、連帯すべき根拠を見出さなければならなくなる。

　このように考えてくると、社会教説の土台となっているキリスト教の信仰を共有しない者たちは、その信仰を共有しないという理由で、社会教説の連帯論を遺棄しておけばよいと言い切ることはできない。たしかに、社会教説の連帯論から神学的要素を取り除いても、連帯論は成立する。しかし、神学的要素を取り除くとき、社会教説の連帯論ならば容易に答えを与えることができた問いが、新たに答えを与えられるべき問いとして立ち現れることになる。それは、なぜ人は連帯しなければならないのか、という問いである。神が連帯の根拠として不適格であると認定されるなら、神とは別の根拠が提示されなければならない。神が存在しなくとも、あるいは神を信じなくとも連帯がなお可能であるとするなら、それはどのような根拠によってなのか。社会教説の連帯論を批判する者たちのまえには、この問いが取り組むべき難題として差し出されるのである。

第７章

連帯経済とは何か

今日、連帯の語を積極的に用いている実践的分野の一つとして、連帯経済（solidarity economy）、あるいは社会的連帯経済（social and solidarity economy）を挙げることができる。連帯経済とは、競争や利潤や利己主義によって特徴づけられる今日の支配的な経済システムとは対照的に、人々の協働や扶助を原理として編成される経済活動のことである。連帯経済という総称のもとに包摂される経済活動は、実に多様である。協同組合、社会的企業、フェアトレード、連帯金融など様々な取り組みが連帯経済と総称されている。現在、連帯経済が注目されているが、それは、経済がグローバル化したことと無縁ではない。経済のグローバル化は、煎じ詰めれば新自由主義のイデオロギーのもとでの資本制のグローバル化にほかならないが、それは様々な破壊的問題を生み出している。このようなグローバル化した資本制に対抗するための一つの可能性として連帯経済が構想され、実践されている。本章では、連帯経済とは何か、経済と連帯はいかなる関係にあるのかという論点を論述の中心に据えながら、連帯経済の輪郭が描かれる。

1　資本制・経済・連帯

資本制と経済は等価ではない

今日、経済といえば、競争的な自由市場や企業、あるいは賃金労働といった制度が思い浮かべられ、それらが当然のものと見なされている。つまり、資本制的な経済のあり方が所与のものとして受け取られる傾向がある。けれども、経済と資本制とを等号で結ぶことはできない。資本制は、経済の特定の編成様式であるにすぎないからである。そもそも、経済とは、人間がその生命を再生産するための営みのことである。食物をはじめとした生活必需品を生み出すこと、他者のために様々な労働を提供すること、そして、それらを消費したり、廃棄したりすることなどは、人間が生命を再生産するための営みである。これが経済と呼ばれる現象である。この経済の営みや、それを支える制度が資本の論理によって枠取られるとき、経済は資本制と結びつく。だが、資本制とは異なる経済の編成様式が存在したし、存在しうる以上、経済と資本制を等価なものと見なすことはできない。

この認識は重要である。なぜなら、この認識は、資本制とは異なる経済の可能性に気づき、資本制を相対化するための糸口となるからである。そして、事実、東西冷戦構造後の世界において資本制が約束の地などではなかったことが次第に明らかになるにつれて、資本制が唯一の経済ではないこと、だから別の経済のあり方が必要であること――そうしたことに関する認識が浸透し共有されつつあるように思われる。連帯経済あるいは社会的連帯経済もまた資本制経済システムに対抗して、「もう一つの経済」として構想され実践されている経済活動である。

連帯経済と社会的経済

本題に入るのに先立って、連帯経済あるいは社会的連帯経済という語の用い方について触れておく。大摑みに言えば、社会的連帯経済の方が連帯経済よりも範囲が広い。社会的連帯経済は、社会的経済と連帯経済の両者を総称する用語だからである。それらが組み合わされるのには理由がある。両者とも、資本制経済に対するオルタナティブであるという点で共通しているのである。それらは、資本制が生み出す問題に対する「もう一つの経済」からの応答である。

それでは両者の違いは何だろうか。まず歴史的な文脈による説明が可能である。社会的経済の方にはすでに一定の歴史がある。一九世紀前半、資本制に代わる社会体制を構想した初期社会主義の思想群が存在していたが、西川潤によると、その時代にフランスではすでに社会的経済という用語が登場していた[1]。初期の剝き出しの資本制は、劣悪な労働環境、貧困等の深刻な社会問題を生み出したが、そうした問題を解決するための経済として構想されたのが社会的経済である。社会的経済は「社会による経済コントロール[2]」という発想に支えられている。具体的には、協同組合をはじめとする社会組織の非営利的な経済活動を通じて、資本制によって生み出された経済の歪みを正したり、あるいはそれを吸収したりすることを目指すのが、社会的経済である。

一方、連帯経済の登場は歴史的に新しい。連帯経済には、今日のグローバル化した資本制経済が引き起こす問題への応答という一面がある。こうした問題によって不利な立場に置かれた者たちが主体となって、協力と相互扶助の原理によって経済活動を編成する運動が連帯経済である。

また、連帯経済は、エコロジー運動、女性解放運動など、現代の様々な社会運動が提示している価値を積極的に組み込もうともしている。

このような歴史的な経緯の違いから、両者のあいだには性格を異にする点がある。社会的経済は、すでに一定の歴史を有するがゆえに、既存の社会体制のなかに組み込まれているという側面がある。一方、連帯経済は社会運動という色合いと体制変革的な志向性が強いかもしれない。北沢洋子は、「社会経済はより戦闘的な意味をもつ「連帯経済」という言葉によって置き換えられた」という言い方さえしている。(3) とはいえ、すでに記したように、資本制に対するオルタナティブとして位置づけることができるという点で、両者には共通性がある。ここでは、社会的経済と連帯経済の厳密な差異を強調することなく、両者を包摂するものとして連帯経済という言葉を用いることにする。

歴史的背景

さて、連帯経済の構想と実践が活性化した背景の一つには、すでに言及したように資本制のグローバル化があった。資本制のグローバル化は、世界の相貌を大きく変えてきた。たとえば、底辺への競争という事態が生み出された。グローバル資本は、資本の論理を実現させやすい場所を求めて世界を駆け巡る。各国は、グローバル資本を受け入れるために、より安価で使いやすい労働力を提供しようとし、その結果、規制緩和の名のもとに、労働者たちの権利を縮小してゆく。

あるいは、金融が世界規模での投資の対象となり、深刻な危機が繰り返されてきた。そうした危機において犠牲になるのは、言うまでもなく弱き者たちである。要するに、利潤の最大化を目指す資本の論理、資本の欲望は、世界を荒廃させてきた。さらには、新自由主義イデオロギーの浸透によって、そしてまた福祉国家自身の行き詰まりによって、弱い立場にある者たちを支援することを重視する国家モデルが弱体化した。社会保障費が削減され、社会保障が市場サービスによって置き換えられるようになった。このような負の影響に対する防御として、連帯経済が構想されているという面がある。

これらは連帯経済を活性化させた消極的な背景であるが、それに加えて、積極的な背景も指摘することができる。[4] 一言で言えば、社会環境の変化が、連帯経済の興隆する条件となっているのである。たとえば、従来の生活のあり方を問い直す動きがあり、ジェンダーの平等や環境正義の実現を求める社会運動などが立ち上がっている。連帯経済も、そうした運動と重なり合う。あるいは、平等、権利、参加といった観念は、一部の知的エリートのものではもはやなく、社会に浸透し一般化している。このような観念を手に入れることによって、人々は、自身の置かれた経済状況を、支配と従属の状況、権利侵害の状況として知覚することが可能となる。そのことは「もう一つの経済」を希求する背景となろう。公共政策の内部でも、社会的・環境的転回が生じている。たとえば持続可能な開発目標（SDGs）においては、連帯経済が求めるものと重なる政策目標が掲げられている。さらには、デジタル革命は、小規模の生産者、コミュニティ組織が従来の限界を超えて経済活動を行うことを可能にしつつある。連帯経済は、このような社会の変化に共鳴し連動する試みなのである。

連帯経済の価値

このような意味で、連帯経済は単なる経済活動以上のものである。連帯経済は、連帯を経済の編成原理とすることによって、資本制経済では周辺化されてしまう多様な価値を経済のなかに組み込む運動でもある。あるいは、連帯経済は、このような価値を視点として、そこから現在の支配的な経済システムのあり方を問い直すのである。

このことを確認するために、連帯経済組織の文書を参照してみよう。「大陸間社会的連帯経済推進者ネットワーク」（RIPESS）は、その憲章において、次のような項目を「われわれの価値観」として掲げている[5]。ヒューマニズム（人間の尊厳や能力、権利の尊重）、民主主義（世界や組織は市民参加型であるべき）、連帯、包括性（オープンで差異を尊重し対話を目指す）、補完性原理、多様性、創造性、持続可能な開発、平等性・公平性そして万人向けの正義、各国・諸国民・民族の尊重および統合、多様で連帯に根ざした経済である。

あるいは、第三回ブラジル全国連帯経済総会で採択された「連帯経済原則憲章」では、連帯経済の多様性にもかかわらず、それには五つの共通点があるとされている[6]。

1　人的労働の社会的価値づけ
2　技術的創造性および経済活動の軸として、万人の必要の完全充足
3　連帯に基づいた経済の下で、女性および女性性の根本的な地位の認識
4　自然と調和した取引関係の探索、および
5　協力と連帯の価値観

また、この「連帯経済原則憲章」は、連帯経済が認めないもののリストを作り、裏面から連帯経済の精神を表現しようとしている。連帯経済がどのような運動であるかを理解するために便利なリストであるので、やや長くなるが紹介しよう。連帯経済は、新自由主義経済のもたらす問題の緩和を目指すものではない。連帯経済は、競争や個人の利益の最大化を目指さない。連帯経済は、自然や個人を商品化しない。連帯経済は、市場や競争が最高の方式であると信じない。連帯経済は、資本の論理——人間のニーズを資本や利潤のための機会と見なす——を採用しない。連帯経済は、労働者が管理運営から排除され、失業にさらされることを認めない。連帯経済は、資本制の枠組みのなかでの弱肉強食の競争を認めない。連帯経済は、格差の拡大を認めない。連帯経済は、環境や文化的社会的価値を評価指標に加えない経済活動を認めない。連帯経済は、従来の第三セクター（非営利セクター）ではない。

このリストのもとには、今日の支配的な経済システムによっては見落とされ毀損されてしまう

価値や視点が包摂されている。今日の支配的な経済システムによって傷つけられ、排除され、不遇にさせられている者たちが、これらの価値を共有し、相互に支え合う経済――それが連帯経済である。そして、これらの価値が多分に倫理的な性格を帯びるものであるかぎり、連帯経済に参画することは「経済活動における倫理の場所」[7]を生み出すことでもある。

連帯経済と資本制

このように、資本制経済と連帯経済とのあいだには相当の距離がある。連帯経済は、経済という現象を資本の論理とは異なった原理で成り立たせようとするからである。この違いを強調して、本章では連帯経済を資本制に対するオルタナティブと形容する。ただし、資本制と連帯経済との関係は必ずしも明確ではない。連帯経済は、資本制を置き換えてしまうものなのだろうか。それとも、資本制を漸次的に変容させるものなのだろうか。あるいは、資本制を補完するものなのだろうか。いくつかの解釈の方向性がある。管見が及ぶ範囲では、津田直則が、資本制パラダイムを変革するものとして連帯経済を位置づけている[8]一方で、池本幸生と松井範惇《のりあつ》は、連帯経済を「市場を補完する概念」[9]と見なしている。現時点においては、連帯経済と資本制の関係をめぐる議論は一点に収束することはないように思われる。だが、資本制によって枠取られた経済に対して距離をおくという点で、種々の連帯経済観は一致するはずである。つまり、程度の差はあれ、今日の支配的な経済のあり方とは異なる経済のあり方を模索するという点で、連帯経済の様々な構想や実践は共通しているはずである。

2　連帯経済の実践

協同組合

これまで見てきた通り、連帯経済は、利潤の最大化を至上命題とする資本制経済に対抗して、それとは異なる価値にもとづいて構想され実践されている経済活動である。連帯経済は、その意味では傍流であり、その存在は目につきにくいかもしれない。だが、様々な取り組みが世界各地で行われている。その代表的な取り組みを駆け足で確認することが、本節の課題である。

まず、各種の協同組合の活動がある。協同組合には長い歴史があり、大きな広がりを見せている。その意味で、協同組合は、連帯経済の実践のなかでもっとも馴染みのあるものかもしれない。協同組合は、経済的に弱い立場にある小規模の生産者、農民、消費者などが、自身の生活の向上を目指すためにみずからが出資者となって設立する相互扶助的な組織であり、協同組合においては、生産、加工、運搬、販売、金融などの多様な経済活動が組合員の協同によって営まれる。労働者協同組合、農業協同組合、消費者協同組合など多種の協同組合が存在する。資本制的企業の目的が営利の追求であるのに対して、協同組合の場合、組合員の互助が主たる目的である。協同組合の歴史は古い。労働者協同組合は、イギリスのオーエンがニュー・ラナークで始めた紡績工場のものが有名である。また、イギリスのロッチデールで一八四四年に作られたロッチデールパイオニアズ協同組合は、消費者協同組合の先駆として有名である。

廣田裕之《ひろたやすゆき》は、協同組合のなかに回復企業（回復工場）を算入している。回復企業とは、元従業員たちによって占拠され自主的に運営される倒産企業のことである。たとえば、アルゼンチンの陶磁器タイルメーカーであるザノン（**Zanón**）は、回復工場の典型である。ザノンは二〇〇一年一〇月に工場をロックアウトしたが、労働者たちは無給の数カ月ののちに工場を乗っ取り、二〇〇二年三月に労働者たちの手によって工場が再開されることになった。再開された工場は様々な攻撃を受けたが、二〇〇九年八月にパタゴニア州議会によって、工場が労働者たちの手に渡ることが決定された。労働者たちの **FaSinPat**(10)（**Fábrica Sin Patrón**——ボスのいない工場）が合法的に認められたのである。この工場では、労働者たち自身が、どれだけ賃金を受け取るのか、労働時間はどれくらいなのか、何をどれだけ生産するのかといった案件について討議し決定する。それ以外にも、中等教育を受けていない労働者のために教育の機会を提供したり、地域社会、学校、病院、図書館等に陶磁器を寄付したり、コンサートを開いたりするなど、様々な活動が行われた。

協同組合は、それが根ざす価値、あるいは原則によって、資本制企業とは異なった相貌を見せる。一例として、協同組合の世界的組織である国際協同組合同盟は、自発的で開かれた組合員制、組合員による民主的管理、組合員の経済的参加、自治と自立、教育・研修および広報、協同組合間の協同、地域社会への関与を七つの原則として掲げている。(11)

さきに述べた通り、協同組合の主たる存在意義は、組合員の生活を向上させてゆくことである。だが、その実現のための活動は、この原則が示しているように、組合員による民主的な決定や運営によるものでなければならない。たとえば労働者協同組合であれば、労働者自身が協同組合に出資し、その協同組合の運営方針を決定し、その決定にしたがって自身が労働するのである。もちろん、協同組合も巨大化し官僚化して、体制内に取り込まれてしまっているという一面もある。けれども、こうした民主主義という価値、あるいは働く者たちの自治という価値が、今日の企業の経済活動に欠落しているとするなら、協同組合のあり方はそれに対する一つのオルタナティブとなるはずである。その意味で、協同組合は、どのような方向に経済が変化していかなければならないか、その方向を照らす一つの光源となるはずである。

企業の連帯化

社会的企業（social enterprise）も連帯経済に含まれることがある。社会的企業も企業であるかぎり、その事業は営利活動として営まれる。しかし、社会的企業の場合、営利活動を通じて目指される目的が通常の企業とは異なり、そこに特徴がある。つまり、その目的は、利潤を最大化することではなく、社会的な課題の解決に役立つことである。私たちの日常生活は多様な問題を抱えている。地域活性化の問題、ホームレス支援の問題、低所得者の支援の問題など、私たちの暮らしを取り囲む問題は、個人が単独で解決することの困難な問題であり、社会的な関与が必要とされる問題である。そうした問題を解決するために、ビジネスの手法が援用されるのである。

たとえば、のちに触れる『経済を取り戻す』という書物においては、ホームボーイ・インダストリーズという社会的企業の事例が紹介されている[12]。この企業が行っている事業の一つは、ギャングのリハビリである。この企業は、ギャングのメンバーであった若者たちに対して、カウンセリング、教育、入れ墨の除去、薬物乱用や依存症の者への支援、職業訓練、就職斡旋などのサービスを提供する。ホームボーイ・インダストリーズが展開する七つの小さな事業（パン屋、食堂、カフェなど）で働くことによって、若者たちは技能訓練や職業経験を重ね、最終的には他の企業に就職してゆくよう支援される。この企業の運営資金には、政府からの補助金や支援者からの寄付金の他に、これらのビジネスから得た収入が当てられている。

従業員持株会社もまた、企業を連帯型に近づける試みの一つである。労働者が自身の勤める企業の株を所有するのが、従業員持株会社である。労働者は同時に株主でもあるから、自身が所属する企業の経営に対して発言権を有する。事業がどのように運ばれるべきか、労働者にどれほど給与が支払われるべきか、利潤をどのように分配し用いるかといった案件について、労働者が株主として発言するわけである。それゆえ、従業員持株会社は、働く者たちが自分たちの事業をみずからコントロールするという、経済の民主的なあり方のモデルにもなるだろう。

フェアトレード

フェアトレードは、連帯経済の実践のなかで、もっとも有名なものであるかもしれない。発展途上国から輸入されるコーヒー豆のなかにはフェアトレードの対象となっているものがあり、店頭で目にすることも多いはずである。フェアトレード、すなわち公正な貿易・取引とは、発展途上国からの輸入品を公正な条件のもとで購入しようとする運動のことである。コーヒーなどの単一作物の輸出に依存している生産者は経済的に弱い立場にあることが多い。たとえば、自分たちが生産している作物の市場価格が急激に変動することによって、作物を不当に安く売らざるをえなくなることがある。あるいは国際的な貿易力学のもとで、低賃金労働から抜け出せなくなっていることもある。子どもたちは、家庭の貧しさゆえに、児童労働に従事せざるをえないこともある。こうした弱い立場にある生産者に対して、その生活条件の向上に資するよう公正な貿易条件を設定し、その条件のもとで貿易を実施する仕組みが、フェアトレードである。

このような条件のなかでもっとも分かりやすいのは価格であろう。生産者の生活を支えることができるような適正価格で生産物を購入することは、たしかに重要である。しかし、フェアトレードの運動はそれに止まらない。貧しさゆえに十分な教育を受けられない者たちが教育の機会をもつこと、その生産環境を改善すること、協同組合を設立して強い交渉力を獲得することなど、様々な取り組みが存在している。このようなフェアトレードの試みを通じて、先進国に住む者たちと途上国の生産者たちとのあいだに連帯が生み出されるのである。

連帯金融

今日の経済活動の多くが貨幣によって媒介されているかぎり、生きてゆく上で貨幣を遣り取りすることは避けがたい。大企業であれ、零細な企業であれ、個人であれ、経済活動を営むには多くの場合に貨幣が必要である。しかし、つねに手元に資金が十分に存在するわけではない。それが不足してしまうとき、貸し借りを通じて、その不足を解消することができる。これが金融の働きである。今日では、たとえば銀行が専門的な金融機関として、その役割を担う。グローバル企業が動かす天文学的な金額に比べると微々たる金額を動かすだけの一般市民にも、そして、貧困に苦しむ者たちにも、金融は必要である。問題であるのは、銀行をはじめとする主要な金融機関が大企業のような強い立場にある者にとっては使い勝手のよいものである一方、貧しく弱い立場にある者はそうした金融機関によって切り捨てられてしまうことである。このような者たちでも必要なときに必要な貨幣を手にすることができること――この必要に応える仕組みが連帯金融である。

連帯金融に分類される組織のうち、すでに定着しているのは、信用金庫や信用協同組合である。信用金庫や信用協同組合は金融機関の一種であるが、銀行のような営利企業とは異なって、組合員の相互扶助を目的として設立される金融機関である。これらは中小企業や個人などの組合員から預金を受け入れ、その預金を元手にして、他の中小企業や個人に貸し出す。事業の結果として生み出された余剰金は、配当として組合員に還元される。

信用金庫や信用協同組合が伝統的な連帯金融であるのに対して、連帯金融の新しい動きとして倫理銀行が欧米を中心に注目されている。倫理銀行といえども、それは銀行であるから何らかの事業に融資するが、通常の銀行の融資とは次の点で異なる。通常の銀行の融資では、預金者の意向は無視されて、融資の回収が可能かどうかといった経済的基準で融資先が決定される。一方、倫理銀行では、社会的事業、環境に配慮した事業、文化的事業といった分野の事業が融資先として選定され、預金者は自身の預金の融資先を、これらのリストから選択することができる。

マイクロクレジットと地域通貨

連帯金融の取り組みとしては、マイクロクレジットも有名である[13]。マイクロクレジットを有名にしたのは、二〇〇六年のノーベル平和賞である。受賞したのは、バングラデシュで一九八三年に設立されたグラミン銀行と、その設立者ムハマド・ユヌスである。このグラミン銀行の取り組みがマイクロクレジットであった。マイクロクレジットとは、貧困層に対する少額融資のことである。貧困者は、少額の融資があれば、貧困から抜け出すことができることがある。だが、通常の銀行は、少額の融資を忌避する。というのも、少額の融資の場合は利子も少額となるため、利益が出ないだけでなく、諸経費さえ賄えなくなる可能性があるからである。このような状況では、少額融資の需要を悪用する闇金融が闊歩することになるし、闇金融は少額でも経費を賄えるよう利率を法外に高く設定する。その結果、闇金融に手を出した貧困者は負債の連鎖に巻き込まれ、貧困から抜け出せなくなってしまう。このような貧困の悪循環を防ぐための仕組みとして考案されたのが、少額融資に特化したマイクロクレジットである。

地域通貨も有名である。地域通貨は、通常の通貨の役割を補完するために、特定の地域内、あるいは会員間で用いられるように作られた通貨である。たとえば、A氏がB氏にサービスや財を提供したなら、A氏はB氏から地域通貨を受け取る。A氏がC氏からサービスや財を提供してもらったなら、A氏はC氏に地域通貨を支払う。このようにして、地域通貨を媒介としてサービスや財が交換されるのである。地域通貨は原則として通常の通貨とは交換できないため、手持ちの地域通貨を使うためには、サービスや財を地域通貨の会員から購入しなければならないし、同様に、地域通貨を手に入れるためには、会員に対して財やサービスを提供しなければならない。こうして、地域通貨が交換されることを媒介として、地域内での取引が促進され、そのことによって地域内での人々の繋がりも強化されてゆく。地域通貨は、地域に住む人々の繋がりと支え合いを、それゆえに連帯を促進する媒体なのである。

連帯経済に分類される取り組みは、これまで紹介してきた事例に尽きない。観光者と地元を結び付ける連帯観光、消費者と生産者とを結び付ける産直運動なども連帯経済に含まれるだろう。これら連帯経済の実践は、利潤の最大化を主たる目的とする資本制経済によって置き去りにされてしまうものを我がものとする試みである。置き去りにされてしまうもの——それは、貧しい者たちの生活に役立つこと、人々が相互に支え合うこと、自然環境に配慮すること、社会正義を実現すること、地域に役立つこと、民主的に運営されることなどである。それらは、資本の論理の犠牲となってはならない。なぜなら、それらは人間存在を支える基底的な価値だからである。連帯経済は、このような価値を土台として、今日の支配的な経済システムに対抗してゆく運動なのである。

3　連帯としての経済

ギブソン＝グラハム

前節では、連帯経済の多様な取り組みを概観した。すでに明らかなように、連帯経済においては、経済が今日の支配的な経済システムのそれとは異なった視点から理解されている。連帯経済という視点に立つとき、経済はどのような相貌を見せるだろうか。この問題を考えるために、ここでは、J・K・ギブソン＝グラハム等が提唱した経済観を援用することにしたい。ギブソン＝グラハムは、キャサリン・ギブソンとジュリー・グラハム（二〇一〇年に死去）という二人の共同著者のペンネームである。ギブソン＝グラハムは二冊の資本制批判の書を著している。『（私たちの知っていたような）資本制の終焉』(14)と『ポスト資本制の政治学』(15)である。この二冊には多様な論点が含まれるけれども、要点の一つは、資本制を説明する言説――マルクス主義のように資本制を批判する言説も含めて――の批判である。ギブソン＝グラハムは、そうした言説に対して「資本中心主義」（capitalcentricism）という名を与えている。

ギブソン＝グラハムによると、資本中心主義的な言説は、資本制による支配がどれほど強大であるかを強調するが、そのことによって非資本制的な経済が存在するという事実から視線がそらされてしまう。非資本制的な経済は、たとえば家事労働、自給自足経済、市場外での贈与といったかたちでつねに営まれている。しかし、資本中心主義的な言説は、そのような経済のあり方を瑣末なものとして周辺化してしまう。あるいは、そのような経済は、資本制が克服し内部化するはずの存在として理解されるにすぎない。ギブソン＝グラハムは、この資本中心主義的言説に抗い、視点を転換させる。ギブソン＝グラハムによると、非資本制的経済の領域の方が資本制的経済の領域よりも相当に広いのであって、私たちの生も非資本制的な経済によって培われているのである。資本制を代表する組織である企業でさえ、非資本制的経済の要素を内包させている。そのような認識にもとづき、非資本制的な経済活動の存在を可視化させることがギブソン＝グラハムによって試みられるのである。

経済を取り戻す

ここで注意すべきは、非資本制経済は、それが非資本制的であるという理由だけで積極的な評価に値するわけではない、ということである。極端な事例を挙げるなら、奴隷制経済は非資本制的であるからといって復活されるべきではないはずである。したがって、非資本制経済のうちに潜在している契機のうち、何が有意義なものであるかを見定める必要がある。ギブソン＝グラハム等は『経済を取り戻す』において次のようなリスト[16]を掲げ、非資本制的経済のありうべき姿を描く。そして、そのようなあり方に「コミュニティ経済」という名称を与えている。

・ともによく公平に生き残ること。
・社会的、環境的健康を豊かにするために剰余を分配すること。
・私たちの福利と同様に他者たちの福利を支えるようなやり方で他者たちと出会うこと。
・持続可能に消費すること。
・私たちの自然的・文化的コモンズをケアする――維持し補充し育てる――こと。
・未来世代がよく生きることができるように私たちの富を未来世代に投資すること。

もちろん、非資本制経済のすべてがコミュニティ経済であるわけではない。とはいえ、資本制経済の中心的な価値――競争や利潤の最大化等――とは性格を異にする経済実践の多くが、コミュニティ経済の内部に含められるはずである。このようなコミュニティ経済の視座は、連帯経済の意味を捉え直すための一本の補助線を提供してくれるように思われる。

ただし、ギブソン＝グラハムは連帯経済から一定の距離をおいている。なぜなら、連帯経済は理念や原則を前面に掲げているため、こうした理念や原則によって多様な経済活動が一元化されてしまう懸念があるからである[17]。とはいえ、ギブソン＝グラハム等がコミュニティ経済の具体例として挙げている経済活動、そして、さきに掲げたコミュニティ経済の「理念」もまた、連帯経済と大きく重なることも事実である。

両者を重ね合わせることが許されるとすれば、ギブソン＝グラハム等がコミュニティ経済について掲げたスローガンである「経済を取り戻す」を、連帯経済のスローガンとして掲げることもできるはずである。すでに見たように、ギブソン＝グラハム等の目論見は、資本中心主義的言説によって周辺化され不可視化された多様な経済活動にコミュニティ経済の名を与えることによって、それを資本制から取り戻すことである。連帯経済の場合も、資本制によっては果たすことが困難であったり不可能であったりする経済活動を実際に営むことによって、資本制に回収されていた経済を人々の手に取り戻す試みだと言えるのではないだろうか。

経済とは何か

それでは、資本中心主義的な言説によって周辺化される経済とは何であろうか。ギブソン＝グラハムのテクストを参考にして、少し考えてみる。「経済」は、今日、日常生活の中心に位置しているとさえ言える。「金融市場は自律的で、ほとんど自然的な現象と多くの場合考えられている。だから、テレビのニュースでは、毎日の株価の動きがお天気と並んで流されるのである[18]」。

ニュース番組では、まるで天気予報のように、日々、株価や為替相場の変動が報じられる。そうした報道が繰り返されることによって、「経済」はなかば自然現象であるかのようにイメージされるようになる。物象化の極みである。今日の「経済」は、他にも様々なイメージを生み出している。働くことは会社に勤めることだとイメージされ、経済活動は利潤をあげること、そのために競争を勝ち抜くことだとイメージされる。これらのイメージは、今やほぼ自明のものとして受け入れられているはずである。しかし、このようなイメージは、資本制が分泌するイデオロギー以外のなにものでもない。

これらのイメージを払拭するには基本に帰る必要がある。そのために、ここでは経済という語に関する辞書的な説明を加えておく。経済とは、人間がその生命を持続させるために必要とする財やサービスを生産し、流通させ、分配し、消費する活動のことであり、それらの活動を支える社会的諸関係のことである。人間は生きてゆくために、衣食住をはじめとする様々な物質的手段を必要とするし、それ以外にも、教育・医療・文化のようなサービスも必要とする。こうした財やサービスを私たちが享受するために営まれる活動が経済にほかならない。

もちろん今日、経済的活動の中心には資本制がある。しかし、経済活動はそっくり資本制的な枠組みに還元されるわけではない。たとえば、私が自宅の裏山に山菜採りに出かけ、手に入れた山菜を自宅で料理し食べることは、一個の経済活動である。あるいは、その山菜を隣家と分かち合うとき、さらに、その返礼として、隣家が自身の畑で育てた野菜を私と分かち合うとき、そこには一個の経済活動が出現している。それらはＧＤＰの成長にまったく貢献しないが、それにもかかわらず、それらは正真正銘の経済活動である。

経済の氷山モデル

このような資本制と経済とのずれに注目して、経済の見方を変更するよう迫るのが、ギブソン＝グラハム等の論考である。今日、資本制経済と経済は等置されるが、このような見方は間違っている。なぜなら、経済の領域は資本制経済よりも広大だからである。資本制が経済の中心にあるのが事実だとしても、その周りには非資本制的な経済活動の広大な領域が存在するのである。この事態を表現するために、ギブソン＝グラハム等は氷山としての経済という比喩を用いる。

資本制は経済の観念と交換可能なものだと考える者たちがいる。私たちはそのように考えない。私たちは、この世界に溢れる経済的多様性を認識するために、氷山経済という考えを用いる。（……）水面の下に隠れているもの――そしてことによると、私たちを一つの社会として浮き上がらせ続けているもの――を私たちが含めるとすぐに、経済を取り戻す可能性を私たちは拡大することになる。[19]

資本制によって枠取られた経済活動は、氷山としての経済の、水面上に突き出た一部分にすぎない。それは水面上に出ているがゆえに可視化されやすいが、しかし経済全体ではない。水面下には、多様な経済が潜んでいる。物々交換、贈与、自給自足、家事労働、ボランティア活動、そして連帯経済などの非資本制的な経済活動が水面化には存在しているのである。というより、それらこそ、この氷山の本体なのであり、それらがなければ資本制さえも機能しないだろう。

そのことは、資本制経済にとっての家事労働の重要性を考えてみれば明らかである。家事労働によって労働力が再生産されるのでないなら、資本制は確実に崩壊する。家庭における非資本制経済が資本制を支えているのである。資本制は、そして個々の資本は、こうした水面下の経済活動に支えられ、それらを無償のものとして利用することによって、かろうじて機能することができている。そうであるとすれば、資本制に回収されない経済のかたちを見極めておく必要がある。つまり「経済を別な風に想像すること」[20]が求められるのである。経済を別様に考えること――最後に、このことを連帯という視点から試みよう。

4　連帯経済からの問い

資本制の外部

ギブソン＝グラハムが強調するように、資本制は広大な経済の領域の一部を覆うにすぎない。資本制と経済とは外延を異にする。それにもかかわらず、今日、経済は資本制によって代表されており、経済はなによりも利潤と競争によって特徴づけられる活動として理解されている。そして、資本制の外部にある経済も、加速度的に資本制の内部に飲み込まれ、資本制の色で染められ続けている。その結果、たとえば土地、自然、生物、人間、人間関係、人間の活動といった世界の構成要素が、尽く資本の構成要素として性格づけられるようになり、商品として売買されるようになっている。「世界は売り物ではない[21]」という原理が、毀損され葬られようとしている。

それでよいのだという理解もありうる。様々な営みが資本の論理や市場原理によって制御されることを理想視する新自由主義的な立場は、そのような理解を固守するだろう。だが、資本制経済の主要な舞台である市場は万能ではないと注記しなければならない。市場に登場することができるのは、市場で交換される貨幣や商品を手にしている者だけである。多くの者たちは、市場に持ち寄ることができる「資産」として労働力しかもたないから、労働力を売らなければ市場に登場することができない。労働力を含めた「資産」を欠如させるとき、その者たちは市場から退場するほかない。あるいは、そもそも市場に登場することができない。

かりに人間の生命の再生産を可能にするのが市場の交換関係だけであるなら、そのような者たちが自身の生命を再生産することは不可能になるだろう。だが、病などにより労働することを妨げられた者たち、生まれたばかりの子どもたち、老いてしまった者たちもまた、現に生命を再生産している。それが可能であるのは、市場の外部が存在するからである。利潤の最大化や商品交換とは異質の論理によって機能する経済が存在するからである。

生命の再生産という人間の根源的な営みが持続するためには、市場の外部が不可欠である。なぜなら、人間は身体的存在であるかぎり、市場の内部で成立する交換関係だけを頼りにして生きてゆくことは不可能だからである。生まれたての新生児は独力では生きるために何もなすことができない。深刻な病の床に伏しているとき、人が生きるとは、他者の力を借りることとほぼ同義である。みずから市場に登場することなく、しかし、他者の助力に支えられて生きてゆくこと――これは市場の論理の外部にある。人間の生は市場の内部では完結することができない。

ユイとモヤイ

繰り返せば、この市場の外部もまた、とはいえ経済の空間に包摂されている。市場の外部においても人々が生命の再生産のために財やサービスを生み出し、交換し、分配しているかぎり、そこには経済の領域が広がっている。資本制経済では、利潤や競争や商品化という要素が強調されるが、資本制の外部に広がる経済にあっては、人々の支え合い、助け合い、分かち合いという要素が、したがって連帯という要素が前景化する。つまり、経済は連帯という性格を帯びているのである。経済の連帯性、あるいは連帯としての経済という事実を強く示唆するのが、この国で伝統的に営まれてきたが、消え去ろうとしているように見える互助的な経済活動である。それはユイやモヤイという名で呼ばれてきた。ユイは、田植えや稲刈り、あるいは屋根の葺き替えのように、一人でこなすことが困難であったり不可能であったりする作業を、地域の住民の力を借りて協働で行う互助行為である。ある人物が他者たちに労働を依頼したなら、今度はこの人物は他者たちからの労働の依頼に応じる。そのような労働の互酬がユイである。恩田守雄も指摘するように、ユイの字源は「結《ゆい》」であり、人と人との結合を意味する。人々は、労働の互酬によって、他者を手助けすることによって結合するのである。

ユイが水平的で互酬的な労働交換であるとすれば、モヤイは再分配の機能をともなう。モヤイとは、「ヒトやモノを共同で提供しながら利益を分け合う行為(22)」のことである。たとえば、地域の道路補修、地域の用水路の管理、社の周りの草刈りなどを関係者が共同で行い、その共同作業の成果を関係者が分かち合う仕組みがモヤイである。モヤイの字源は舫《もやい》あるいは催合《もやい》である。舫は「船というモノとモノをつなぐ行為を語源としてヒトとヒトをつないで何かをする合同(23)」を、さらに催合は「協力してする共同作業(24)」を意味する。モヤイには、人々が力を合わせる「合力」によって何かを生み出し、生み出された成果を共有し、分配するという要素が含まれる。

ユイやモヤイのような互助の営みは、人が単独ではなしえないことを、人々が結合することによって実現し、そうすることで人々の生命を維持するための行為である。欠如と過剰の弁証法をユイやモヤイのうちに見出すことができる。このような生を支える営みを連帯的と形容することは、必ずしも的外れなことではないように思われる。人間は経済の営みを通じて連帯するのである。本来、経済は連帯である。ユイやモヤイはそのことを強く示唆しているように思われる。

連帯経済の射程

このように、ユイやモヤイのような互助的活動によって示唆されるのは、競争や利潤の最大化とは異質な論理によって営まれる経済が資本制経済の外部に大きく広がっている可能性である。その論理は連帯的と形容されるに値するものである。つまり、経済と資本制とを同一視する発想を捨てるなら、経済においては連帯がつねにすでに成立していることが気づかれるはずである。このように認識を転換したあとでは、連帯経済という言葉も、別の意味合いを担うことができるかもしれない。本来、連帯経済は、資本制に対抗する運動の総称である。しかし、経済そのものが連帯性を帯びているのだとすれば、連帯経済という語に、経済そのものの別称という役割を託すこともできるかもしれない。つまり、経済の連帯性を開示する語として、連帯経済の語を用いることができるかもしれないのである。

言うまでもなく、連帯経済は資本制に対抗する現代の新しい試みである。しかし、連帯を原理にして経済活動を編成しようとする試みとしての連帯経済は、同時に太古から存在してきた経済の連帯性の申し子であるとも言える。その意味では、連帯経済は新しいと同時にアルカイックでもある。そのように考えることができるとすれば、連帯経済は資本制に対抗する試みであるのみならず、連帯としての経済を護るための試みだと理解することもできるだろう。さきに「経済を取り戻す」ことについて触れたが、「経済を取り戻す」とは、連帯としての経済という、抑圧された経済の原意を回帰させることでもある。経済が商品交換や利潤追求の活動へと急速に変貌しつつある現在、それゆえ、生命の再生産を可能にする人間関係が大規模な地殻変動を経験しつつある現在、連帯経済は、そのような人類史的な意義と必然性を帯びるものとして位置づけることができる試みなのかもしれない。

第 8 章

人間的連帯と倫理

連帯とは、人々が互いに協力し、支え合うことである。連帯は様々な場面や文脈で生じる。場面や文脈の差異に応じて、連帯も異なった相貌を示す。それゆえ、本書は連帯を四つに分類し、これまで社会的連帯、政治的連帯、市民的連帯という三つの類型を検討してきた。それらは、同じ社会の成員であるとか（社会的連帯）、同じ政治的大義に関与しているとか（政治的連帯）、同じ福祉制度を支えているとか（市民的連帯）いった条件のもとで成立する連帯である。これに対して、人間であるという理由で成立するのが、本書の最後の主題たる人間的連帯である。人間的連帯の概念は論争的である。人類全体を包摂する連帯は可能なのかという疑問が提起されるからである。本章では、まず、この疑念が生まれる背景を探る。そののちに、その疑念に応答するための二つの方途を検討する。一つは、消極的義務の問題系を援用するものである。もう一つが、人間的連帯を思考するための視点を変更するものであり、本書の提示する人間的連帯論がそれである。

1　人間的連帯とは何か

人間的連帯の意味

連帯は様々な文脈や領域において成立する。社会の成員たちのあいだに成立する紐帯が社会的連帯であった。政治的連帯は、政治的大義のもとに人々が結合し、助け合うことを意味した。市民的連帯は、市民たちが福祉国家という制度を通じて支え合うことを意味した。いずれの場合も、連帯は、特定の社会、特定の政治状況、特定の福祉制度のもとで成立するものであった。ここで取り上げられる人間的連帯は、そのような特殊な文脈を越えて成立する連帯である。人間的連帯は、国家、社会、政治集団といった特定の集団のなかで成立する連帯ではなく、人間あるいは人類という集団の内部で成立する連帯である。したがって、ショルツが述べるように、「人間的連帯の成員であるためには、ある人が人間であるということで十分である[1]」。

人間的連帯の構想は、連帯論の歴史において必ずしも稀有なものではない。その系譜には、本書で取り上げられた連帯論も含まれる。たとえば、社会的連帯論の前史という文脈で言及したルルー、政治的連帯の文脈で考察したクロポトキン、さらにはキリスト教の連帯論——神の子ゆえの人類全体への愛としての連帯——も、人間的連帯の系譜に連なるだろう。また、ここでは詳しく触れないが、「すべての人格の連帯性」ゆえに、「各人の万人との倫理的な共同責任[2]」が生じると説くマックス・シェーラーの「連帯性の原理[3]」も人間的連帯の系譜に数え入れられる。

人間的連帯の外的な困難

この人間的連帯という発想には様々な批判が向けられている。たとえばローティは、人間的連帯の構想を形而上学であるとして批判した。また、連帯概念を復興しようと企てるバイヤーツやショルツでさえ、人間的連帯に関しては懐疑的である。二人が指摘するのは、人間的連帯が直面する外的な困難である。小規模の集団においては、たしかに人間たちのあいだに連帯が成立する。しかし、人類の歴史が証言しているように、大きな規模では敵対や対立が人類にとっての常態ではなかったか。現在も状況は変わっていない。戦争、ジェノサイドといった現実から人間はいまだ抜け出していない。そうだとすると、人類の歴史を性格づけているのは連帯ではなく、むしろ対立あるいは分断なのではないか。そのような疑念が生じるというのである。

さらに、ショルツは、「人間」という概念に批判的な視線を向けてもいる。人間的連帯は、人間であるというだけで成立する普遍的な連帯である。しかし、誰が「人間」と見なされるのかという問題が生じる。というのも、文化や伝統が異なれば、「人間」に数え入れるものが変わるという現実があるからである。女性を財産と同程度にしか見ない文化があるかもしれないし、子どもは大人に支配されて当然だと見なす文化もあるかもしれない。あるいは、ある社会集団のマイノリティは差別され抑圧されても当然だと考えられているかもしれない。これらの存在が「人間」に数え入れられない可能性が、この世界にはいまだに存在している。

人間的連帯に関するリスクは、すべての人間の道徳的尊厳を包含し、促進しようという試みそのものにおいて、誰かが排除されることになる、ということである——それが女性であれ、別のマイノリティであれ、抑圧された集団であれ。それらの集団の社会的に構築されたアイデンティティのせいで、それらの集団は、人間という地位のための基準を満たすのにどういうわけか失敗するものとして際立たせられるのである(4)。

このような「人間」からの排除の可能性が存在しているかぎり、すべての「人間」を対象とするという理由だけで、人間的連帯は普遍的で包括的であると主張することはできないことになる。かりに人間的連帯が成立したとしても、そこから数多くの人間たちが排除されることが避けがたいのであれば、人間的連帯は一種の詐称であることになろう。

内的な困難

次に、人間的連帯は内的困難によっても阻害される。この困難が内的と呼ばれるのは、それが連帯を連帯として存在させる条件そのものに関わる困難、あるいは連帯の構造そのものに内在する困難だからである。バイヤーツは、積極的義務の負担の重さと、共感の限定性という二つの問題を挙げている。まず積極的義務の問題から見てみる。

積極的義務の問題を理解するためには、まずは積極的義務とは何かを知る必要がある。義務の分類には幾つかの種類があるが、消極的義務と積極的義務という分類が一般的である。消極的義務は、他者に危害を加えることを禁じる義務である。この義務は、危害を加えるのを控えることで実現されると一般に考えられるから、消極的義務を遂行する者の負担は小さいと言われる。また、他者がどのような他者であれ、他者に危害を加えることは禁じられると一般に考えられるから、消極的義務は普遍的であると言われている。一方で、積極的義務は、他者の利益となるよう何かを行う義務である。積極的義務は、他者のために労力や時間や資源を提供することを要求するので、積極的義務を遂行する者たちの負担は大きくなると言われる。また、その重い負担のゆえに、積極的義務が適用される範囲は狭いと言われる。

連帯する者たちは互いに義務を負う。この義務には消極的義務も積極的義務も含まれる。消極的義務が含まれることは当然のことだろう。なぜなら、連帯する者たちも傷つけ合ってはならないからである。しかし、加害の禁止は連帯する者たちだけに妥当する義務ではない。したがって、消極的義務と連帯との関連は希薄であるという考えも成り立つ。

とすると、積極的義務の方が連帯に密着した義務として際立つことになろう。分かりやすいのは政治的連帯である。第3章で見たように、政治的連帯は、連帯する者たちに三つの義務（協力、社会批判、直接行動）を課すのであった。しかし、政治的連帯に関与しない者たちに、そのような義務が課されることはない。それゆえ、連帯が呼び起こす義務のうち積極的義務の方が、連帯に特徴的であることになる。しかし、通念によれば、積極的義務は重い負担を課すとされる。このような重い負担を伴う積極的義務は、人類全体へと拡張することが可能なのだろうか。人類全体のために重い負担を引き受ける義務は誰にもないのではないか。このような疑念から、連帯を人類全体に拡大することは困難であるという主張が導かれることになる。

バイヤーツは、もう一つの問題として共感の限定性を挙げている。バイヤーツは、デイヴィッド・ヒュームを援用する。ヒュームは、その『人間本性論』において、人間の関心の構造を同心円的に説明している。この関心の同心円の中心には個人が位置し、この中心から離れてゆくにつれて、関心は弱くなってゆく。ヒュームによれば、「われわれの精神の本来の成り立ちでは、最大の関心は自分自身に限られ、次いで強い関心が縁者や知人にも広げられる」が、「見知らぬ人や、関係のない人にまで及ぶのは、最低の程度の関心だけ[5]」である。このような意味で、他者への関心、他者への愛着には、「偏り（partiality）」や「不均等[6]」が存在する。それゆえ、「一般的に言って、個人の性質にも、能力にも、われわれ自身との関係にもよらない、単にそのものとしての人間一般への愛などという情念は、人間の精神のうちに存在しないと断言してよい[7]」。

そうであるとしたら、人間的連帯もまた不可能であることになる。遠くの見知らぬ者たちに対して強い関心をもつことができない以上、そうした者たちと結びつき、支え合おうとする動機が生まれないからである。したがって、もし連帯が成立するとすれば、もっと小さなスケールにおいてであろう。「人は、なんらかの共通の根拠にもとづいて、すなわち共有された歴史、共有された感情や確信や利益にもとづいて、身近な者たちと「連帯する[8]」」。このことが正しいとすれば、それは、「連帯という語の普遍主義的用法に対する重大な反論[9]」であることになろう。

シュルツによる批判

それでは、人間的連帯という概念に居場所はないのだろうか。人間的連帯を別の種類の連帯の下位区分として位置づけるシュルツ流の仕方で、人間的連帯に存在の余地を残すこともできる。

人間的連帯は、それが持ち出される意図に応じて変化し、社会的連帯のサブカテゴリーとして最もよく理解される。すなわち、それは共有された属性ないし特徴によって結束された人間全員の社会的連帯である。さもなければ、人間的連帯は、国際共同体の成員を保護したり、世界のもっとも脆弱な者たちを援助したりすることに関与する国際共同体の成員全員の結束として、市民的連帯である。[10]

グローバル化した今日の世界においては、人間的連帯が成立していると思わせる場面が出現することがある。しかし、そのような場面で人間的連帯だと思われるものは、他の種類の連帯の範囲が拡大したものにすぎない。したがって、人間的連帯は他の種類の連帯の下位区分として理解するのがよいというのである。まず、人間的連帯は、社会的連帯の下位区分として理解することができる。社会的連帯は、共通の特徴によって結びついた者たちのあいだで成立する連帯であった。たとえば、今日のグローバル経済を考えてみよう。グローバル経済は、可能性としては、グローバルな分業システムを通じてすべての人間を結合し、大きな連帯を成立させるかもしれない。

このようにして成立する連帯は、しかし人間的連帯ではない。あくまでも、グローバル経済の担い手という共通の特徴によって成立する連帯である以上、それが広範囲で人間を包摂するものであるとしても、それは社会的連帯である。ここには、人間であるという単純な事実によって成立する普遍的な人間的連帯とは異なるメカニズムが働いているのである。

次に、人間的連帯は市民的連帯の下位区分として理解することができる。たとえば、グローバルな貧困問題を解決するために、人々が異国の貧困者の支援に取り組むことは人間的連帯であるかのように見える。しかし、これは規模が拡大した市民的連帯として理解すべきである。市民的連帯は、ある集団の成員たちが、相互に、そしてとりわけもっとも脆弱な者たちのために、その最低限の生活水準を保障するよう協力することであった。グローバルな貧困問題に取り組むことは、この市民的連帯が地球規模に拡大したものにすぎない。このようにして、ショルツは、人間的連帯の居場所を確保する。だが、その固有の身分を奪うことによって、そうするのである。

バイヤーツの批判、つまり連帯の領域を人間全体へと拡大することは重い負担や関心の限界のゆえに不可能であるという批判には、かなりの説得力がある。また、今日のグローバル化した世界において、まさに人間的連帯であると思われたものが、実際には規模が拡大された他の種類の連帯であるというショルツの指摘も、事柄の一面を正確に捉えたものであろう。とくにショルツの場合、人間的連帯という概念に訴えなくとも世界規模の連帯現象を理解することが可能になるから、人間的連帯という概念は無用であるという結論も導くことができるかもしれない。

とはいえ、人間が人間であるがゆえに連帯するという人間的連帯の発想は、この種の批判によって葬られてもよいのだろうか。たしかに、人間的連帯は実現不可能で不要な一個のユートピアであるかもしれない。そうだとしても、連帯という概念そのものには、連帯の境界線を拡大し、人間的連帯へと突き進んでゆく内的な傾向があるとも言える。人間的連帯が究極的には不可能な構想であるとしても、連帯の極点としての人間的連帯の姿を描いてみることは、連帯論の正当な課題として残されているように思われる。そのような想定のもと、以下では、この課題に二つの方向から接近する。一つは、人間的連帯を消極的義務の問題系に引き寄せて擁護する立場からの接近である。もう一つは、人間的連帯を論じる際の視座を変更する立場からの接近である。

2　消極的義務からのアプローチ

消極的義務という視点

前節では、積極的義務の負担の重さゆえに人間的連帯は不可能であるという批判に言及した。このような批判に応答してゆく方途は存在するだろうか。本節では、その一つの可能性を提示したい。それは、人間的連帯が成立するための土台を消極的義務の方に引き寄せることである。消極的義務は普遍的なものであると考えられるから、消極的義務に依拠した連帯が可能であれば、その連帯も普遍的なものとなり、したがって、人間的連帯が成立する可能性が開かれるかもしれない。とはいえ、すでに見たように、消極的義務と連帯との関連は希薄であるという見方も成り立つのであった。したがって、消極的義務の問題系と連帯とをうまく接続させるための接点が見出されなければならない。

まず地ならしをしよう。人間的連帯を批判したバイヤーツの論考のなかにも、消極的義務を援用する戦略の萌芽を見出すことができる。バイヤーツその人は、その先に進むことはなかったけれども。バイヤーツは、積極的義務は負担が重いので普遍化できないとし、人間的連帯の可能性を棄却したが、同時に、消極的義務なら普遍化可能であることを強調していた。

消極的義務に関しては、普遍主義は相変わらず欠かすことはできない。人類全体のために慈善行為を遂行する義務は誰にもないからといって、見知らぬ者を殺したり、傷つけたり、盗んだり、差別したりしてよいということになるわけでは絶対にない(11)。

もちろん、そうだからと言って、消極的義務と連帯とが単純に結びつくわけではない。むしろ、ある意味では、消極的義務は連帯の反対であるという言い方もできる。連帯が多かれ少なかれ他者たちへの関与を要求するのに対して、消極的義務は、他者に干渉しないことを主眼にする義務だと考えられる。その意味で、消極的義務は没関与的である。そのため、消極的義務は、関与的性格を強く帯びる連帯とは相性が悪いようにも見える。

しかし、そのような消極的義務の性格づけは修正を必要とする。消極的義務にも積極的で関与的な要素が含まれるからである。たしかに、消極的義務は、他者に危害を加えることを控える義務であって、この側面のみに注目すれば、消極的義務は没関与的な義務ではある。だが、この消極的義務に対する違背が生じた場合、その犠牲者に対して様々な対応がなされなければならないし、そうした違背が生じないよう予防的な対応もなされなければならない。消極的義務を遵守することには、こうした積極的な要素も含まれるのであって、その点で、消極的義務の履行は没関与的であるとは必ずしも言えないのである。

消極的義務と制度

消極的義務の履行は加害を控えることだけではないという事実に光を当てたのが、国際援助論の現代的パラダイムを構築したトマス・ポッゲである。ポッゲは、『世界的貧困と人権』[12]において、制度の加害性という視点を提示した。たとえば、ある制度のせいで人々の人権が侵害されるなら、そのような制度は加害的であり、その制度を支えている者たちも加害的であると、ポッゲは考える。ポッゲは、この視点からグローバルな経済制度や政治制度を評価し、それらは加害的であると断定した。また、加害的な制度は、他者への加害を禁じる消極的義務に違背するので、改廃されなければならない。このように、制度の加害性という視点を採用するとき、制度の変革という積極的な要素を消極的義務の履行に含ませることが可能になる。また、物理的な暴力という直接的なかたちで他者を傷つけてはいない者たちにも、加害的制度を支えているかぎり、この制度によって危害を加えられている者たちのために、この制度を改廃する義務が課されることになる。ポッゲその人は、この議論を連帯論として展開したわけではないが、それを連帯論に引き付けて解釈することは十分に可能であろう。事実、齋藤純一は、同様の枠組みを連帯論に組み込み、国境を越えて成立する連帯の可能性に言及している。

特定の集団の外部には連帯は存在しない、したがって排他的ではない連帯などありえないとする議論は、他者の生活状況を改善すべく支援する「積極的義務」を念頭においたものである。他者に危害《ハーム》を与えないという「消極的義務」を引き受けることも連帯の一つのかたちであり、それは国境を隔てた他者との間にも成立しうる（もちろん、構造化された不正義を介しての危害もそこに含める必要があるだろう[13]）。

このように見てくると、消極的義務もまた積極的要素を含むことによって、連帯の基礎となる可能性がある。また、消極的義務は普遍性を帯びるから、人間的連帯の基礎となる可能性がある。この方向性で議論を精緻化し深化させたのが、次に見るアルト・ライティネンである。なお、ライティネンは人間的連帯に代えて道徳的連帯という語を用いている。道徳的連帯とは、人類全体からなる道徳的共同体の内部での連帯のことを意味するので、人間的連帯という概念とほぼ重なる。したがって、ここでは、しばらくのあいだ道徳的連帯という言葉を用いることにする。

第三者の義務

ライティネンは、消極的義務を遵守することそれ自体が連帯であるとは考えない。なぜなら、それは消極的義務を遵守することにすぎないからである。消極的義務が連帯の基礎となるためには、別の要素が必要になる。ライティネンが焦点を合わせるのは、第三者の義務である。通常、消極的義務は二項的に説明される。つまり、消極的義務は、一方の人物が他方の人物に危害を加えることを禁じるものであり、この義務に反した場合、一方は他方に賠償や補償をしなければならないと命じるものである、と説明される。ライティネンによると、このような二項的な説明を採用するかぎり、消極的義務は連帯の基礎になることができない。なぜなら、このような説明のもとでは、消極的義務に従うことは単に消極的義務に従っているにすぎないのであって、連帯と呼ぶに値する要素を見出すことができないからである。そのため、ライティネンは二項的説明に代えて、道徳の三項的説明を採用する。

三項的説明では、ある人物と他の人物との関係だけではなく、第三者との関係が視野に収められる。ここで第三者は加害的に行為していないと想定しよう。この第三者は消極的義務を遵守していると言えるだろうか。一面ではそうである。加害的に振る舞ってはいないからである。だが、消極的義務が要求するのは、そのことだけではない。第三者は、単に第三者なのではなく、「犠牲者のために第三者が活動するよう命じる」[14]義務を果たさなければならない。第三者は「可能的介入者、制裁者、証言者」[15]なのである。つまり、第三者は、犠牲者を保護したり救援したりするための介入者、あるいは犠牲者に危害が加えられたことを記憶し証明する証言者、そして加害者の責任を明らかにする制裁者として行為しなければならない。直接に危害を加えてはいない第三者にも、こうした道徳的義務が発生する。そして、こうした義務を果たすとき、第三者も「犠牲者と連帯している」[16]と言える。三項的説明はそのことを明らかにするのである。

道徳的連帯の導出

だが、そのような義務が第三者に発生するのは、なぜだろうか。そして、その義務を遵守することが連帯であると言えるのは、なぜだろうか。ライティネンによると、誰かが傷つけられるということは、単にその人が傷つけられるにすぎないのではない。それは、道徳的共同体を構成する誰かが傷つけられることでもある。そして、道徳的共同体を構成する人物が傷つけられることは、道徳的共同体の内部で通用している規範——他者を傷つけるな——が傷つけられることでもある。つまり、特定の誰かが傷つけられることは、その誰かが犠牲になることを意味するだけでなく、その誰かが帰属する道徳的共同体そのものが傷つけられることをも意味する。

誰かに対する暴行（violation）は、同時に、それを持続させることが他の者たち全員の課題であるような規範に対する侵害（violation）である。その意味で、一人に対する暴行は、全員に対する暴行である。[17]

そうであるがゆえに、特定の誰かが傷つけられることのないよう、第三者にも義務が課されるのである。道徳的共同体の一人が、そのような第三者の義務を果たすとき、そのことは道徳共同体全体のためにもなされている。また、この第三者としての義務は道徳共同体の全成員に課される。これらすべての者たちに、一人の犠牲者のために第三者として関与する義務が課せられる。したがって、直接に自身が危害を加えたのではない犠牲者のために、第三者が関与するとき、「一人はみんなのために、みんなは一人のために[18]」という連帯の構造が成立するのである。ここに至ってようやく、消極的義務の問題系から道徳的連帯が導かれる。傷つけられた誰かのために、あるいは誰かが傷つけられないように一人ひとりが行為するとき、道徳的連帯が成立する。そして、繰り返せば、消極的義務の適用範囲は、国籍や文化や宗教や地理的場所といった差異や境界線を越えている。肌の色が違っても、信じている宗教が異なっても、地理的に遠い場所で生活していても、他者が傷つけられないように、もし傷つけられたなら、その他者を保護したり、あるいは、そのような事態が発生しないような環境を整えたりするように行為する義務が、各人に課せられる。各人がその義務に従うとき、道徳的連帯は地上に実現するのである。

以上のように、消極的義務の問題系から人間的連帯——ライティネンの語法では道徳的連帯

――を導出する試みが存在している。この試みが人間的連帯の批判に対する応答としてどこまで有効であるのか、そのことを判定する余裕は本書にはない。この応答に対しても、積極的義務の場合と同じく負担の重さという再批判が向けられる可能性もある。あるいは、地理的に遠く隔てられた地に住まう人々に第三者として関与することの非現実性が指摘されるかもしれない。ライティネンの応答が多くの批判を呼び起こすものであることは、想像に難くない。

それにもかかわらず、本書は、ライティネンの連帯論をあえて一つの選択肢として掲げた。それは、ライティネンの連帯論が人間的連帯に対する批判に真正面から応答するものであるという理由からだけではない。人間的連帯を思考するという連帯論の極点の課題に、それが真剣に取り組んでいるからである。人間的連帯は文字通りのかたちでは成立しないかもしれない。しかし、それでも人間的連帯の青写真を描くことは、連帯論にとって重要な課題である。なぜなら、人間的連帯概念には、世界の見方を転換させる働きが備わっているからである。人が人間的連帯というレンズを通して世界を見るとき、自身と遠くの他者との関係が別様に見えるようになる。たとえば、ライティネンの磨いたレンズを通して世界を見るとき、私の存在は、異国の抑圧された者たちに対する第三者の立場にあるものとして、その像を結ぶことだろう。そうだとすれば、バイヤーツやショルツのような批判を無条件に受け入れ、人間的連帯概念を放擲してしまうなら、それによって失われてしまうものは大きいと言わざるをえない。少なくとも、このような認識の転換効果を生み出すかぎり、人間的連帯概念は彫琢に値する対象であるように思われる。そのような問題意識のもと、次節では、連帯論の極点たる人間的連帯概念を彫琢する仕事に、本書なりの立場から取り組むことになる。

3 連帯の人間存在論

視点を変える

人間的連帯概念は、連帯の水平的な拡大を含意するものであった。特定の社会、特定の制度、特定の集団を超えて、全人類が結合しているということが、人間的連帯概念によって意味されることである。それゆえに、義務を遂行する際の負担の重さなどが問題点として指摘されるのであった。前節で検討したライティネンの応答は、このような批判に対して、真正面から取り組んだものだと言える。本節で記されるのは、そのような批判や応答が拠って立つ視点とは別の視点に移動する試みである。つまり、人間的連帯を水平的に拡大した連帯と見なす人間的連帯論から離脱し、別の視点から人間的連帯を理解する試みである。この視点からは、人間的連帯は連帯の一種ではなく、人間の存在様式として理解されることになる。人間は本来的に連帯的存在であって、このような人間の存在様式を表現するものが人間的連帯という言葉なのである。ここでは、まず、この人間的連帯論の輪郭を示し、そののちに、人間的連帯の普遍性の問題について検討する。

人間の存在様式としての連帯という発想を理解するためには、なによりも身体に注目しなければばならない。テーゼとして述べるなら、人間は身体的存在であることによって、必然的に連帯的存在である。あるいは、人間は身体であることによって連帯せざるをえない。同じことを抽象度を下げて表現するなら、身体である人間は、たった独りで生きてゆくことができない、ということである。人間は、独立した存在であるのに先立って、相互に依存し扶助し、そうすることでかろうじて自身の生命を再生産することができる存在である。

誤解を避けるために述べておくなら、人間が連帯的存在であるからといって、人間を独立した存在と見なしてはならないというわけではない。人間はある局面では、そしてある視点からは独立した存在と見なすこともできる。そのことは否定されない。しかし、その独立性によって人間の生を全面的に特徴づけることはできない。人間の生は、根本において依存性や協働性を帯びているからである。ギブソン＝グラハムに倣い氷山の比喩を用いるなら、水面上に顔を出している独立性という山頂の下には、協働や扶助の分厚い領域が潜んでいて、それらが独立性の領域を支えている。水面下の厚い層を捨象するときだけ、人間をもっぱら独立した存在として描くことが可能になる。この水面下にある基層にも思考の網目が届くようにするには、思考の角度を切り替え、身体から出発するのでなければならない。

身体と物質代謝

人間は身体的存在である。人間は身体から逃れられない。それゆえ、人間の生の輪郭は身体によって強く太く描かれる。身体であることによって、人間には何事かの可能性が与えられると同時に何事かの制約が課される。連帯の可能性も連帯の必然性も、身体が人間に課す可能性と制約という視点から明らかになる。そもそも、身体であるとはどういうことだろうか[19]。少し考えてみよう。明らかに、身体は物質である。もちろん、物質を集めただけでは有機体とならないし、物質の単なる集合体には生命は宿らない。だが、物質でなければ、そして物質がなければ、身体の存立は不可能である。人間の身体の基礎にあるのは物質である。身体は生命の宿る物質である。生命の宿る物質としての身体は、自身を再生産するために、自身の外部に存在する物質を内部に取り込んだり、ふたたびそれを排出したりしなければならない。身体であることによって、人間は空気を吸い、吐き、水で渇きを癒さなければならない。あるいは、身体であることによって、人間は、他の生命を食べ、内部に取り込まなければならない。また、不要となった物質を外部に排泄し続けなければならない。さらに、無毛の身体ゆえに、人間は何かを纏わねばならず、雨風を凌ぐために居を構えなければならない。人間は、徹頭徹尾、外部の物質に依存している。

『資本論』のマルクスに倣い、身体とその外部とのあいだに生起する物質の流れと循環を「物質代謝」(Stoffwechsel) と呼ぼう[20]。マルクスが的確に論じたように、物質代謝はまずは労働において生起する。自然が贈与するものを原料や素材として用い、様々な有用物を生み出す労働の過程は、そこにおいて物質代謝が生起する過程である。このような労働によって、人間は衣食住をはじめとする様々な必要を満たす。とはいえ、自然とのあいだに生起する物質移動・物質交換は、労働の過程に限定されない。呼吸もそうであるし、廃棄物や排泄物、そして死して後の身体といったものを人間は自然の物質代謝に委ねている。ここでは、このようなもっと広い意味において物質代謝という語を用いる。このような物質代謝によって身体の再生産は可能になる。

欠如存在としての人間

人間の身体に物質代謝が運命づけられているかぎり、人間は自身の内部に完結することができない。身体は非自足的存在であって、その再生産に必要とされるものを外部の物質に依存し手に入れなければならないのである。そして、そのことは、身体が欠落あるいは欠如を抱えていることを意味する。城塚登《しろつかのぼる》の言葉を借りるなら、非自足性を帯びる身体は「欠如態」[21]であり、身体的存在としての人間は「欠如存在」[22]である。欠如存在として、人間は、その必要を満たすために外部に、とりわけ自然に依存しなければならない。

身体の非自足性ゆえに、人間は物質的な外部に依存せざるをえないだけではない。人間は、身体の非自足性によって、他者にも依存せざるをえない。ここでも物質の動きに焦点を合わせて考えてみる。すでに触れたように、物質代謝なしに身体を再生産することは不可能である。それでは、人間は、孤立した状態で物質代謝に与《あずか》ることはできるだろうか。呼吸することはたった独りでも可能かもしれない。しかし、水を飲んだり、食物を食べたりすることはどうだろうか。あるいは、廃棄物や排泄物の処理はどうだろうか。大都市において顕著であるように、人は、自身の身体が取り込むもの、纏うもの、住まうものを、独力で手に入れることは困難である。食べ物は複雑なフードシステムを通じて、人々の手元に送り届けられる。清潔な水でさえ、上水道のようなシステムに支えられなければ口にすることができない。このように、多数の人々の繋がり、協働、分業のネットワークを通じて、身体が必要とする物質は送り届けられる。

このような社会的な水準での物質の移動と循環を表すために、マルクスに倣い、「社会的物質代謝[23]」という語を用いよう。一人ひとりの人間の物質代謝は、多くの場合、社会的物質代謝の一環として生じている。つまり、社会的物質代謝のネットワークに組み込まれなければ、個々人の物質的代謝は成立しがたい。そうだとすれば、身体の非自足性ゆえに、人間は、外的物質に依存しているだけでなく、社会的物質代謝を成り立たせる人々のネットワークに、そして、そのネットワークを構成している他者たちに依存する。

身体の脆弱性

人間は身体であることによって欠如存在であり、外部の物質に依存する。そのため人間は、外部の物質が剝奪されることに対してひどく脆弱である。なぜなら、外部の物質が手に入れられないなら、それは身体の再生産が途絶することを、つまり死を意味するからである。物質の剝奪に対する脆弱性は、様々な方向からもたらされる。もっとも顕著な原因は、人間が身体的存在であることそれ自体にある。生命の宿る物質としての身体は、物質代謝を何度も繰り返さなければならない。このような反復の過程が途絶するとき、人間はみずからの身体を再生産することができなくなる。だが、この反復そのものを通じて、身体は誕生の瞬間から摩耗し劣化してゆく。セネカの述べる通り、「われわれに生命を与えた最初の時が、すでに生命を壊しはじめる」[24]。身体は、かならず病み、老い、衰弱してゆく。

さらにまた、物質の剝奪に対する身体の脆弱性は、身体を取り囲む外的環境によってもたらされる。外的自然の気まぐれによって災害や天候不順という災厄が人間にもたらされ、生命の再生産が困難になることがある。あるいは、社会的物質代謝が様々な理由で停滞したり途絶したりすることによっても、この脆弱性はもたらされる。経済恐慌、政治腐敗、制度の綻び、戦争、革命、争乱など、様々な社会的事件によって社会的物質代謝は阻害される。そして、社会的物質代謝が阻害されることによって、個人の物質代謝も滞ることになる。

過剰の生成

欠如存在としての人間は、一人ひとりが孤絶しているなら、このような物質の剝奪に対してひどく脆弱である。だが、人間は、物質の欠如がもたらす脆弱性を完全に克服することはできないが、しかしそれを緩和させることはできる。他者たちの存在によって、そのことが可能になる。もちろん、他者たちの身体もまた同じように脆弱である。孤絶しているとき一人ひとりは脆弱で非力な存在であるのに、複数人が力を合わせ、支え合うとき、孤絶しては実現しえなかったことを果たすことができるようになる。

神ならぬ身体的存在としての人間は、そうであるがゆえに有限な存在であり、欠如と非力さを抱えたまま存在するほかない。そのような存在は、自身を自身だけで持続させることができない。だが、それらの存在が集合し、複数の存在として協働するとき、驚くべきことに、そのような困難は緩和され、孤立しては不可能であったことが可能になる。結合することによって、助け合うことによって過剰が生み出され、そのことによって一人では不可能であったことが可能なものに転化する。このような相互扶助に伴う欠如と過剰の弁証法は、人間存在の様々な水準を貫いて、それを構造的に規定している。このような人間存在の構造を連帯的と形容しよう。身体を有するがゆえに有限である人間は根幹において連帯的存在であるほかない。本章が提示する人間的連帯という語は、このような事態を表現する言葉なのである。つまり、人間的連帯は、人類全体を包括する連帯という意味ではなく、人間の存在構造を指し示す言葉として用いられている。人間的連帯とは、欠如と過剰の弁証法という視点から見出された人間の存在構造の異名なのである。

人間的連帯の普遍性

このように人間的連帯を理解するとき、人間的連帯の普遍性の問題に関しても、別様に考える可能性が開かれる。様々な場面で様々な連帯が生じるが、それらが連帯と呼ばれるかぎり、程度の差はあっても、それらには共通して相互扶助の構造が備わり、それゆえ欠如と過剰の弁証法が働いているはずである。そうした構造が伴わず、この弁証法が働いていないなら、連帯という語を用いることはできないはずだからである。そうだとしたら、人間的連帯は、様々な種類の連帯に通底する共通分母であると言うこともできる。

欠如存在としての人間は、その欠如を一人で満たすことは難しい。だが、人間は社会的物質代謝の流れに与することによって、その欠如を満たすことができるようになる。人々は支え合うことで、一人ひとりの脆弱性を和らげることができるのである。これが社会的連帯の基底的な構造であるとすれば、欠如と過剰の弁証法は社会的連帯においても働いている。また、老いや病によって、そして様々な不慮の出来事によって欠如を満たすことができないとき、人間は周囲の者たちの扶助によって、その生命を再生産する。今日、このような相互扶助の一斑は制度化され、社会保障制度として営まれている。この制度のもとでは、人々が少しずつ負担を受け入れることによって、他者の生命を支えるという困難な課題が果たされる。この市民的連帯においても、欠如と過剰の弁証法が働いている。あるいは、人々の物質代謝の途絶が、様々な制度の綻びや歪みによって引き起こされているとき、この制度を変革する必要が生まれる。しかし、制度の変革をたった一人で行うことは不可能である。なぜなら、制度は、定義上、多数の者たちによって担われるものだからである。一人ひとりの個人は制度をまえにして非力である。しかし、制度を変革するという政治的大義のもとで人々が力を合わせるとき、制度の変革が達成されることがある。このような政治的連帯にも欠如と過剰の弁証法が働いている。

連帯は、特定の目的や意図のもとで成立するから、その目的や意図の差異に応じて、成立する連帯の種類は異なる。だが、どのような種類の連帯であっても、それが連帯であるかぎり、かならず相互扶助の構造が備わり、そこでは欠如と過剰の弁証法が働いているはずである。このように理解することができるとすれば、人間的連帯は、他の種類の連帯と同水準に並ぶ連帯の一類型にすぎないのではない。むしろ、人間的連帯は、他の種類の連帯が連帯として存在するのを可能にする共通の分母なのである。そして、そうであることによって、人間的連帯は様々な連帯が生起する個々の場所で、それらの連帯を支えている。だから、人間的連帯は人間が生活を営む場所に遍在している。なぜなら、人間的連帯は、人間の存在構造だからである。人間的連帯の普遍性というものは、このような人間的連帯の遍在性として理解することができるだろう。

4　倫理的連帯へ

相互扶助の倫理

人間は欠如存在であるが、複数の欠如存在が集合するとき、欠如と過剰の弁証法が働き、人間はその欠如を満たすことができるようになる。このような連帯の機制を通じて、欠如存在としての人間は、その生命を再生産することができる。人間は、この事実を知っている。一者の生は他者による扶助がなければ成り行かないし、他者の生も一者による扶助がなければ成り行かない。

そのことを人間は知っているのである。ここから相互扶助の倫理が立ち上がる[25]。

ある人が誰かを扶助するとき、その人は自身の存在の一部を、つまり労力や時間や所有物を他者に差し出し、他者と分かち合う。助け合いは分かち合いである。だから、相互扶助の倫理は分かち合いの倫理である。だが、分かち合いの倫理は正義の倫理ではない。相互扶助という語は相互性を含意するので、正義の概念と親和性が強いように見えるかもしれない。つまり、一者が与えたのと同じだけ他者も与えなければならないという均衡が含意されるように見えるかもしれない。しかし、相互扶助において大切なことは、まずは分かち合うことであって、相互扶助の倫理は正義や均衡とは異なる次元にある。分かち合いの倫理は分け前の正当性の倫理ではない。

もちろん、相互扶助が社会保険のようなかたちで制度化されるとき、誰がどれだけ負担し利益を手にするのかということに関する分配的正義の問題が前景化するだろうし、またヘクターの言う通りフリーライダーを防止することも切実な課題となるだろう。しかし、相互扶助は、そうした正義の問題から独立したトピックとして理解されなければならない。危機の状況においては、正義よりも連帯が強調される傾向がある。それは、危機の状況にあっては、制度的正義がうまく機能しないからであり、正義が不在であってもなお人々の共存が求められるからである。そのことは、相互扶助や連帯が正義と次元を異にするトピックであることの証拠であろう。

たしかに、相互扶助は扶助の相互性を含意するから、相互扶助の倫理においては、一者の扶助に対して他者が扶助で返すということが前提される。しかし、相互扶助の概念それ自体は、一者が他者に対して、いつ、どのように、どれほど扶助するのかという内容を指示しない。一者が扶助したにもかかわらず、他者が扶助を返すことがない、ということも十分にありうる。たとえば、ある人物が困窮する他者に扶助したが、それにもかかわらず、その他者が絶命してしまうといった事態は十分に想定しうる。このような場合、扶助は相互的ではなく一方向的であって、見返りのない贈与であることになろう。また、ここでは説明の便宜上、相互扶助の関係を一対一の関係として説明しているが、実際にはそうではない場合が多い。一人を扶助するために、複数の者たちが力を合わせることが頻繁にある。複数の者たちが複数の者たちを扶助することもある。この場合、誰がどれだけ扶助したかということを突き止めることは困難であろう。そうであるにもかかわらず、相互扶助は行われる。その意味でも相互扶助には贈与の契機が含まれるはずなのである。

商品交換の一面性

そうした相互扶助の独特の性格が捨象され、相互扶助が商品交換のようなものとして理解されてしまうと、相互扶助の本質が見えなくなってしまう。相互扶助は、商品交換のようなものとしては不可能なのである。商品交換は、交換される物やサービスの等価性、また交換の同時性によって特徴づけられるだろうが、日々の相互扶助はそうした特徴から大きく逸脱している。もし、贈与に対して、即座に等価の贈与で応答するとすれば、それは、贈与が生み出す関係を解消することを意味するだろう。グッディンは次のように述べている。

厚意に対して、あまりにすぐに返礼する者は、あるいは友人が以前じぶんに与えてくれたものと同じ贈り物を正確に友人に返す者は、友人的な振る舞いを支配している規則ではなく、商業融資の返済を支配している規則に従っているのである。(26)

商品交換は、そのよう非友人的な規則に従うものである。交換者たちは、交換のあいだだけ接触し、交換が終われば交換者たちの関係は絶たれる。そして、その交換は等価物の交換でなければならない。これに対して、相互扶助の相互性は、そのようなものではない。すでに考察したように、ある人物が誰かを扶助したとしても、その見返りの扶助がいつ、どれだけ届けられるのか分からないし、そもそも届けられないかもしれない。それでも遂行されるのが相互扶助なのである。

ここで注意すべきは、強調点が置かれている場所である。ここでは、扶助する者は見返りを期待してはいないといったことが主張されているのではない。純粋な利他主義者や聖人君子でない以上、人は何らかのかたちで見返りを期待するはずである。しかし、期待通りに見返りが届けられるとは限らない。相互扶助の関係においては、商品交換のような相互性は成立しないからである。そのかぎり、相互扶助には、見返りのない贈与という契機が避け難く含まれる。この事実が強調されているだけなのである。

相互扶助の性格をこのように理解することによって、第1章で言及された連帯の二つのモデル――協働モデルと他者中心主義モデル――と、相互扶助との関係について解釈することが可能となる。連帯の協働モデルでは、共通の目標や利益を実現するために協力し、その負担を引き受けることが連帯と見なされるのであった。また、連帯の他者中心主義モデルにおいては、苦境に陥っている他者に対する助力に力点がおかれるのであった。一見すると、相互扶助は前者と親和的であるように感じられる。だが、相互扶助が帯びる贈与性を考慮に入れるなら、連帯の他者中心主義的モデルによっても相互扶助の一面を説明することができるのである。

連帯と他者中心主義

相互扶助には贈与性という要素が含まれる以上、連帯という現象も程度の差はあれ他者中心主義の性格を帯びる。連帯が他者中心主義の性格を帯びるという事態を理解するために、「人は自分自身と連帯することはできない[27]」というショルツの言葉を少しだけ自由に解釈してみよう。連帯するとは、定義上、他者と関わるということである。他者と連帯するとき、個人はその境界の外部に飛び出し、他者に開かれる。連帯的であるとは、他者に開かれていることを意味する。それだから、連帯するとき、個人は脱中心化される。連帯において、他者との関係の重心は自己から他者の方へと移動するのである。もちろん、連帯が制度化されると、その制度から自己利益を得ようと考える者たちが出現する。そのとき、連帯関係における重心は自己の方にやや移動する。

そのことによって、連帯の協働モデルが説得力を増すような場面が発生するだろう。だが、そうだとしても、そのことによって他者中心主義の要素が消滅してしまうわけではない。

連帯の倫理、あるいは相互扶助の倫理というものが可能であるとすれば、それは他者の方に重心を移動させたものであろう。イマヌエル・カントの定言命法――「汝の人格やほかのあらゆるひとの人格のうちにある人間性を、いつも同時に目的として扱い、決してたんに手段としてのみ扱わないように行為せよ(28)」――を変形することによって、この重心移動を表現することができるかもしれない。ライティネンは、そのことを試みた。

以下のように述べることによって、カントの有名な格言を転倒することさえできる。誰も、単に目的と見なされるべきではなく、むしろ、少なくともときには他者の目的を促進するための有用な手段と見なされるべきである(29)。

連帯せよ――そのように呼びかけられるとき、自身の存在が他者たちに開かれてあること、自身の存在の一部を差し出し、他者たちと分かち合うことが、私たち一人ひとりに求められるのである。ここでは、このような分かち合いの呼びかけに「倫理的連帯」という名を与えよう。

ここで用語を整理しておく。前節において、人間存在の土台に連帯の構造があること、連帯の構造は相互扶助的性格を有することを確認してきた。本章では、このような人間存在を支える相互扶助的構造の異名として人間的連帯の語が用いられる。したがって、人間的連帯は、人間たちのあいだに事実として相互扶助的連帯が存在することを示す語であるから、おもに記述的に用いられる。他方、この相互扶助的連帯に関与するよう命じるのが倫理的連帯である。それは、人間的連帯の規範的な側面を示すための語である。

倫理的連帯の遍在性

それでは、規範的な視点から見た場合、連帯の普遍性をどのように理解すべきだろうか。まず、注意すべきは倫理的連帯の範囲である。倫理的連帯は他者に対して開かれてあるよう、そして、他者とのあいだに相互扶助の関係を結ぶよう命じるだけであって、どのような他者とその関係を結ぶべきかを指定しない。つまり、倫理的連帯は、特定の集団の成員や特定の特徴を共有する者と連帯するよう命じるわけではない。その点で、倫理的連帯は開放性を備えている。それゆえ、倫理的連帯の命令に従うことには、見知らぬ他者と連帯することも含まれる。たとえば、私の目のまえに、これまで一度も出会ったことがない人物が倒れているとする。そのような他者とのあいだに相互扶助の関係を結ぶことを倫理的連帯は排除しないし、可能であるなら、そうすることを要求するはずである。倫理的連帯の普遍性は、このような開放性として理解される。

この場合、この倫理的連帯の普遍性は、「人類全体との連帯」に備わる普遍性とは異なる。一人ひとりは、どのように考えても七八億人と繋がり、その者たちを扶助することはできない。それは、明らかに、物理空間的に不可能であるし、人間という有限な存在にそなわる能力の限界を超えている。そのような意味での普遍性は、はじめから不可能である。さきの例が示そうとしているのは、そのような普遍性ではない。私が出会うのは、人類のごく一部である。その意味においては、私が連帯関係を築くことができる範囲は狭い。だが、潜在的には、私は他の幾多の他者たちと連帯の関係を結ぶことができる。それが誰になるのか、何人になるのか、いつになるのか、どこにおいてなのか、どのようにしてなのか、そのことをあらかじめ知ることはできない。それは、その都度の私の生の状況と文脈に左右される。しかし、倫理的連帯は、連帯の関係を結ぶのが誰になるとしても、その誰かと連帯の関係を結びうるよう要求する。

さらに、各人が、それぞれに与えられた場面で連帯しようとするとき、つねに倫理的連帯が生起していることに注意すべきである。ある者が、テレビ画面に映し出される異国の貧しい子どもたちの姿に心を動かされ経済的支援の活動に関わるとき、あるいは国家権力に迫害された異国の者たちの行く末を案じて人権擁護の活動に加わるとき、その者は、個別の他者に個別の文脈で連帯している。有限な存在である人間は、すべての政治的連帯や市民的連帯や社会的連帯に関与することなどできず、自身が置かれた状況や文脈に要請されて特定の連帯に関与することができるだけである。だが、その特定の連帯に関与するとき、人は、連帯せよという倫理的連帯の命令に応答している。この命令は、連帯が必要とされる状況の個別性にもかかわらず、その個別性を貫いて通奏低音のように鳴り響く。倫理的連帯の普遍性はこうした遍在性を意味するのである。

連帯の樹

最後に、これまで考察してきた四種類の連帯の関係について、本書としての理解を示そう。本章が示した人間的連帯論は、人間的連帯が他の種類の連帯と同水準にあり、それらと並列する位置にあると見なすものではない。むしろ、人間的連帯は、他の種類の連帯すべてに共通する母体であると見なされる。人間的連帯は、人間的連帯として独立に存在しているというより、他の連帯が出現するとき、つねにそれらに寄り添って働いている。このことを表すために、ここでは一本の樹を比喩として用い、この樹を「連帯の樹」と呼ぶことにしよう。この連帯の樹の根が人間的連帯である。連帯の樹は、相互扶助という土壌にこの根を張っている。連帯の樹は、この根を通じて養分を吸い上げ、成長する。この土壌には、相互扶助の倫理が養分として含まれている。連帯の樹は、社会的連帯や市民的連帯、そして政治的連帯という果実を産む。それらの果実には、人間的連帯が吸い上げた倫理という栄養分が蓄えられている。

政治的連帯を例にとろう。政治的連帯は、様々な制度のもとで虐げられ抑圧されている者たちのために、この制度の変革を目指して連帯することである。この政治的大義のための連帯という点で、政治的連帯は人間的連帯とは異なる。だが、政治的連帯も、苦境に陥った者たちのために人々が力を合わせることである以上、人間的連帯と共通する相互扶助的構造を備えている。さらに、そもそも、なぜ苦境に陥った者たちのために、人々が力を集合させるのかと考えると、政治的連帯は、苦境に陥った者たちを救うべきであるという姿勢に支えられていることがわかる。しかし、これこそ倫理が要請する事柄である。とすれば、倫理的連帯が政治的連帯の根幹にあって、それを支えているという理解が成り立つであろう。あるいは、相互扶助の倫理が政治的文脈で実現されるとき政治的連帯となると言い換えることもできるのではないだろうか。

この連帯の樹は順調に大きく育つことができるだろうか。最後に、そのような問いに取り組まなければならない。連帯は人間存在の基本構造であると、本書は繰り返し述べた。それにもかかわらず、連帯という現象は衰退しているように見える。連帯が衰退する外的な理由に関しては、本書の叙述において幾度か言及されている。それに加えて、連帯そのものにある種の弱さ、瑕疵が潜んでいる。連帯の樹をうまく培うためには、そのような内的な困難に対しても視線を向けなければならない。次の終章で、この問題を一瞥することになる。

終　章

連帯の限界と未来

本書はこれまで連帯論の歴史を辿り、連帯論の地図を描いてきた。この地図の解像度はそれほど高くはないだろう。しかし、そこには連帯論の沃野を探索するのに必須の目印が書き込まれているはずである。終章では、この地図に最後の目印が書き加えられる。それは、連帯そのものに内在する問題の在り処を指し示すものである。本書は、これまでも、連帯が直面する様々な問題に言及してきた。しかし、これまで触れた問題は、おもに連帯の成立を困難にする外的な要因に関するものであった。しかし、連帯の困難はそれに止まるものではない。連帯には、連帯が連帯であることによって生み出される困難が纏わりついているからである。連帯に内在する、この種の困難を等閑視したまま連帯を擁護するなら、それは一面的な振る舞いであろう。したがって、本章では、まず、このような連帯の構造に内在する困難を一瞥する。そのうえで、そのような瑕疵にもかかわらず、連帯という視点から人間と世界に光を当てることで浮かび上がるはずの積極的な意味について考察し、そのことを本書の結論として示すことになる。

1　誰による何のための連帯か

悪のための連帯？

本書は、おもに連帯を成立させる基盤や構造に視線を向けてきた。したがって、その叙述は形式的なものであって、個々の具体的な連帯の内実に触れるものではなかった。だが、連帯は現実には、特定の人々によって特定の目的のために担われる。それだから、誰による、何のための連帯かということにも焦点を合わせることができる。たとえば犯罪集団も連帯する。犯罪集団の成員たちは、自身が帰属する集団に忠誠を誓い、その集団の利益を実現するために相互に支え合い、ときには自己犠牲的な振る舞いさえ見せる。あるいは、人種差別主義者たちもまた連帯する。人種差別主義者たちは、自身が属する人種の優越性を仮構し、それが他の人種によって脅かされていると想定する。人種差別主義者たちは、みずからが帰属する人種集団の利益を守るために団結し協力するだろう。そのように考えると、連帯が成立しているという事実は、それだけでは、連帯の正当性、あるいは連帯の倫理的正しさを保証するわけではないことが分かる。

連帯の正当性が問題となる印象的な事例として、たとえばナチスの連帯を挙げることができる。クリステン・モンローは、ホロコーストからのユダヤ人救出を手助けした者、傍観した者、そしてナチスを支持した者が、他者との関係をどのようなものと考えたのか、そしてその考えが政治的行動にどのように影響したのかを分析した論考において、インタビュイーとなった一人の女性について詳しく紹介している。彼女は、かつてナチスの活動家であり、第二次世界大戦後もドイツにとどまり、ナチスの理想を捨てることはなかった。彼女について、モンローは、「自分の集団とのもっとも強い連帯感を示す人々のうちの一人」[1]、あるいは「自分の集団との素晴らしい連帯感をもつ理想主義者」[2]と形容する。ここで引用した表現だけを取り出すなら、それは、きわめて積極的な意味合いをもつ。もしかしたら、ナチスの集団において生起した連帯は、それが連帯であるという事実だけを取り出すなら、連帯の範型となるほどの鮮鋭な輪郭を有しているのかもしれない(3)。しかし、その連帯がナチスの連帯であるとき、その倫理的身分はきわめて疑わしいものとなり、連帯がそれ自体では正当性を保証しないことを証し立てる。

連帯は、ある集団に属する者たちを結合させ、支え合いを実現する。だが、連帯はそれが働く集団の性格に応じて、「悪のための連帯」として実現される可能性も残される。たしかに、集団の構成員たちの団結や支え合いは、多くの場合に価値あることと見なされる。だからこそ連帯の意義が強調される。だが、その連帯は倫理的に疑わしい帰結をもたらすこともある。その意味で、連帯が成立しているという事実だけで連帯の正しさが保証されるわけではない。

連帯と他の価値

それでは、連帯の「正しさ」を保証するものは何であろうか。個々の連帯が正当化されうるものであるためには、連帯が帯びる共同性の価値とは別の価値や別の尺度が必要になるだろう。たとえば正義という尺度が必要になるかもしれない。連帯する者たちの一部に犠牲が強いられ、一部が特権を享受する事態が生み出される場合、その連帯は正義に悖る可能性がある。あるいは、連帯がどのような目的を実現しているのか、どのような価値を促進しているのか、集団の外部に悪しき影響を及ぼしてはいないか――そうした事柄についての思考が連帯論には必要となる。そのような事柄を思考するためには、正義以外にも自由、平等、差異、人権といった他の価値や尺度が考慮されなければならないかもしれない。

もちろん、反道徳的な集団に関しては、連帯という語を用いなければよいという選択肢もありうるだろう。しかし、その選択肢を選ぶ場合、どのような集団が反道徳的なのかということを判断しなければならない。このような作業は、結局、集団の道徳的性格を考えることなのであるから、この作業を遂行するためには、正義をはじめとした他の価値が尺度として用いられることになるだろう。それゆえ、結局のところ、その作業を行うとすれば、それは、先ほど述べたような正義や平等や自由といった価値から連帯について考えることと別のことではないことになる。

2 連帯の負の力

連帯と排除

連帯が連帯であるがゆえに自身の内部に生み出してしまう負の要素として、他にどのようなものを指摘することができるだろうか。一つには、排除という要素が挙げられるだろう。連帯という語は包摂という語と親和性が強いと思われるため、この点は強調しておく必要がある。前節で見たように、ファシストの連帯や人種差別主義者の連帯は、集団の内部では望ましい理想的な連帯であるかもしれないが、しかし、それは外部に敵を作り出し、それを攻撃するものである。あるいは、それは、集団の内部から「不純」な分子を排除し、様々な仕方で外部に放逐する。このような排除の機制は、全体主義的な集団や差別的‐排外主義的な集団に顕著なものではあろうが、しかし、それに固有のものではない。連帯には多かれ少なかれ排除の機制が伴うからである。

集団は、集団に属す者たちと、そうでない者たちとのあいだに境界線を引くことによって成り立つ。あるいは、境界線が引かれることによって、集団が立ち上がる。「彼ら」とは異なるものとして、「われわれ」集団が生み出されるのである。とすると、集団の成立と境界の線引きとは等根源的であるといえる。そうである以上、集団にとって、その外部は本質的‐構成的である。あるいは、外部は集団が存在するための条件である。そうであるかぎり、排除という現象は、全体主義的集団のような集団だけに限定されるものではない。第4章で見たように、福祉制度を支える集団に関しても、たとえば「誰が受給資格をもつのか」といった案件において排除性が顕在化する。連帯が機能するとき、それは一方で当該の集団の結合を強化するが、その結合の強化が他方で排除を生み出すことに貢献するのである。連帯は排除の否定性に取り憑かれている。

そうであるなら、連帯をめぐって次のような論点が浮上する。誰が連帯によって結合するのか、誰がその結合から排除されるのか、包摂されたり排除されたりする場合の条件はどのようなものか。その線引きは正当なものか。これらの問いは、連帯の「正しさ」を判定するうえで、欠かすことのできない参照事項となるだろう。連帯が「われわれ」と「彼ら」を分かつものであるかぎり、この線引きがいかに、なぜなされるのかが問われなければならない。いずれにせよ、ある場面で連帯を主張するとき、かならずそこから排除される者たちが存在するという構造的事実に、連帯論は敏感でなければならない。

感情の可能性と限界

連帯と排除という論点に関連して指摘しておくべきことは、感情の問題である。連帯感という言葉が存在することからも分かるように、連帯の成立にとって感情は重要な要素である。集団の成員たちによってある種の感情が共有されていなければ、連帯が成立し持続することは困難だろう。連帯と親和的な感情は、共感や親近感や一体感といったものであろう。こうした感情が共有されず、成員たちが憎しみ合っていたり、利己主義が支配的であったりするような集団においては、連帯は成立し難いはずである。それでは、愛着や共感のような感情はどのような条件のもとで生まれるのだろうか。すでに触れたことであるが、よく挙げられる条件は、成員たちが共通性を有していることである。たとえば、地理的共通性、血縁的共通性、伝統的・言語的・文化的共通性、身体的特徴の共通性、職業的共通性、経済的境遇の共通性、社会的境遇の共通性といったものである。そのような共通の特徴を備えた者たちのあいだでは、その共通性のゆえに親近感や共感が生まれやすいだろう。親近感や共感が支配している集団では、相互に助け合ったり、他者のために行動したりすることが容易になるだろう。

だが、感情は、連帯にとって諸刃の剣である。一つには、第8章で触れたように、感情が及ぶ範囲の問題がある。人間の感情の及ぶ範囲は狭い。連帯が感情を基礎にするものだとすると、規模の比較的小さな集団の内部でなら連帯は容易に成立するだろう。だが、感情が及ぶ領域を越えたところに存在する者たちとのあいだに連帯が成立することは困難になる。他者との空間的・社会的隔たりが大きいとき、共感の感情が薄らぐという可能性を想像するのは難しいことではない。人は、自身の帰属する比較的小さな集団の内部では連帯的であるのに対して、共感の感情が及びにくい距離――空間的であれ社会的であれ――にある他者に対しては無関心であったり冷淡であったりする傾向がある。さらには、感情が連帯の基礎と見なされるなら、遠くの他者に対して無関心であったり冷淡であったりすることが、むしろ正当化されてしまうことだろう。

私たちは、この世界では、世界規模に広がる蜘蛛の巣状の重層的な繋がりを通じて、見知らぬ他者と結び付いている。私たちは、感情の及ぶ範囲にいる者たちだけと結び付いているわけではない。このような世界にあっては、見知らぬ者たちとの連帯が一つの焦点となる。そのような連帯はいかにして可能になるのか。感情の広がりと関係の広がりが大きくずれてしまう世界にあって、感情の広がりの外部に存在する者たちとのあいだに、どのようにして連帯を立ち上げることができるのだろうか。ローティなら、エスノグラフィや文学作品が、感情の広がりを拡大すると述べるだろうが、その感情はどこまで他者を包摂できるものなのだろうか。連帯に刻まれた包摂と排除の問題、「われわれ」と「彼ら」を分かつ境界線の問題は、感情という問題の地平においても未決の問題なのである。

権力の問題

連帯という事象に内在する否定的な要素として、最後に権力の問題について触れる。いうまでもなく、これまで検討してきた排除もまた権力の一つの現象形態である。ただし、排除は集団の内部と外部とを隔てる力であると言えよう。これに対して、ここで考察するのは集団の内部で働く力である。ここで、権力を垂直的に働く力と考え、この力の影響を受けた連帯を垂直的連帯と呼ぶことにしよう。本書が全体として想定してきたのは水平的連帯である。水平的連帯では、個人が横に連なる。これに対して、連帯する個人のあいだに、垂直的な位階秩序が生み出されることがあるかもしれない。そのような垂直的な権力関係によって規制されている連帯が、垂直的連帯である。たとえば、一国の指導者が危機を乗り越えるためだと称して、国民に団結や自己犠牲を訴えることがある。それは、権力者によって組織され、動員される連帯である。

ハウケ・ブルンクホルストは「連帯は徹底的に近代的な概念である[4]」と述べ、階層性が廃棄され平等性によって特徴づけられる結合だけを連帯と呼ぼうとしている。これは一つの見識である。そのような結合だけを連帯と呼ぶことは、連帯を一個の理念として提示することであり、この理念は、現に成立している結合が連帯と呼ばれるに値するかどうかを判断するための尺度となりうる。私自身は、連帯を水平的なものとして理解するべきだと考えるので、ブルンクホルストの見解を否定するつもりはない。ただし、階層性が廃棄され、あまねく平等性によって特徴づけられる連帯が現実にどれほど存在するかという疑問が生じる。それだけではない。連帯から階層性を完全に排除できるかという問題も存在する。たとえば、政治的連帯について考えてみよう。どのような政治的連帯であれ、それが組織化されるとき、指導的役割を担う人物が必要とされるだろう。その人物が民主的な手続きで選出されるとしても、その人物は一定の権力性を帯びるはずである。このような意味で、垂直的権力が連帯に避けがたく伴うものであるとすれば、階層性の廃棄された平等な連帯を理念として掲げるだけでは、連帯の実相をうまく捉えられない可能性がある。

もちろん、権力性を帯びない現象などなく、連帯もまた例外ではないだけだ、という言い方も成り立つかもしれない。そうだとしても、すべての権力が無条件に許容されるわけではない。許容される権力があるとすれば、その条件は何かを問うことが十分に可能であろう。かりに垂直的権力が連帯に伴うことが避けがたいことなのだとすれば、その事態にどのように対処すべきかを考えなければならない。その場合、許容される権力とそうでない権力とを識別すること、つまり、垂直的権力の許容される範囲を確定することが、一つの論点となる。この作業を行うには、たとえば、その権力は民主的手続きから派生するものかどうか、あるいは、そもそも民主的とはどういうことか、といった問いに答えることが必要となる。そうだとすれば、ここでも連帯論は、連帯が帯びる共同性とは異なる価値や尺度によって補完されなければならないだろう。

これまで見てきたのは、連帯という事象そのものに内在する瑕疵とでもいうべきものであった。

そのような否定性を宿すがゆえに、連帯論は連帯が帯びる共同性の価値を強調することで自己完結することはできないことも確認された。つまり、どのような連帯ならば「正しい」連帯であるかを思考する必要があり、そのためには、連帯が帯びる共同性とは異なった尺度や価値と連携することが避けられない。そのことが明らかになったのである。それゆえに、連帯は決して万能薬ではないと言わなければならない。しかし他方で、連帯が他の価値を支えているという一面を忘れてはならない。人々の自由や平等が毀損された状況を変えようとするとき連帯が生起する。あるいは、自由と言っても、それが実質的なものとなるためには、自由を行使する人物が生存していなければならない。その生存が危ういとき、それを支えるのも連帯である。連帯は、この世界を、そしてそこに住まう私たち人間の存在を支えるだけでなく、自由や平等という根源的な価値をも支えているのである。そうである以上、連帯という事象を捨象して、この世界の成り立ちについて語ることはできない。この連帯の根源性という視点を採用したとき、連帯の未来をどのように見通すことができるだろうか。次節では、本書の締め括りとして、この問題を考えてみる。

3　連帯のユートピア

連帯の循環

連帯には、どのような未来が待っているのだろうか。それは衰退の道を辿るのだろうか、それとも生き延びるのだろうか。一般に、連帯が焦点化するのは、社会の危機が意識されるときだと考えられる。滑らかであると思われた社会の流れが攪乱され、内部の軋轢や分断が意識化されるとき、連帯という概念が召喚される。人々の関係を編み直すことで、社会的な結合を取り戻そうという欲望が湧出するからである。だが、このような危機の文脈において連帯に光が当てられるとすれば、そのことは、連帯が召喚されるとき、すでに連帯が衰退していることを意味するのではないだろうか。なぜなら、社会が危機に陥っているということは、人々の繋がりが機能不全に陥っているということであり、したがって連帯もまたうまく機能していないことを意味するはずだからである。このような見立てが正しいとすれば、近代という時代が様々な理由から連帯概念を召喚したとき、連帯はすでに衰退し始めていたという推測が成り立つであろう。その後、状況が劇的に好転していないのだとすれば、この推測から、連帯の未来について消極的な予測が導かれることになる。連帯はいっそう衰退するという予測である。

そのような予測に対しては、連帯をもっと強化すればよいだけではないか、という反論も可能なのかもしれない。しかし、ひとたび衰退した連帯をふたたび強化することには、連帯に固有の困難が伴う。連帯が社会福祉のような公的制度という形態をとるにせよ、あるいは、もっとインフォーマルな形態をとるにせよ、連帯が成立し育まれるためには、連帯の精神、あるいは連帯への構えが人々のあいだに共有され、息づいているのでなければならない。しかし、連帯の精神や構えが人々のあいだに浸透するには、連帯がある程度の広がりと深さですでに実現されているのでなければならない。このような循環が成立する。すでに一定の水準で連帯が実現している状況下でなら、この循環は連帯の強化にとって有利に働くだろう。つまり、この循環はいわば好循環に転化する。だが、連帯が衰弱し、ある水準を下回っている場合はどうだろうか。連帯がある水準を下回るとき、この循環は連帯の弱体化を加速させることになる。この循環は、いわば悪循環へと変質する。この悪循環がひとたび成立すると、そこから抜け出すことは容易ではない。連帯が衰退しつつある時代に、それにもかかわらず連帯という概念に訴えることの困難が、ここにある。はたして、連帯をめぐる状況はいかなるものだろうか。もしかしたら、この悪循環が加速するような水準にまで連帯はすでに衰退してしまっているのではないか。そのような不安が脳裏を過《よ》ぎる。

社会関係の地殻変動

これまでの叙述において幾度も言及してきたように、今日の社会の特徴となっている様々な事象によって、連帯が衰退するような力学が生み出されているように見える。たとえば、第7章で言及したユイとモヤイに即して、そのことを考えてみよう。明らかに、ユイやモヤイは衰退しつつある。都市部に生活する者たちは、これらの言葉を耳にすることさえないだろう。この互助の連帯は、人々の弱さや非力を補うための生活の知恵であった。だが、個人がその弱さを克服するような力を獲得するなら、互助行為や互助制度はその存在理由を失う。たとえば、機械化の進行は、互酬的なユイを弱体化させた。なぜなら、機械が存在するおかげで、他者の助力を必要としなくなるからである。あるいは、貨幣経済が浸透すると、労働の互酬性が弱体化する可能性が高まる。労働を提供してもらったことに対して労働で報いるのではなく、提供してもらった労働に対価として貨幣を支払おうという誘因が働くからである。しかし、そうなってしまうと、ユイという制度を用いる必要は薄れ、日雇いの作業者を雇うということが一般化してくることだろう。

市場経済の進展もまた、人々の連帯を希薄化させる方向に作用する可能性がある。市場経済は、貨幣を媒介として様々な財や行為を商品交換関係のなかに取り込み、既存の社会的関係を商品交換関係によって置き換えてきた。直截に言えば、様々な物、行為、関係が売買の対象となったのである。人々が共同体のなかで相互の支え合いとして行ってきた事柄が、市場のなかに組み込まれている。たとえば、家事、育児、教育、介護などの労働が、貨幣と引き換えに提供されるようになっている。福祉国家の連帯制度でさえ、社会保険料や税に対する対価として理解されるようになっているし、事実、福祉サービスという名目で提供されている。裏返して言えば、これは、私たちの生活に市場が広く深く侵入しているということである。人間関係が、商品交換に吸収され、それに還元されようとしている。

市場経済に関連して消費主義にも触れるべきであろう。[5] 今日、個人を消費者として特徴づけることは、もはや常識に属することであると言ってよい。消費者としての個人は、商品やサービスを購入することで生きてゆく。現代では陳腐となってしまったこの事実が、しかし、連帯にとっては無視しえない否定的な影響を及ぼす。消費主義に感化された消費者は、人々の連帯がもたらすものを、貨幣で買うことができるサービスに置き換えるように促されるだろう。また、所得の上昇によって高い商品購買力を身につけた消費者は、自身の生を自身の資力によって維持するから、自身の生が他者の助力に依存するという経験や認識を欠落させてゆくかもしれない。他者への依存の経験や認識が欠落するとき、他者もまた依存する存在であるという基本的な認識が成り立ちがたくなる。人々の相互扶助によって各人の生が織り成されているという事実が、認識の地平からこぼれ落ちてゆくかもしれない。

さらに、現代社会は、他にも様々な水準で連帯のための余地を狭めているように見える。個人主義、それと連動する能力主義や自己責任論は、他者との繫がりを遮断するイデオロギーとして機能するだろう。あるいは、資本主義のもとで加速される競争は、他者を連帯すべき同胞としてではなく、競争における敵と見なすことを強いる。都市化と過疎化によって地域共同体の機能が急速に痩せ細り、消滅しかけている。このような例は枚挙に暇がない。連帯的なものが痩せ細ってゆくことには、ある種の世界史的な背景があると言えるかもしれない。

クロポトキンは、人間は相互扶助と連帯によって進化してきたと断言した。そのことを思い起こそう。この主張が突出したものであることは間違いないが、そこには否定することができない真理が宿っている。というのも、人類の生活の色合いを決めてきたのは、貧しさだったはずだからである。その貧しさを生き抜くために、人類は相互扶助と連帯の生活を営んできたことだろう。

相互扶助や連帯は、いわば生の「下部構造」であったといってもよい。しかし、人類はそのような貧しさを克服しようと努めてきた。そのことが、結果として、相互扶助や連帯の衰退を加速させているのかもしれない。この推定が正しいとすれば、私たちは現在、社会関係における大きな地殻変動を経験している可能性がある。

連帯の考古学と未来学

それなら、連帯は消滅してしまうのだろうか。ここで、序章で言及したソルニットの『災害ユートピア』を思い起こそう。ソルニットは、大災害によって平時の社会制度が課す拘束が解かれたとき、人々が示す姿を記述し考察した。人々のあいだに生起する自発的な相互扶助がその姿なのであった。身ひとつで路頭に放り出された者たちは、迷うことなく連帯する。ソルニットは大災害という文脈でこの事態を記述したが、しかし、私たちは、災害時以外の場面でも自発的な相互扶助や連帯が立ち上がることを知っている。理不尽な差別を目撃したとき、人々はその差別を糾弾するために連帯する。コロナ禍で経済的に困窮している者たちのために、人々は自発的に連帯する。この事実を、どのように解釈することができるだろうか。バイヤーツの印象的な文章に即して考えてみよう。

それゆえ、社会運動の内部で実践される連帯は、「考古学的」(archaeological)であると同時に未来先取的（anticipative）でもある特徴を手に入れる。社会運動の内部で実践される連帯は、協働、相互扶助、共同感情、要するに連帯へと向かう傾向――既存の社会状況の下に埋もれていた傾向――を発掘するものであるかぎり、考古学的である。社会運動の内部で実践される連帯は、人間存在――それは究極的に自身の協働的・共同的な強さを妨げられずに自由に発展させるだろう――の未来図を描くものでもあるかぎり、その連帯は未来先取的である⑥。

このテクストが主題としているのは政治的連帯についてであるが、おそらく、その限定を解除することができる。今日、連帯を衰退させるように働く様々な環境が存在する。それは人間存在の連帯性を覆い隠す。けれども、私たちが依然として連帯的に存在しているという現実は、そしてまた、ときに劇的に立ち現れる連帯の光景は、この覆いの下に隠された事実を露わにする。人間は連帯することで、その存在を維持してきたという事実である。私たちが現在において見出す連帯は、たとえ衰退しているとしても、人間存在の古層を露わにするという点で考古学的なものである。そして、この連帯は、同時に、その覆いが外されたとき、つまり連帯を阻害する制約が解除されたとき、人間存在がどのように考え、どのように振る舞うのか、あるいは人間存在の秘められた可能性がどのように開花するかを予感させる。このように想定するとき、連帯の未来について何が言えるのだろうか。

おそらく連帯は衰退している。それにもかかわらず連帯は生き延びてもいる。人々の生の営みは、すべてが市場経済によって置き換えられているわけではない。様々な限界があってもなお福祉制度は機能している。この世界が格差や抑圧で軋んでいるかぎり政治的連帯は要請され続けるだろう。自然災害のあとの光景が一変し、この国に欠けていると久しく言われ続けたボランティアの姿が当たり前のものとなった。様々なNGO（非政府組織）が立ち上げられ、社会問題の解決のために尽力している。本書でも言及した連帯経済の試みも存在する。伝統的なかたちの連帯は衰えつつある一方で、このような新しいかたちの連帯が影響力を持つようになっている。さらには、国際的連帯の根となるかもしれない国際連合のような組織も辛うじて機能している。このような趨勢の延長線上に視線を向けるとき、そこに、連帯の生き延びた姿を思い描くことは許されるように思われる。あるいは、現在の私たちには未知の、まだ名もなき連帯が、私たちの存在をすでに捉え、支え始めているのかもしれない。

本書は、連帯が人間の存在構造であるというテーゼを導きの糸とした。このテーゼを擁護する立場からは、次のように主張すべきだろう。人間が神のごとく自足した存在となるのでないかぎり、それゆえ有限で傷つきやすい身体的存在であるかぎり、人間は欠如存在として、同じように有限で傷つきやすい他者たちと支え合い、分かち合うことによってしか生きてゆくことができない。この唯物論的事実は、たとえ社会の骨格が大きく組み変わることがあったとしても、どれほどテクノロジーが進展したとしても変わることはないだろう。人間が身体を捨てる未来が到来するのでないかぎり、人間の支え合いの関係がすべて貨幣を媒介とした商品交換の関係に吸収されてしまうのでないかぎり、人間は連帯しなければならず、そして連帯することができる。

人々が連帯するとき、そこには分かち合いの論理と倫理が立ち上がる。連帯が衰退しつつある環境を生きる私たちにとって、その事実は、ときに一個の奇跡のようにも思え、一個のユートピアとしてイメージされることがあるかもしれない。しかし、それは決して遠い過去や遠い未来に存在するのではない。分かち合いの論理と倫理は私たちの存在構造に刻まれている。私たちはそれをつねに生きており、そして生きてゆくことだろう。私たち一人ひとりが、それぞれの生の糸を他者の生の糸とともに織るとき、この「分かち合いのユートピア」は、この地上にたしかに立ち現れているはずなのである。

注

序章

（1）ソルニット『災害ユートピア』一〇―一一頁。
（2）同書、三九頁。
（3）同書、三二―三三頁。
（4）同書、一三〇頁。
（5）同書、三四頁。
（6）同書、一四〇頁。
（7）デューイ『公衆とその諸問題』三二頁。
（8）ジョン・ダン「死にのぞんでの祈り」より。ここでは、浜田省吾のアルバム『誰がために鐘は鳴る』（ソニー・ミュージックエンタテイメント、一九九九年）のライナーノーツに掲載された浜田省吾の訳を用いた。ちなみに、広く知られているように、ヘミングウェイの同名の小説『誰がために鐘は鳴る』のエピグラフに、この詩が引かれている。

第1章

（1）Wildt, "Solidarität", S. 1004.
（2）森川輝一「連帯と政治の間」八二頁。
（3）Wiggins, "Solidarity and The Root of The Ethical", p. 252.

(4) アレクサンドル・デュマの『三銃士』で有名な言い回しである。参照、デュマ『三銃士』(上)一五一頁。ちなみに、邦訳の生島遼一訳では「四人一体」と訳されている。
(5) Scholz, *Political Solidarity*.
(6) Bayertz, "Four Uses of "Solidarity"", p. 5.
(7) *ibid.*, p. 9.
(8) *ibid.*, p. 16.
(9) Scholz, *Political Solidarity*, p. 51.
(10) *ibid.*, p. 51.
(11) Bayertz, "Four Uses of "Solidarity"", p. 21.
(12) 『欧州憲法条約』六九—七〇頁。
(13) 齋藤純一『不平等を考える』九四頁。
(14) 今防人「連帯」九三二頁。
(15) 濵嶋朗他編『新版社会学小辞典』六三〇—六三一頁。
(16) 富永茂樹「連帯」一七三四頁。
(17) 桜井哲夫「連帯」三三七頁。
(18) 大川正彦「連帯」八八八頁。
(19) 山脇直司「連帯」一二二七頁。
(20) Wildt, "Solidarität", S. 1004.
(21) Scholz, "Solidarity", p. 4957.
(22) Thome, "Solidarity", p. 122 and 124.
(23) Bierhoff & Küpper, "Social Psychology of Solidarity", p. 133.

(24) Voland, E., "On the Nature of Solidarity", p. 158.
(25) 他者中心主義は英語では altruism である。この語は通常は、利他主義と訳される。他者中心主義という語を用いるのは、連帯の重心を強調するためである。他者中心主義的な連帯においては、重心は他者の方に移動し、自己が脱中心化される。

第2章

(1) Stjernø, *Solidarity in Europe*, p. 25.
(2) Bayertz, "Four Uses of "Solidarity"", p. 11.
(3) ルルーについて簡便に知るには、『新マルクス学事典』の「ルルー」の項を参照。高草木光一「ルルー」五三二―五三三頁。
(4) charité は、慈愛とも慈善とも、また神学の用語としては愛徳とも訳される。ここでは慈愛とした。要点は、神と人間とのあいだの愛を基礎とした人間間の愛というところにある。
(5) スティヤーヌによると、フーリエは『普遍的統一の理論(*Théorie de l'unité universelle*)』において、連帯を以下の四つの意味で用いている。①保険の原則としての連帯——保険や、負債の返済に対する集団の共通の責任、②困窮している者たちと資源を分かち合う構え、③共同性の感情、④困窮した家庭や男性扶養者のための公的な支援。Cf. Stjernø, *Solidarity in Europe*, p. 28.
(6) Stjernø, *Solidarity in Europe*, p. 28.
(7) Leroux, *De l'humanité*, p. 158.
(8) 田中拓道《たくじ》によると、この論理は、ルートヴィヒ・フォイエルバッハにおける宗教的疎外のそれと相同である。田中拓道『貧困と共和国』一五三頁。
(9) Leroux, *De l'humanité*, p. 163.

(10) Wildt, "Solidarität", S. 1005.
(11) Leroux, *De l'humanité*, p. 157.
(12) *ibid.*, p. 164.
(13) *ibid.*, p. 129.
(14) *ibid.*, p. 154.
(15) Durkheim, *De la division du travail social*, p. 26.〔デュルケーム『社会分業論』一一七頁。〕
(16) スミス『国富論』(一)第一編第一章「分業について」。
(17) Comte, *Leçons sur la sociologie: Cours de philosophie positive*, p. 279.〔コント『実証哲学講義』二七四頁。〕
(18) *ibid.*, p. 272.〔同書、二六八頁――訳語を変更した。〕
(19) Comte, *Discours sur l'esprit positif*, pp. 74-75.〔コント『実証精神論』二〇六頁。〕
(20) Comte, *Leçons sur la sociologie: Cours de philosophie positive*, p. 276.〔『実証哲学講義』二七二頁。〕
(21) *ibid.*, p. 277.〔同書、二七二頁。〕
(22) Stjernø, *Solidarity in Europe*, p. 33.
(23) Durkheim, *De la division du travail social*, p. XLIII.〔『社会分業論』七九頁。〕
(24) *ibid.*, p. XLIII.〔同書、七九頁。〕
(25) *ibid.*, p. 27.〔『社会分業論』一一八頁。〕
(26) Stjernø, *Solidarity in Europe*, p. 33.
(27) Durkheim, *De la division du travail social*, p. 149.〔『社会分業論』二九六頁。〕
(28) *ibid.*, p. 24f.〔同書、一一五頁。〕
(29) *ibid.*, p. 101.〔同書、二三五頁。〕

（30） *ibid.*, p. 264.〔同書、四五五頁。〕

（31） 重田園江『連帯の哲学』二五頁。

（32） Bayertz, "Four Uses of "Solidarity"", p. 12.

（33） Durkheim, *De la division du travail social*, p. 343.〔『社会分業論』五七二頁。〕

（34） *ibid.*, p. 370.〔同書、六〇七頁。〕

（35） *ibid.*, p. 356.〔同書、五八九頁。〕

（36） *ibid.*, p. 371.〔同書、六〇八頁。〕

（37） *ibid.*, p. 374.〔同書、六一三頁。〕

（38） 重田園江『連帯の哲学』三二頁。

（39） Durkheim, *De la division du travail social*, p. 405.〔『社会分業論』六五三頁。〕

（40） Scholz, *Political Solidarity*, p. 235.

（41） フランスの社会連帯主義については以下を参照。田中拓道『貧困と共和国』、第四章「連帯主義」、および重田園江『連帯の哲学Ⅰ』。

（42） Stjernø, *Solidarity in Europe*, p. 149. 強調は原書。以下同。

（43） Bourgeois, *Solidarité*, p. 45.

（44） *ibid.*, p. 46.

（45） *ibid.*, p. 47. 連帯と伝染病という視点は、今日の状況においては目を引くものであろう。ちなみに、ルーマンは、連帯概念の成立にとってのパスツールの影響の大きさを指摘した。「パスツールは、ここで明らかに感受性を移動させた。人は、感染を恐れ、連帯に訴える。公共空間で唾を吐くことは、社会的連帯に対する批判として禁じられる。パスツール以降、富者も貧者の連帯に頼らざるをえない。」（Luhman, "Die Differenzierung von Interaktion und Gesellschaft", S. 70.）

（46）　Bourgeois, *Solidarité*, p. 48.
（47）　*ibid*., p. 59.
（48）　*ibid*., p. 49.
（49）　*ibid*., p. 137.
（50）　*ibid*., p. 101.
（51）　*ibid*., p. 101f.
（52）　Bourgeois et al., *Essai d'une philosophie de la solidarité*, p. 17.
（53）　*ibid*., p. 16.
（54）　Bourgeois, *Solidarité*, p. 198.
（55）　*ibid*., p. 203.
（56）　*ibid*., p. 204.
（57）　Stjernø, *Solidarity in Europe*, p. 149.
（58）　たとえば、ゲマインシャフトからゲゼルシャフトへの移行によって近代化を説明するフェルディナント・テンニースの『ゲマインシャフトとゲゼルシャフト』は、別の層における連帯の衰退を問題化したものだと解釈することもできるだろう。

第3章

（1）　Bayertz, "Four Uses of "Solidarity"", p. 16.
（2）　Scholz, *Political Solidarity*, p. 137.
（3）　*ibid*., p. 52.
（4）　*Marx Engels Werke*, Bd. 2, S. 630.〔『マルクス＝エンゲルス全集』第二巻、六五七頁。〕

(5) *Marx Engels Werke*, Bd. 8, S. 592.〔『マルクス＝エンゲルス全集』第八巻、五八〇頁。〕
(6) *Marx Engels Werke*, Bd. 19, S. 102.〔『マルクス＝エンゲルス全集』第一九巻、一一〇頁。〕
(7) *Marx Engels Werke*, Bd. 22, S. 201.〔『マルクス＝エンゲルス全集』第二二巻、二〇七頁。〕
(8) *Marx Engels Werke*, Bd. 21, S. 254.〔『マルクス＝エンゲルス全集』第二一巻、二五九頁。〕
(9) *Marx Engels Werke*, Bd. 18, S. 161.〔『マルクス＝エンゲルス全集』第一八巻、一五九頁。〕
(10) *Marx Engels Werke*, Bd. 3, S. 424.〔『マルクス＝エンゲルス全集』第三巻、四七六頁。〕
(11) *Marx Engels Werke*, Bd. 4, S. 493.〔『マルクス＝エンゲルス全集』第四巻、五〇八頁。〕
(12) カウツキー『エルフルト綱領解説』一二六頁。
(13) 同書、一二九頁。
(14) 同書、一二八頁。
(15) 同書、一六一頁。
(16) Bernstein, *Arbeiterbewegung*, S. 133.
(17) ルカーチ「共産主義的生産における倫理の役割」七一頁。
(18) 同、七二頁。
(19) 同、七三頁。
(20) ルカーチ『歴史と階級意識』五一六頁――訳語を変更した。
(21) 同書、五一四頁――訳語を変更した。
(22) 同書、五一五頁。
(23) 同書、五二一頁。
(24) 同書、五二一頁。
(25) グラムシ「労働組合と評議会」一五三―一五四頁。

(26) グラムシ「情勢または力関係の分析」一四一頁。
(27) グラムシ「フィアットの中央工場ならびにブレヴェッティ工場の職場代表委員へ」一四六―一四七頁。
(28) 近年の、スタイルとしては異色の、とはいえ内容としてはオーソドックスなアナキズムの入門書として、以下を参照。栗原康『アナキズム』。
(29) バクーニン『国家制度とアナーキー』三八頁。
(30) バクーニン「神と国家」二五五頁。
(31) マルクス主義も究極的には国家を廃絶しようとする。マルクス主義の国家廃絶論としては、レーニンの『国家と革命』を参照。
(32) バクーニン「連合主義、社会主義および反神学主義」二五八頁。
(33) Bakounine, "Trois conférences faites aux ouvriers du val de Saint-Imier", p. 57f.
(34) *ibid.*, p. 58.
(35) バクーニン「神と国家」二七三頁。
(36) 同、二五一頁。
(37) Bakounine, "Trois conférences faites aux ouvriers du val de Saint-Imier", p. 37.
(38) *ibid.*, p. 38.
(39) バクーニン「神と国家」二四九頁。
(40) Bakounine, "Trois conférences faites aux ouvriers du val de Saint-Imier", p. 41.
(41) バクーニン「神と国家」二四九頁。
(42) Bakounine, "Trois conférences faites aux ouvriers du val de Saint-Imier", p. 64.
(43) クロポトキン『相互扶助論』二五七頁。
(44) 進化の要因を相互扶助に見出すクロポトキンの「進化論」への批判としては、以下を参照。ダニエル・トーデス『ロシアの博物学者たち』二六八頁。古生物学者のスティーヴン・ジェイ・グールドは、「クロポトキンの議論の基本はまちがっていない」(『がんばれカミナリ竜』(下) 一二六頁) としつつも、道徳問題のヒントが自然のうちにあるかような誤解を招きかねない立場だとして、それを批判している。
(45) クロポトキン『相互扶助論』二六〇頁。
(46) このような視点は、たとえばノーム・チョムスキーにも見出される。「正常な人間の感情は共感と連帯であって、それらは人間に対してのみならず、座礁したイルカにも向けられるものだ。」(Pateman ed. and Chomsky, *Chomsky on Anarchism*, p. 22.〔チョムスキー『チョムスキーの「アナキズム論」』三八六頁——訳文を変更した〕)。
(47) クロポトキン『相互扶助再論』一〇八頁。
(48) クロポトキン『相互扶助論』四八〇—四八一頁。
(49) 同書、三七七頁。
(50) 同書、四八七頁。
(51) 同書、四七三頁。
(52) クロポトキン『パンの略取』四四頁。
(53) 同書、四三頁。
(54) 同書、二七頁。
(55) 同書、二七頁。
(56) 同書、三八頁。
(57) 同書、二八頁。
(58) 同書、四一頁。
(59) *Marx Engels Werke*, Bd. 19, S. 21.〔『マルクス゠エンゲルス全集』第一九巻、二一頁。〕

（60）クロポトキン『パンの略取』四一頁――訳文を変更した。「コミュニズムという一種の酵母」（a certain leaven of communism）と訳した部分は英語版に従っている。フランス語版では、その部分は「一定量のコミュニズム」（une certaine dose de communisme）である。

（61）クロポトキン『パンの略取』四三頁――訳文を変更した。

（62）グレーバー『資本主義後の世界のために』一八一頁。

（63）「隣人から当然受け取るべき以上のものを無償で与える（……）真の道徳の原理」は、その起源を相互扶助の実践のうちにもつ。参照、クロポトキン『相互扶助論』四八七頁。

（64）クロポトキン『相互扶助再論』二一二頁。

（65）同書、二三〇頁。

（66）同書、二三〇頁。

（67）Camus, *L'homme révolté*, p. 37.〔カミュ『反抗的人間』二一頁。〕

（68）Camus, *Le mythe de Sisyphe*, p. 39.〔カミュ『シーシュポスの神話』四二頁。〕

（69）井上正『アルベール・カミュ』二七頁。

（70）Camus, *Le mythe de Sisyphe*, p. 77.〔カミュ『シーシュポスの神話』九四頁。〕

（71）*ibid.*, p. 21.〔同書、一七頁。〕

（72）井上正『アルベール・カミュ』二七頁。

（73）同書、八七頁。

（74）Camus, *Le mythe de Sisyphe*, p. 78.〔カミュ『シーシュポスの神話』九六頁。〕

（75）*ibid.*, p. 79.〔同書、九七頁。〕

（76）井上正『アルベール・カミュ』六七頁。

（77）Camus, *L'homme révolté*, p. 23.〔カミュ『反抗的人間』一三頁。〕

(78) *ibid.*, p. 31.〔同書、一七頁。〕
(79) *ibid.*, p. 31.〔同書、一八頁。〕
(80) *ibid.*, p. 31.〔同書、一八頁。〕
(81) *ibid.*, p. 37f.〔同書、二二頁。〕
(82) *ibid.*, p. 38.〔同書、二二頁。〕
(83) *ibid.*, p. 380.〔同書、二三二頁。〕
(84) *ibid.*, p. 372.〔同書、二二八頁——訳文を変更した。〕
(85) 両者の決裂を引き起こした論争については、以下を参照。カミュ／サルトル『革命か反抗か』。
(86) デニス・マクシェーンによれば、「連帯」の語は、グダニスクでのストライキ中に発行された広報誌に由来する。「グダンスク〔グダニスク——引用者〕でストライキ決行労働者たちが最初に行ったことの一つは、日刊のニュース広報紙を創刊することであり、その広報紙を誰かが「連帯」と名づけることに決めた。新組合の名称の起源は、この素朴な複写されたニュース紙にあるのだ。」(マクシェーン『ポーランド自主労働組合連帯』一七一頁)
(87) 「連帯」が採用した連帯の論理を思想的に深めた者たちのなかには、カトリックの側の支持者たちも含まれる。この立場からの連帯論として以下を参照。Tischner, *The Spirit of Solidarity*.

第4章

(1) 齋藤純一『不平等を考える』八九頁。
(2) 同書、九七頁。
(3) エスピン－アンデルセン『福祉資本主義の三つの世界』三頁。
(4) Garland, *The Welfare State*, p. 7.

(5) 残余主義は、ティトマスが福祉システムに関して提示した三つのモデルの一つである。残余主義によると、福祉は市場と家族によって提供されるべきであって、これらによる福祉供給が失敗した場合にのみ、国家の福祉制度が一時的に作動し、最小限のセイフティネットを提供する。参照、ティトマス『社会福祉政策』二七頁。

(6) **Garland, *The Welfare State*, p. 7.**

(7) *ibid.*, p. 8.

(8) *ibid.*, p. 8.

(9) なお、福祉国家の各種の定義に関する分析としては、圷《あくつ》洋一『福祉国家』一〇—一五頁を参照。

(10) 一部の仮名遣いを現代風に改めた。

(11) 武川正吾『連帯と承認』五〇頁。

(12) 圷洋一『福祉国家』六四頁。

(13) 以下の説明は、圷洋一『福祉国家』六五頁の表3－2を参考にした。

(14) 伊奈川秀和『社会保障法における連帯概念』一一頁。ここで社会扶助という言葉が用いられているが、この文脈では公的扶助という言葉と置き換えてかまわない。

(15) 伊奈川秀和『社会保障法における連帯概念』五〇頁。

(16) 同書、四六頁。

(17) ロザンヴァロン『連帯の新たなる哲学』一三頁。

(18) ベヴァリッジ『ベヴァリッジ報告』一七頁。

(19) 同書、一七頁。

(20) ティトマス『福祉国家の理想と現実』三一頁。

(21) 高藤昭『社会保障法の基本原理と構造』二七頁。

(22) 同書、二七頁。

（23）同書、二七頁。
（24）同書、三〇頁。
（25）同書、一三頁。
（26）スピッカー『福祉国家の一般理論』一八〇頁。
（27）齋藤純一「社会的連帯の理由をめぐって」二八九―二九〇頁。
（28）エヴァ・フェダー・キテイは、依存者にケアを提供する労働を依存労働、この労働に従事する者を依存労働者と呼ぶ。在宅で育児や介護をする女性たちである可能性が高い依存労働者も弱い立場に置かれているため、他者の意志に従属させられる危険性がある。キテイの論点の一つは、依存労働者へのケアの必要性を強調したことにある（キテイ『愛の労働あるいは依存とケアの正義論』一五八頁）。
（29）齋藤純一「社会的連帯の理由をめぐって」二九六頁。
（30）**Goodin, *Reasons for Welfare*, p. 349.**
（31）*ibid.*, p. 343.
（32）*ibid.*, p. 357.
（33）**Garland, *The welfare State*, p. 92.**
（34）キテイ『愛の労働あるいは依存とケアの正義論』四〇三頁。
（35）齋藤純一責任編集『支える』七頁。
（36）徳永哲也編『福祉と人間の考え方』一五六頁。
（37）**Garland, *The welfare State*, p. 93.**
（38）齋藤純一は、搾取や支配関係を回避できることに加えて、個人が制度的な福祉支援を権利として要求できること、また、そうであるがゆえに、制度による支援を受けても個人としての対等性を失うわけではないことの三点を、「制度化された非人称の連帯としての意義」であると指摘している（齋藤純一「制度化された連帯とその動機づけ」一〇五頁)。

(39) Garland, *The Welfare State*, p. 23.

(40) *ibid.*, p. 23.

(41) シュトレーク『資本主義はどう終わるのか』三一二頁。

(42) Garland, *The Welfare State*, p. 135.

(43) ポランニーは、商品化されるのが労働であると捉えているが、エスピン－アンデルセンはマルクス的な用語法で労働力と捉えている。ここでは両者を区別せずに用いる。

(44) ポランニー『[新訳] 大転換』一二五頁。

(45) 同書、一二四頁。

(46) エスピン－アンデルセン『福祉資本主義の三つの世界』四〇頁。

(47) Goodin, *Protecting the Vulnerable*, p. 149.

(48) Garland, *The Welfare State*, p. 136.

(49) Goodin, *Reasons for Welfare*, p. 121.

(50) *ibid.*, p. 121.

(51) オッフェ『後期資本制社会システム』三一九頁。

(52) シュトレーク『資本主義はどう終わるのか』三一二頁。

(53) Gamble, *Can the Welfare State Survive?*, p. 104.

(54) オッフェ『後期資本制社会システム』三二〇頁。

(55) ただし、今日、左派は福祉国家の擁護を最後の砦としていると、アンソニー・ギデンズは指摘する。「「歴史の前衛」という社会主義者の位置づけは、福祉制度の擁護というかなり控え目な任務に帰着している」(ギデンズ『左派右派を超えて』一三頁)。現存した社会主義という資本制批判の参照点を喪失した状況にあって、資本制に対して批判的な態度を取るための最後の拠り所として福祉国家が左派によって援用されているということである。

(56) 以下の叙述内容に関しては、ガーランドやアンドリュー・ギャンブルの著作から多くを学んだ。Cf. Garland, *The Welfare State*; Gamble, *Can the Welfare State Survive?*

(57) ロザンヴァロン『連帯の新たなる哲学』二三三頁。

(58) 同書、二三三頁。

(59) 同書、二七頁。

(60) イグナティエフ『ニーズ・オブ・ストレンジャーズ』一五頁。

(61) 同書、二七頁。

(62) 齋藤純一「制度化された連帯とその動機づけ」一〇六頁。

(63) Garland, *The Welfare State*, p. 124.

(64) Metz, "Solidarity and History", p. 205.

(65) Goodin, *Reasons for Welfare*, p. 323.

(66) Stjernø, *Solidarity in Europe*, p. 298.

(67) エスピン-アンデルセン『ポスト工業経済の社会的基礎』二一一頁。

(68) モース『贈与論』二六三—二六四頁。

(69) Titmuss, *The Gift Relationship*.

第5章

(1) Luhman, "Die Differenzierung von Interaktion und Gesellschaft", S. 81.

(2) *ibid.*, S. 84.

（3） *ibid.*, S. 84.
（4） *ibid.*, S. 84.
（5） Stjernø, *Solidarity in Europe*, p. 291. 原文では「連帯が相互行為に依存しており、社会システムの境界線を越えないかもしれないという前提」となっているが、これまでの文脈から言えば、「社会システム」は「相互行為システム」とするのが適切であるように思われる。ここでは、このような立場から解釈する。
（6） Engelhardt, "Solidarity", p. 298.
（7） *ibid.*, p. 302.
（8） *ibid.*, p. 294.
（9） *ibid.*, p. 293.
（10） Wildes, "Solidarity in Secular Societies", p. 309.
（11） Engelhardt, "Solidarity", p. 303.
（12） Wildes, "Solidarity in Secular Societies", p. 313.
（13） *ibid.*, p. 312.
（14） *ibid.*, p. 312.
（15） *ibid.*, p. 312.
（16） *ibid.*, pp. 311-312.
（17） Beck, *Risikogesellschaft*, S. 7.〔ベック『危険社会』一頁。〕以下、同書からの引用に際しては、Risiko、その複数形のRisikenをリスクと訳している。また、訳文を変更している場合がある。
（18） *ibid.*, S. 13.〔同書、九頁。〕
（19） *ibid.*, S. 29.〔同書、二八—二九頁。〕
（20） *ibid.*, S. 29.〔同書、二八頁。〕

(21) *ibid.*, S. 46.〔同書、四八頁。〕
(22) *ibid.*, S. 46.〔同書、四八―四九頁。〕
(23) *ibid.*, S. 48.〔同書、五一頁。〕
(24) *ibid.*, S. 48.〔同書、五一頁。〕
(25) *ibid.*, S. 49.〔同書、五二頁。〕
(26) *ibid.*, S. 62.〔同書、七一頁。〕
(27) *ibid.*, S. 66.〔同書、七六頁。〕
(28) *ibid.*, S. 76.〔同書、七六頁。〕
(29) Rorty, *Contingency, Irony, and Solidarity*, p. 189.〔ローティ『偶然性・アイロニー・連帯』三九五頁――訳語を変更した。〕
(30) *ibid.*, p. xiii.〔同書、一頁。〕
(31) *ibid.*, p. 196.〔同書、四一一頁。〕
(32) *ibid.*, p. 190.〔同書、三九八頁。〕
(33) *ibid.*, p. 191.〔同書、三九九頁。〕
(34) *ibid.*, p. 192.〔同書、四〇〇―四〇一頁。〕
(35) *ibid.*, p. 196.〔同書、四〇七頁。〕
(36) *ibid.*, p. 192.〔同書、四〇一頁。〕
(37) *ibid.*, p. 92.〔同書、一八九頁。〕
(38) Geras, *Solidarity in the Conversation of Humankind*.
(39) Rorty, *Contingency, Irony, and Solidarity*, p. 92.〔ローティ『偶然性・アイロニー・連帯』一八九頁。〕
(40) Frazer, "Solidarity or Singularity?", p. 314.

(41) Rorty, *Contingency, Irony, and Solidarity*, p. xv.〔ローティ『偶然性・アイロニー・連帯』五頁。〕
(42) *ibid.*, p. xv.〔同書、五頁。〕
(43) *ibid.*, p. xv.〔同書、五頁。〕
(44) *ibid.*, p. 84.〔同書、一七四頁—一七五頁。〕
(45) Frazer, "Solidarity or Singularity?", p. 316.
(46) Hechter, *Principles of Group Solidarity*, p. 8.〔ヘクター『連帯の条件』八頁。〕
(47) *ibid.*, p. 10.〔同書、一一頁。〕
(48) *ibid.*, p. 31.〔同書、三六頁。〕
(49) *ibid.*, p. 40.〔同書、五三頁。〕
(50) *ibid.*, p. 33.〔同書、三八—三九頁。〕
(51) *ibid.*, p. 19.〔同書、二二頁。〕
(52) *ibid.*, p. 18.〔同書、二二頁——ローマ数字を漢数字に改めた。〕
(53) *ibid.*,p.18, fn. 5.〔同書、四七頁、注(5)。〕
(54) ヘクターは、国家の連帯の強弱を示す指標として、犯罪率や離婚率や常習欠勤率などを挙げている。*ibid.*, p. 179.〔同書、二三六頁。〕
(55) *ibid.*, p. 53.〔同書、六八頁。〕
(56) *ibid.*, p. 46f.〔同書、六〇—六一頁。〕
(57) *ibid.*,p. 52.〔同書、六七頁。〕
(58) *ibid.*, p. 166.〔同書、二一五頁。〕
(59) *ibid.*, p. 69.〔同書、九一頁。〕
(60) *ibid.*, p. 183.〔同書、二四三頁。〕

(61) *ibid.*, p. 183.〔同書、二四三頁。〕

第6章

(1) バンヴェニスト『インド=ヨーロッパ諸制度語彙集Ⅱ』二六三頁。
(2) Stjernø, *Solidarity in Europe*, p. 61.
(3) 大貫隆・名取四郎・宮本久雄・百瀬文晃編『岩波キリスト教辞典』四七二頁。
(4) 教皇庁正義と平和評議会『教会の社会教説綱要』ⅳ頁。
(5) 同書、ⅲ頁。
(6) 梅津尚志「バチカン公会議」、『日本大百科全書』第一八巻、小学館、一九九四年。
(7) 山田経三「解放の神学――第三世界民衆との連帯を求めて」一九二頁。
(8) 第二バチカン公会議『現代世界憲章』一〇五―一〇六頁。
(9) 教皇庁正義と平和評議会『教会の社会教説綱要』一六八頁。
(10) 教皇レオ十三世『レールム・ノヴァルム』八六頁。
(11) 教皇ピオ十一世『クアドラジェジモ・アンノ』一八五頁。
(12) 教皇ヨハネ・パウロ二世『ラボーレム・エクセルチェンス』二三―二四頁。
(13) 教皇ヨハネ二十三世『マーテル・エト・マジストラ』一九頁。
(14) 同書、八九頁。
(15) 同書、九五頁。
(16) 教皇ヨハネ二十三世『パーチェム・イン・テリス』六三頁。
(17) 教皇パウロ六世『ポプロールム・プログレシオ』五二頁。
(18) 同書、七〇頁。

(19) 同書、七一頁。
(20) 教皇ヨハネ・パウロ二世『ラボーレム・エクセルチェンス』三二頁。
(21) 同書、三四頁。
(22) 同書、八二頁。
(23) Stjernø, *Solidarity in Europe*, p. 70.
(24) 教皇ヨハネ・パウロ二世『ソリチトゥード・レイ・ソチアーリス』九五頁。
(25) 同書、九七頁。
(26) 同書、一一七頁。
(27) ヨハネ・パウロ二世は、キリスト教的連帯を体現する二人の聖人を挙げる。一人は、カルタヘナ・デ・インディアの奴隷たちのために奉仕した聖ペトロ・クラベルである。もう一人は、アウシュビッツで餓死刑を宣告された囚人の身代わりとなり殉教した聖マキシミリアノ・マリア・コルベである（同書、九七頁）。
(28) 教皇ヨハネ・パウロ二世『チェンテジムス・アヌス』八五頁。
(29) 教皇ベネディクト十六世『カリタス・イン・ヴェリターテ』六三頁。
(30) 同書、六六頁。
(31) 教皇フランシスコ『福音の喜び』五六頁。
(32) 同書、五六―五七頁。
(33) 同書、六六頁。
(34) 教皇フランシスコ『ラウダート・シ』一二三頁。
(35) 同書、四五頁。
(36) 同書、二二頁。
(37) 同書、一四〇頁。

(38) 山田経三「解放の神学」一九〇頁。
(39) グティエレス『解放の神学』三〇四頁。
(40) 第二回ラテンアメリカ司教会議「メデジン文書」一二二―一二三頁。
(41) 同、一四〇頁。
(42) グティエレスやボフ兄弟以外の神学者については、マシア『解放の神学』を参照。
(43) ボフ兄弟『入門　解放の神学』六五頁。
(44) 同書、六八頁。
(45) 同書、七六頁。
(46) 同書、一九頁。
(47) 同書、八九頁。
(48) 同書、九一頁。
(49) 同書、九一頁。
(50) 同書、九二頁。
(51) 同書、九二―九三頁。
(52) 同書、九三頁。
(53) 従属理論もマルクス主義の影響が強い。従属理論によると、世界資本主義体制の中心と周縁のあいだに従属関係が作られており、中心部の先進資本主義国は経済的富を累積していくが、周縁部に組み込まれた第三世界は搾取されることによって低開発を強いられる。
(54) ボフ兄弟『入門　解放の神学』五七頁。
(55) グティエレス『解放の神学』二七九頁。
(56) ローマ法王庁教理聖省「「解放の神学」の若干の側面にかんするバチカンの指示通達（抜粋）」三一頁。

(57) ここでは、小山英之による解説を簡略化して紹介する。参照、小山英之『教会の社会教説』一一五―一一八頁。
(58) 教皇庁教理省『自由の自覚』一二頁、三九頁、一一八―一一九頁。
(59) 同書、一一八頁。
(60) 同書、一〇五―一〇六頁。
(61) 解放の神学以降については、たとえば小坂井澄『さまよえるキリスト教』を参照。

第7章

(1) 西川潤、生活経済政策研究所編著『連帯経済』一三頁。
(2) 同書、七頁。
(3) 北沢洋子「新自由主義のグローバリゼーションと連帯経済」七頁。引用中の社会経済は社会的経済のことである。
(4) ここでは以下の整理を援用する。Utting, ed. *Social and Solidarity Economy*, pp. 5–7.
(5) 「RIPESS 憲章」二〇七―二〇九頁。
(6) 「連帯経済原則憲章」二二二頁。
(7) Utting, ed. *Social and Solidarity Economy*, p. 2.
(8) 津田直則「社会的連帯経済への道」二六頁。
(9) 池本幸生・松井範惇編著『連帯経済とソーシャル・ビジネス』二五頁。
(10) FaSinPatについては、ギブソン＝グラハム等の『経済を取り戻す』が詳しい。Cf. Gibson-Graham et al., *Take Back the Economy*, pp. 51–53.
(11) 廣田裕之『社会的連帯経済入門』一三―一四頁。

(12) Gibson-Graham et al., *Take Back the Economy*, p. 70f.

(13) マイクロクレジットについては、池本幸生・松井範惇編『連帯経済とソーシャル・ビジネス』第2章が詳しい。

(14) Gibson-Graham, *The End of Capitalism*（*As We Knew It*）.

(15) Gibson-Graham, *A Postcapitalist Politics*.

(16) Gibson-Graham et al., *Take Back the Economy*, p. xix.

(17) Gibson-Graham, *A Postcapitalist Politics*, p. 98.

(18) カリニコス『アンチ資本主義宣言』四七頁。

(19) Gibson-Graham et al., *Take Back the Economy*, p. 10f.

(20) Gibson-Graham, *A Postcapitalist Politics*, p. 3.

(21) カリニコス『アンチ資本主義宣言』四三頁。

(22) 恩田守雄『互助社会論』五五頁。

(23) 同書、四二頁。

(24) 同書、四二頁。

第8章

(1) Scholz, *Political Solidarity*, p. 65.

(2) シェーラー『シェーラー著作集3　倫理学における形式主義と実質的価値倫理学（下）』一九七頁。

(3) 同書、一九七頁。

(4) Scholz, *Political Solidarity*, p. 240.

(5) Hume, *A Treatise of Human Nature*, p. 488.〔ヒューム『人間本性論』（第三巻）四三頁。〕

(6) *ibid*., p. 488.〔同書、四三頁。〕

(7) *ibid*., p.481.〔同書、三五頁〕

(8) Bayertz, "Four Uses of "Solidarity"", p. 8.

(9) *ibid*., p. 8.

(10) Scholz, *Political Solidarity*, p.15

(11) Bayertz, "Four Uses of "Solidarity"", p. 9.

(12) 邦題は『なぜ遠くの貧しい人への義務があるのか』。

(13) 齋藤純一「制度化された連帯とその動機づけ」一一二頁。ウィギンズも、基本的に、同じ方向での議論を展開している。Cf. Wiggins, "Solidarity and The Root of The Ethical".

(14) Laitinen, "From Recognition To Solidarity", p. 138.

(15) *ibid*., p. 140.

(16) *ibid*., p. 138.

(17) *ibid*., p. 140.

(18) *ibid*., p. 140.

(19) マルクスという文脈でこの問題を考えることもできる。その一つの試みとして小論を参照。馬渕浩二「身体の唯物論」。本章には、この小論と重複する部分が含まれている。

(20) *Marx Engels Werke*, Bd. 23, S. 192.〔『マルクス＝エンゲルス全集』第二三巻第一分冊、二三四頁。〕物質代謝概念についての社会哲学的解釈として小論を参照。馬渕浩二「物質代謝の社会哲学」。

(21) 城塚登「人間の弁証法的存在構造」四〇頁。

(22) 同、一三頁。

(23) *Marx Engels Werke*, Bd. 23, S. 119.〔『マルクス＝エンゲルス全集』第二三巻第一分冊、一三八頁。〕マルクスその人は、この語を商品交換という文脈に限定して用いている。
(24) セネカ『狂えるヘルクレス』——モンテーニュ『随想録』上、七八頁に引用。小林正廣訳では、「初めに生命を授けた「時」は、もう命を摘み取っている」(セネカ『狂えるヘルクレス』六三頁)。
(25) 相互扶助なしでは生きてゆけないという事実から、相互扶助すべきだという規範が導かれるかどうかは倫理学上の大問題であるが、ここでは立ち入ることができない。
(26) Goodin, *Reasons for Welfare*, p. 135f.
(27) Scholz, *Political Solidarity*, p. 19.
(28) カント『道徳形而上学の基礎づけ』一一九頁。
(29) Laitinen, "From Recognition To Solidarity", p. 133.

終章

(1) Monroe, "Empathy and Our Relations to Others", p. 102.
(2) *ibid.*, p. 103.
(3) 田野大輔『ファシズムの教室』は、ファシズムを擬似体験するためのロールプレイの実践から、ファシズム的な連帯感情がいかに発生するのかということについて興味深い分析を行っている。
(4) Brunkhorst, *Solidarität*, S. 9.
(5) ここでは、スティヤーヌの分析を援用している。Stjernø, *Solidarity in Europe*, p. 336f.
(6) Bayertz, "Four Uses of "Solidarity"", p. 20

参考文献

【外国語文献】

Bakounine, M., "Trois conférences faites aux ouvriers du val de Saint-Imier", in *La Commune de Paris*, Éditions CNT, 2005.

Bayertz, K. ed., *Solidarity*, Kluwer Academic Publishers, 1999.

———. "Four Uses of "Solidarity"", in Bayertz, K. ed., *Solidarity*, Kluwer Academic Publishers, 1999.

Beck, U., *Risikogesellschaft: Auf dem Weg in eine andere Moderne*, Suhrkamp, 1986.〔ベック、U.『危険社会——新しい近代への道』東廉・伊藤美登里訳（叢書・ウニベルシタス）法政大学出版局、一九九八年。〕

Bernstein, E., *Arbeiterbewegung*, Metropolis-Verlag, 2008.

Bierhoff, H. W. & Küpper, B., "Social Psychology of Solidarity", in Bayertz, K. ed., *Solidarity*, Kluwer Academic Publishers, 1999.

Bourgeois, L., *Solidarité*, 3e éd., Paris, 1902.

Bourgeois, L., et al., *Essai d'une philosophie de la solidarité: Conférences et discussions*, 2e éd., Félix Alcan, 1907.

Brunkhorst, H., *Solidarität: Von der Bürgerfreundschaft zur globalen Rechtsgenossenschaft*, Suhrkamp, 2002.

Camus, A., *Le Mythe de Sisyphe*, Gallimard, 1942.〔カミュ、A.『シーシュポスの神話』清水徹訳（新潮文庫）新潮社、二〇〇六年。〕

———. *L'homme révolté*, Gallimard, 1951.〔カミュ、A.『反抗的人間』佐藤朔・白井浩司訳、『カミュ著作集』

第四巻、新潮社、一九五八年。〕
Comte, A., *Leçons sur la sociologie: Cours de philosophie positive*, leçon 47 à 51, présentation par Grange, J., Flammarion, 1995.〔コント、A.『実証哲学講義』第四巻抄訳、霧生和夫訳、『世界の名著』四六巻（中公バックス）中央公論新社、一九八〇年、所収。〕
———. *Discours sur l'esprit positif*, Paris: Carilian-Goeury et V. Dalmont, 1844.〔コント、A.『実証精神論』霧生和夫訳、『世界の名著』四六巻（中公バックス）中央公論新社、一九八〇年、所収。〕
Durkheim, É., *De la division du travail social*, Presses universitaires de France, 2013.〔デュルケーム、E.『社会分業論』田原音和訳（ちくま学芸文庫）筑摩書房、二〇一七年。〕
Engelhardt, JR. H. T., "Solidarity: Post-Modern Perspectives", in Bayertz, K. ed., *Solidarity*, Kluwer Academic Publishers, 1999.
Fourier, Ch., *Théorie de l'unité universelle*, Tom 1-4, in *Œuvres complètes de Charles Fourier*, T. 2-5, Éditions Anthropos, 1966.
Frazer, N., "Solidarity or Singularity? Richard Rorty between Romanticism and Technocracy", in Malachowski, A. R. ed., *Reading Rorty: Critical Responses to Philosophy and the Mirror of Nature (and Beyond)*, Basil Blackwell, 1990.
Gamble, A., *Can the Welfare State Survive?*, Polity Press, 2016.
Garland, D., *The Welfare State: A Very Short Introduction*, Oxford University Press, 2016.
Geras, N., *Solidarity in the Conversation of Humankind: the Ungroundable Liberalism of Richard Rorty*, Verso, 1995.
Gibson-Graham, J. K., *The End of Capitalism (As We Knew It): A Feminist Critique of Political Economy*, University of Minnesota Press, 2006.

———. *A Postcapitalist Politics*, University of Minnesota Press, 2006.

Gibson-Graham, J. K. et al., *Take Back the Economy: An Ethical Guide for Transforming Our Communities*, University of Minnesota Press, 2013.

Gide, Ch., *Économie sociale: les institutions du progrès social au début du XXe siècle*, Paris : L. Larose et L. Tenin, 1905.

Goodin, Robert, E., *Protecting the Vulnerable: A Reanalysis of Our Social Responsibilities*, University of Chicago Press, 1985.

———. *Reasons for Welfare: The Political Theory of the Welfare State*, Princeton University Press, 1988.

Hechter, M., *Principles of Group Solidarity*, University of California Press, 1987.〔ヘクター、M.『連帯の条件——合理的選択理論によるアプローチ』小林淳一・木村邦博・平田暢訳（MINERVA社会学叢書）ミネルヴァ書房、二〇〇三年。〕

Hume, D., *A Treatise of Human Nature*, Oxford University Press, 1978.〔ヒューム、D.『人間本性論』（第三巻）伊勢俊彦・石川徹・中釜浩一訳、法政大学出版局、二〇一二年。〕

Laitinen, A., "From Recognition to Solidarity", in *Solidarity: Theory and Practice*, Laitinen, A. and Pessi, A. B. eds., Lexington Books, 2015.

Leroux, P., *De l'humanité: de son principe et de son avenir; où se trouve exposée la vraie définition de la religion, et où l'on explique le sens, la suite et l'enchaînement du mosaïsme et du christianisme*, Fayard, 1985.

Luhman, N., "Die Differenzierung von Interaktion und Gesellschaft: Probleme der sozialen Solidarität", in Kopp, R. ed., *Solidarität in der Welt der 80er Jahre: Leistungsgesellschaft und Sozialstaat*, Helbing & Lichtenhahn, 1984.

Mark, K. and Engels, F., *Marx Engels Werke*, Dietz Verlag.〔マルクス、K.／エンゲルス、F.『マルクス＝エンゲルス全集』大月書店。〕
Metz, K. H., "Solidarity and History. Institutions and Social Concepts of Solidarity in 19th Century Western Europe", in Bayertz, K. ed., *Solidarity*, Kluwer Academic Publishers, 1999.
Monroe, K. R., "Empathy and Our Relations to Others", in Laitinen, A. and Pessi, A. B. eds., *Solidarity: Theory and Practice*, Lexington Books, 2015.
Patemanm B.(ed) and Chomsky, N., *Chomsky on Anarchism*, AK Press, 2005.〔チョムスキー、N.『チョムスキーの「アナキズム論」』木下ちがや訳、明石書店、二〇〇九年。〕
Rorty, R., *Contingency, Irony, and Solidarity*, Cambridge University Press, 1989.〔ローティ、R.『偶然性・アイロニー・連帯――リベラル・ユートピアの可能性』齋藤純一・山岡龍一・大川正彦訳、岩波書店、二〇〇〇年。〕
Scholz, S. J., *Political Solidarity*, Pennsylvania State University Press, 2008.
――――. "Solidarity", in LaFollette, H., ed. *The International Encyclopedia of Ethics*, Vol. 8, Wiley-Blackwell, 2013.
Stjernø, S., *Solidarity in Europe*, Cambridge University Press, 2005.
Thome, H., "Solidarity: Theoretical Perspectives for Empirical Research", in Bayertz, K. ed., *Solidarity*, Kluwer Academic Publishers, 1999.
Tischner, J., *The Spirit of Solidarity*, tr. by Zaleski, M. B. and Fiore, B. S. J., Harper & Row, 1984.
Titmuss, R. M., *The Gift Relationship: from Human Blood to Social Policy*, Oakley, A. and Ashton, J. eds., The New Press, 1997.
Tönnies, F., *Gemeinschaft und Gesellschaft: Grundbegriffe der reinen Soziologie*, Wissenschaftliche

Buchgesellschaft, 2005.〔テンニエス、F.『ゲマインシャフトとゲゼルシャフト――純粋社会学の基本概念』（上下巻）杉之原寿一訳（岩波文庫）岩波書店、一九五七年。〕
Utting, P., ed. *Social and Solidarity Economy: Beyond the Fringe*, Zed Books, 2015.
Voland, E., "On the Nature of Solidarity", in Bayertz, K. ed., *Solidarity*, Kluwer Academic Publishers, 1999.
Wiggins, D., "Solidarity and The Root of The Ethical", in *Tijdschrift voor Philosofie*, Vol. 71, 2009.
Wildt, A., "Solidarity: Its History and Contemporary Definition", in Bayertz, K. ed., *Solidarity*, Kluwer Academic Publishers, 1999.
――. "Solidarität", in Ritter, J., u. Gründer, K., eds., *Historisches Wörterbuch der Philosophie*, Bd. 9, Wissenschaftliche Buchgesellschaft.
Kevin, Wm. Wildes, S. J. "Solidarity in Secular Societies", in Bayertz, K. ed., *Solidarity*, Kluwer Academic Publishers, 1999.

【邦語文献】


圷《あくつ》洋一『福祉国家』法律文化社、二〇一二年。

イグナティエフ、M.『ニーズ・オブ・ストレンジャーズ』添谷《そえや》育志《やすゆき》・金田《かなだ》耕一訳、風行社、一九九九年。

池本幸生・松井範惇編著『連帯経済とソーシャル・ビジネス――貧困削減、富の再配分のためのケイパビリティ・アプローチ』明石書店、二〇一五年。

伊奈川秀和『社会保障法における連帯概念――フランスと日本の比較分析』信山社、二〇一五年。

井上正『アルベール・カミュ』（人と思想）清水書院、二〇〇〇年。

今防人「連帯」、見田宗介・栗原彬・田中義久編『社会学事典』弘文堂、一九九四年。

梅津尚志「バチカン公会議」、『日本大百科全書』第一八巻、小学館、一九九四年、所収。

エスピン－アンデルセン、G.『福祉資本主義の三つの世界――比較福祉国家の理論と動態』岡沢憲芙・宮本太郎監訳、ミネルヴァ書房、二〇〇一年。

――――『ポスト工業経済の社会的基礎――市場・福祉国家・家族の政治経済学』渡辺雅雄・渡辺景子訳、桜井書店、二〇〇〇年。

『欧州憲法条約』小林勝監訳、御茶の水書房、二〇〇五年。

大川正彦「連帯」、大庭健編集代表『現代倫理学事典』弘文堂、二〇〇六年。

大貫隆・名取四郎・宮本久雄・百瀬文晃編『岩波キリスト教辞典』岩波書店、二〇〇二年。

オッフェ、C.『後期資本制社会システム』寿福真美編訳（叢書・ウニベルシタス）法政大学出版局、一九八八年。

重田園江『連帯の哲学Ⅰ――フランス社会連帯主義』勁草書房、二〇一〇年。

恩田守雄『互助社会論――ユイ、モヤイ、テツダイの民俗社会学』世界思想社、二〇〇六年。

カウツキー、K.『エルフルト綱領解説』都留大治郎訳、『世界大思想全集　社会・宗教・科学思想篇』第一四巻、河出書房、一九五五年、所収。

カミュ、A.／サルトル、J＝P.『革命か反抗か――カミュ＝サルトル論争』佐藤朔訳（新潮文庫）新潮社、一九六九年。

カリニコス、A.『アンチ資本主義宣言――グローバリゼーションに挑む』渡辺雅男・渡辺景子訳（こぶしフォーラム）こぶし書房、二〇〇四年。

カント、I.『道徳形而上学の基礎づけ』宇都宮芳明訳、以文社、一九八九年。

北沢洋子「新自由主義のグローバリゼーションと連帯経済」、『オルタ』（二〇一〇年五・六月号）アジア太平洋資料センター、二〇一〇年。

キテイ、E・F.『愛の労働あるいは依存とケアの正義論』岡野八代・牟田和恵監訳、白澤社、二〇一〇年。

ギデンズ、A.『左派右派を超えて――ラディカルな政治の未来像』松尾精文・立松隆介訳、而立書房、二〇〇二年。

教皇庁教理省『自由の自覚――キリスト者の自由と解放に関する教書』ホアン・マシア訳、カトリック中央協議会、一九八七年。

教皇庁正義と平和評議会『教会の社会教説綱要』マイケル・シーゲル訳、カトリック中央協議会、二〇〇九年。

教皇パウロ六世『ポプロールム・プログレシオ――諸民族の進歩推進について』上智大学神学部訳、中央出版社、一九六七年。

教皇ピオ十一世『クアドラジェジモ・アンノ――社会秩序の再建』岳野慶作訳解、中央出版社編『教会の社会教書』中央出版社、一九九一年、所収。

教皇フランシスコ『使徒的勧告　福音の喜び』日本カトリック新福音化委員会訳・監修、カトリック中央協議会、二〇一四年。

教皇フランシスコ『ラウダート・シ』瀬本正之・吉川まみ訳、カトリック中央協議会、二〇一六年。

教皇ベネディクト十六世『カリタス・イン・ヴェリターテ』（邦題『回勅　真理に根ざした愛』）マイケル・シーゲル訳、カトリック中央協議会、二〇一一年。

教皇ヨハネ二十三世『マーテル・エト・マジストラ――キリスト教の教えに照らしてみた社会問題の最近の発展について』小林珍雄訳、中央出版社、一九六二年。

――『回勅パーチェム・イン・テリス――地上の平和』日本カトリック司教協議会社会司教委員会監修／マイケル・シーゲル訳（ペトロ文庫）カトリック中央協議会、二〇一三年。

教皇ヨハネ・パウロ二世『ラボーレム・エクセルチェンス』（邦題『働くことについて』）沢田和夫訳、カトリック中央協議会、一九八二年。

――『ソリチトゥード・レイ・ソチアーリス』（邦題『回勅　真の開発とは――人間不在の開発から人間尊重

の発展へ』」山田經三訳（ペトロ文庫）カトリック中央協議会、二〇一二年。

――『チェンテジムス・アヌス』（邦題『新しい課題――教会と社会の百年をふりかえって』）イエズス会社会司牧センター訳、カトリック中央協議会、一九九一年。

教皇レオ十三世『レールム・ノヴァルム――労働者の境遇について』岳野慶作訳解、中央出版社編『教会の社会教書』中央出版社、一九九一年、所収。

グティエレス、G.『解放の神学』関望・山田経三訳（岩波現代選書）岩波書店、一九八五年。

グラムシ、A.「国家の征服」、『アントニオ・グラムシ　革命論集』上村忠男編訳（講談社学術文庫）講談社、二〇一七年、所収。

――「労働組合と評議会」、『アントニオ・グラムシ　革命論集』上村忠男編訳（講談社学術文庫）講談社、二〇一七年、所収。

――「フィアットの中央工場ならびにブレヴェッティ工場の職場代表委員へ」、『アントニオ・グラムシ　革命論集』上村忠男編訳（講談社学術文庫）講談社、二〇一七年、所収。

――「情勢または力関係の分析」、『新編　現代の君主』上村忠男編訳（ちくま学芸文庫）筑摩書房、二〇〇八年、所収。

栗原康『アナキズム――一丸となってバラバラに生きろ』（岩波新書）岩波書店、二〇一八年。

グレーバー、D.『資本主義後の世界のために――新しいアナーキズムの視座』高祖岩三郎訳・編、以文社、二〇〇九年。

クロポトキン、P・A.『相互扶助論』大沢正道訳、『クロポトキンⅠ』（アナキズム叢書）三一書房、一九七〇年、所収。

――『相互扶助再論――支え合う生命・助け合う社会』大窪一志訳、同時代社、二〇一二年。

――『パンの略取』長谷川進訳、『クロポトキンⅡ』（アナキズム叢書）三一書房、一九七〇年、所収。

小坂井澄『さまよえるキリスト教――21世紀に生き残れるのか』（徳間文庫）徳間書店、二〇〇〇年。

小山英之『教会の社会教説――貧しい人々のための優先的選択』教文館、二〇一三年。

齋藤純一責任編集『支える――連帯と再分配の政治学』（政治の発見第3巻）風行社、二〇一一年。

齋藤純一「社会的連帯の理由をめぐって――自由を支えるセキュリティ」、齋藤純一編著『福祉国家／社会的連帯の理由』ミネルヴァ書房、二〇〇四年、所収。

――「制度化された連帯とその動機づけ」、齋藤純一編『支える――連帯と再分配の政治学』（政治の発見）風行社、二〇一一年、所収。

――『不平等を考える――政治理論入門』（ちくま新書）筑摩書房、二〇一七年。

桜井哲夫「連帯」、今村仁司・三島憲一・川崎修編『岩波社会思想事典』岩波書店、二〇〇八年。

佐々木俊三『随筆と語り　遠来の跫音』荒蝦夷、二〇一四年。

シェーラー、M.『倫理学における形式主義と実質的価値倫理学（下）』小倉志祥訳、白水社、一九八〇年。

シュトレーク、W.『資本主義はどう終わるのか』村澤真保呂・信友建志訳、河出書房新社、二〇一七年。

城塚登「人間の弁証法的存在構造――現象学と弁証法」、城塚登編『講座哲学3　人間の哲学』東京大学出版会、一九七三年。

スピッカー、P.『福祉国家の一般理論――福祉哲学論考』阿部實・圷洋一・金子充訳、勁草書房、二〇〇四年。

スミス、A.『国富論』（一）水田洋監訳（岩波文庫）岩波書店、二〇〇〇年。

セネカ『狂えるヘルクレス』、『悲劇集1』小川正廣・高橋宏章・大西英文・小林標訳（西洋古典叢書）京都大学学術出版会、一九九七年、所収。

ソルニット、R.『災害ユートピア――なぜそのとき特別な共同体が立ち上がるのか』高月園子訳、亜紀書房、二〇一〇年。

第二バチカン公会議『現代世界憲章』第2バチカン公会議文書公式訳改訂特別委員会監訳、カトリック中央協議会、二〇一四年。

第二回ラテンアメリカ司教会議「メデジン文書――第二回ラテンアメリカ司教会議決議文」マシア、J．訳、マシア、J．『バチカンと解放の神学』南窓社、一九八六年、所収。

高草木光一「ルルー」、的場昭弘他編『新マルクス学事典』弘文堂、二〇〇〇年。

高藤昭『社会保障法の基本原理と構造』法政大学出版局、一九九四年。

武川正吾『連帯と承認――グローバル化と個人化のなかの福祉国家』東京大学出版会、二〇〇七年。

田中拓道『貧困と共和国――社会的連帯の誕生』人文書院、二〇〇六年。

田野大輔『ファシズムの教室――なぜ集団は暴走するのか』大月書店、二〇二〇年。

ダン、J．「死にのぞんでの祈り」、浜田省吾『誰がために鐘は鳴る』付属のライナーノーツ、ソニー・ミュジックエンタテイメント、一九九九年、所収。

津田直則「社会的連帯経済への道――資本主義のオルタナティブ」、『変革のアソシエ』第二九号、変革のアソシエ、二〇一七年六月。

ティトマス、R・M．『福祉国家の理想と現実』谷昌恒訳、社会保障研究所、一九六七年、東京大学出版会、一九七九年復刊。

デューイ、J．『公衆とその諸問題――現代政治の基礎』阿部齊訳（ちくま学芸文庫）筑摩書房、二〇一四年。

デュマ、A．『三銃士』（上下）生島遼一訳（岩波文庫）岩波書店、一九七〇年。

トーデス、D・P．『ロシアの博物学者たち――ダーウィン進化論と相互扶助論』垂水雄二訳、工作舎、一九九二年。

徳永哲也他著『福祉と人間の考え方』（シリーズ〈人間論の21世紀的課題〉⑤）ナカニシヤ出版、二〇〇七年。

富永茂樹「連帯」、廣松渉他編『岩波哲学・思想事典』岩波書店、一九九八年。

西川潤・生活経済政策研究所編著『連帯経済――グローバリゼーションへの対案』明石書店、二〇〇七年。

バクーニン、M.A.「連合主義、社会主義および反神学主義――ジュネーブ、M・バクーニンの平和・自由同盟中央員会への理由付提議」長谷川進・林辰男訳、『バクーニンⅡ』（アナキズム叢書）三一書房、一九七〇年、所収。

――「神と国家」勝田吉太郎訳、『世界の名著』五三巻（中公バックス）中央公論社、一九八〇年、所収。

――『国家制度とアナーキー《新装復刊》』左近毅訳、白水社、一九九九年。

濵嶋朗・竹内郁郎・石川晃弘編『新版社会学小辞典』有斐閣、一九九七年。

バンヴェニスト、E.『インド=ヨーロッパ諸制度語彙集Ⅱ』前田耕作監修、言叢社、一九八七年。

廣田裕之『社会的連帯経済入門――みんなが幸せに生活できる経済システムとは』集広舎、二〇一六年。

ベヴァリッジ、W.『ベヴァリッジ報告――社会保険および関連サービス』一圓光彌監訳、法律文化社、二〇一四年。

ヘミングウェイ、E.『誰がために鐘は鳴る』（上下）高見浩訳（新潮文庫）新潮社、二〇一八年。

ベルンシュタイン、E.「社会主義の前提と社会民主党の任務」戸原四郎訳、『世界大思想全集　社会・宗教・科学思想篇』第一五巻、河出書房新社、一九六〇年。

ポッゲ、Th.『なぜ遠くの貧しい人への義務があるのか――世界的貧困と人権』立岩真也監訳、池田浩章他訳、生活書院、二〇一〇年。

ボフ、L／ボフ、C.『入門　解放の神学』大倉一郎・高橋弘訳（新教ブックス）新教出版社、一九九九年。

ポランニー、K.『[新訳]大転換――市場社会の形成と崩壊』野口建彦・栖原学訳、東洋経済新報社、二〇〇九年。

マクシェーン、D.『ポーランド自主労働組合連帯――体制への挑戦』佐藤和男訳、日本工業新聞社、一九八三年。

マシア、J.『解放の神学――信仰と政治の十字架』南窓社、一九八五年。

馬渕浩二「物質代謝の社会哲学」、中央学院大学商学部・法学部編『中央学院大学　人間・自然論叢』第三七号、二〇一四年、所収。

――「身体の唯物論――身体の自然性をめぐって」、中央学院大学商学部・法学部編『中央学院大学　人間・自然論叢』第四二号、二〇一六年、所収。

モース、M．『贈与論』吉田禎吾・江川純一訳（ちくま学芸文庫）筑摩書房、二〇〇九年。

森川輝一「政治と連帯の間」、齋藤純一責任編集『支える――連帯と再分配の政治学』（政治の発見第3巻）風行社、二〇一一年、所収。

モンテーニュ、M・E．『随想録』松浪信三郎訳、『世界の大思想5　モンテーニュ』上巻、河出書房新社、一九七四年、所収。

山田経三「解放の神学――第三世界民衆との連帯を求めて」、ソブリノ、J・SJ『エルサルバドルの殉教者――ラテン・アメリカ変革の解放の神学』山田経三監訳、拓殖書房、一九九二年、所収。

山脇直司「連帯」、大貫隆・名取四郎・宮本久雄・百瀬文晃編『岩波キリスト教辞典』岩波書店、二〇〇二年、所収。

リオタール、J・F．『ポスト・モダンの条件――知・社会・言語ゲーム』小林康夫訳、書肆風の薔薇、一九八六年。

ルカーチ、G．「共産主義的生産における倫理の役割」池田浩士訳、『ルカーチ初期著作集　政治編Ⅰ』池田浩士訳編、合同出版、一九七一年。

――『歴史と階級意識』城塚登・吉田光訳（イデー選書）白水社、一九九一年。

レーニン、V・I．『国家と革命』角田安正訳（講談社学術文庫）講談社、二〇〇一年。

「連帯経済原則憲章」廣田裕之訳、廣田裕之『社会的連帯経済入門――みんなが幸せに生活できる経済システムとは』集広舎、二〇一六年、所収。

ローマ法王庁教理聖省「「解放の神学」の若干の側面にかんするバチカンの指示通達（抜粋）」、『世界政治――論評と資料』六八〇号、日本共産党中央委員会、一九八四年一一月一〇日発行。

ロザンヴァロン、P.『連帯の新たなる哲学――福祉国家再考』北垣徹訳、勁草書房、二〇〇六年。

「RIPESS憲章」廣田裕之訳、廣田裕之『社会的連帯経済入門――みんなが幸せに生活できる経済システムとは』集広舎、二〇一六年、所収。

あとがき

　私が連帯について考える契機となったのは、あの3・11の大震災であった。とはいえ、そのとき流布した夥しい数の「絆」をめぐる言説は、私の関心を惹くことはなかった。私の思考を触発したのは、もっと単純な事柄である。それは震災後の風景の変化であった。あの黒い濁流に飲み込まれた海岸近くの土地にも、しばらくすると緑の草が繁茂していた。それは、荒涼とした地に逸早く宿った生命であった。私はその光景をテレビ画面越しに見ただけであったが、それらの植物は生命の驚くべき力強さを私に否応なく感じさせたのであった。原発事故のために避難指定された地域の光景を目にしたときも、私は同じ感覚を覚えた。猪や狸のような動物たちが、かつて人間が生活していた場所を我が物顔で闊歩していた。草木も山から里へと進出していた。野生の生命は圧倒的な勢いをもって、その存在の場を拡大していたのである。

　そのような光景を目にしたあと、私は一つの疑問を抱くようになった。災害後、なぜ人間は、そうした動植物のように、その生命を逸早く横溢させることができないのだろうか。そのような単純な疑問である。この疑問に導かれて、私は人間の生存環境の成立機制に思い至ることになった。人間が人間らしい生活を送るには、衣食住、電気や水道といったライフライン、医療や教育など様々な事柄が必要となるが、それらは、他者たちとともに生きることでしか手に入れることができない「生存環境」である。自然災害は人の生命や財産を破壊するだけではない。自然災害は、また、このような生命の再生産のための環境を破壊する。自然災害ののち、人間がその人間らしい生活を取り戻すのが難しいのは、この生存環境を取り戻すことが難しいからである。そして、この環境を回復することが困難であるのは、この環境が、幾重もの人間関係が織りなして作り出すものだからである。このような、人間の「生存環境」に関する漠然とした思考が、この本のなかで、人間は連帯的存在であるというテーゼとして練り直されることになった。

私は、本書において連帯の意義を幾度も強調した。しかし、私は連帯を理想化しようとしていない。連帯によって様々な社会問題が容易に解決すると主張するつもりもない。そもそも、連帯は、それに固有の、かなり深刻な問題を抱えている。そのことは終章において触れた通りである。私が述べたかったのは、連帯によって私たちの生が成立しているという、その事実だけである。そのことが本書でうまく伝えられているかどうか、その判断は読者に委ねるほかない。

本書がなるにあたっては、様々な方々から御力添えをいただいた。すべての方々の御名前を挙げることはできないので、御三方の御名前を記すにとどめる。真っ先に挙げなければならないのは、筑摩書房の北村善洋さんの御名前である。北村さんには本書の企画に興味をもっていただき、また出版を御快諾いただいた。本書がこのように一つのかたちをなすことができたのも、ひとえに北村さんの御助力の御蔭である。また、外国語の一部の人名表記に関しては、聖心女子大学名誉教授の冨原眞弓さん、清泉女子大学教授の鈴木崇夫さんから御教示を賜った。また、鈴木さんには、本書の構想を北村さんに紹介していただいた。それ以外の御名前を挙げることのできなかった方も含め、御世話になったすべての方々に、この場を借りて御礼申し上げる。

本を書くことは孤独な作業である。だが、たった一人で本を書くことはできない。一冊の本を書くには、様々な者たちとの、様々な意味での繋がりが必要である。様々な局面で他者に依存し、他者に支えられて、一冊の本は成立する。言い換えれば、本を書くという作業は一個の連帯の営みでもある。とりわけ、この本のような理論的な書物の成立に欠かせない連帯的要素は、他者たちの思考である。他者たちによって紡がれた思考の糸を束ね、思考の網を新たに編むことが書くという行為なのだとすれば、その意味でも、本を書くことは優れて連帯の営みである。もしかしたら、この本に編み込まれた様々な思考の糸が、私の知らない誰かの手によって編み直されることがあるのかもしれない。そのような「思考の連帯」がこの本をめぐって出来することがあるとしたら、そのとき、この本にも存在理由が与えられることになるだろう。

著　者

馬渕浩二 まぶち・こうじ

一九六七年岩手県生まれ。東北大学大学院博士課程修了。中央学院大学教授。博士（文学）。専攻は、倫理学・社会哲学。著書に、『倫理空間への問い』『世界はなぜマルクス化するのか』（ともに、ナカニシヤ出版）、『貧困の倫理学』（平凡社新書）、訳書に、ハンス・ヨナス『回想記』（共訳、東信堂）など。

筑摩選書 0216

連帯論《れんたいろん》 分《わ》かち合《あ》いの論理《ろんり》と倫理《りんり》

二〇二一年七月一五日　初版第一刷発行

著　者　馬《ま》渕浩二《ぶちこうじ》

発行者　喜入冬子

発　行　株式会社筑摩書房
東京都台東区蔵前二-五-三　郵便番号　一一一-八七五五
電話番号　〇三-五六八七-二六〇一（代表）

装幀者　神田昇和

印刷 製本　中央精版印刷株式会社

ISBN978-4-480-01732-1 C0310

筑摩選書
0106

現象学という思考
〈自明なもの〉の知へ

田口茂

日常における〈自明なもの〉を精査し、我々の経験の構造を浮き彫りにする営為——現象学。その尽きせぬ魅力と射程を粘り強い思考とともに伝える新しい入門書。

筑摩選書
0109

法哲学講義

森村進

法哲学とは、法と法学の諸問題を根本的・原理的レベルから考察する学問である。多領域と交錯するこの学を、第一人者が法概念論を中心に解説。全法学徒必読の書。

筑摩選書
0111

柄谷行人論
〈他者〉のゆくえ

小林敏明

犀利な文芸批評から始まり、やがて共同体間の「交換」を問うに至った思想家・柄谷行人。その中心にあるものは何か。今はじめて思想の全貌が解き明かされる。

筑摩選書
0113

極限の事態と人間の生の意味

岩田靖夫

東日本大震災の過酷な体験を元に、ヨブ記やカント、ハイデガーやレヴィナスの思想を再考し、「認識のかなた」としての「人間の生」を問い直した遺稿集。

筑摩選書
0119

民を殺す国・日本
足尾鉱毒事件からフクシマへ

大庭健

フクシマも足尾鉱毒事件も、この国の「構造的な無責任」体制＝国家教によってもたらされた——。その乗り越えには何が必要なのか。倫理学者による迫真の書！

筑摩選書
0120

生きづらさからの脱却
アドラーに学ぶ

岸見一郎

われわれがこの社会で「生きづらい」と感じる時、何がそうさせているのか。いま注目を集めるアドラー心理学の知見から幸福への道を探る、待望の書き下ろし！